众筹学概论

AN INTRODUCTION TO CROWDFUNDING

主　编　张本照

副主编　郑　岚　王海涛

中国科学技术大学出版社

内容简介

本书是合肥工业大学经济学院张本照教授主持的国家级精品视频公开课"证券市场与大众理财"的延伸教材,包括绪论、众筹的发展历程、股权式众筹、奖励式众筹、债权式众筹、捐赠式众筹、众筹的风险及防控、众筹在中国的机遇与挑战等8章内容。每章章末附有重点回顾、延伸思考与延伸阅读。该书配备有多媒体教学课件。

"众筹学概论"是高校经济管理类专业的一门新兴课程,本书作为该课程的相关教材,不仅适合于高等院校财经类、工商管理类专业及相关培训教学中使用,也可作为高等学校其他专业公选课教学使用,更是社会大众学习和掌握众筹知识、从事众筹平台建设、研究众筹投资的基础教材与入门读物,特别对希望通过众筹创业的有志青年也是一本不可多得的创业指南。

图书在版编目(CIP)数据

众筹学概论/张本照主编. ——合肥:中国科学技术大学出版社,2016.4
ISBN 978-7-312-03908-9

Ⅰ. 众… Ⅱ. 张… Ⅲ. 融资模式—研究 Ⅳ. F830.45

中国版本图书馆 CIP 数据核字(2016)第 057803 号

出版	中国科学技术大学出版社 安徽省合肥市金寨路 96 号,230026 http://press.ustc.edu.cn
印刷	安徽省瑞隆印务有限公司
发行	中国科学技术大学出版社
经销	全国新华书店
开本	710 mm×1000 mm 1/16
印张	17.5
字数	305 千
版次	2016 年 4 月第 1 版
印次	2016 年 4 月第 1 次印刷
定价	38.00 元

序 PREFACE ◦ ● ● ◆ ●

  今日之众筹概念,译自英文 crowdfunding,通常是指人们在互联网上的一种合作行为,通过汇集一定的资金以支持其他人或组织发起的某项努力。众筹支持多样化的筹资意图,从灾难救助到文化出版,从大众消费到创业投资,从艺术家狂热的粉丝支持到政治竞选等,无处不显示出"众筹"的神奇。

  众筹模式增加了大众新的投资渠道。以银行存贷款为主的传统的债务投资和以股票为主的股权投资要么收益低,要么风险大,在房地产投资收益每况愈下的今天,现有的投资渠道远远不能满足财富不断增长的大众投资群体的投资需求。现有的各类众筹模式能有效地缓解这一难题。如最近上映的《西游记之大圣归来》电影就是通过众筹的方式来募集制作费用的,电影上映后票房大卖,在最终的分红中,投资人在短短一年的时间内获得了4倍的回报。可以说众筹不仅让普通大众过了一把投资人的瘾,也让他们获得相当可观的回报。

  众筹模式改变了传统的商业模式。过去企业先生产产品,然后通过各种渠道售卖;众筹模式下,企业先在互联网上展示创意,然后根据消费者的反馈情况来生产产品,让企业更重视用户的需求,让用户决定企业的生产,这无疑降低了企业的投入成本和投资风险。众筹模式大大缩短了产品从研发到上市销售的时间,原先一个新产品从研发到上市需要两三年,而众筹模式运作的产品一年左右就实现了上市。因此,在互联网上发布众筹项目有效解决了企业在信息不完全的情况下如何安排生产、生产怎样的产品的难题。此外,成功的众筹融资,能够让自己的创意变成产品,能够让自己的项目实现商业价值,能够实现创业的梦想。众筹融资未成功的也可以获得低成本的市场检验,避免盲目生产造成产品滞销、库存居高不下等资金风险。

　　众筹,作为最符合"普惠"理念的互联网金融筹资方式,具有最广泛的潜在客户群,它的出现带来了金融理念的重大转变。改革开放以来,享受多元化的金融服务机会一直是大企业和富人拥有的权利。但是,众筹、P2P、"宝宝们"这些互联网金融服务形态的出现,革命性地改变了这一局面,使得每个人都拥有享受金融服务的机会。首先,客户覆盖面广,服务对象从高收入群体扩展到了城市白领、小微企业、弱势产业,使得低收入群体、初始创业者及小微企业获得了更多的直接或间接的融资机会,真正做到了有效且全方位地为社会所有阶层和群体提供金融服务。其次,互联网金融产品及其功能呈现多样化发展趋势。就目前来说,互联网金融已经能提供除存款以外的几乎所有产品和服务。诸如信贷支付、结算、租赁、保险、养老金等,均已经实现了"线上＋线下"的双层级业务模式,随之而来的这种模式的网络化、移动化优势日益凸显。众筹作为眼下最引人注目的融资方式,有效地实现了资金充裕方与资金短缺方资金的快速融通,使得有想法的年轻人能获得实现创业的机会,第一次让金融融资服务变得更加开放、民主、高效、活跃。正如诺贝尔和平奖得主穆罕默德·尤努斯(Muhammad Yunus)教授认为的那样:"只有每个人都拥有享受金融服务的机会,才能让每个人都有机会参与经济的发展,才能让每个人都有机会享有财务自由和精神自由,才能实现社会的共同富裕,建立和谐美好的世界。"

　　众筹这种融资模式的出现带来了巨大的机遇,对政府而言,众筹可以被用来解决小微企业融资难问题和促进民间金融信息的阳光化、规范化、透明化,更可被用来提高金融包容水平,发展普惠金融,拓展金融渗透的广度和深度,促进实体经济发展。当前经济下行压力不断加大,传统银行融资渠道又不能满足小微企业的融资需求,大力发展众筹模式以缓解小微企业融资难和企业产品营销推广难等问题已逐渐得到高层领导的重视并被提上日程。

　　由于国内经济社会的种种非理性因素,作为提供大量新增就业岗位、激发科技创新重要力量的小微企业遭遇一系列困难,其中融资难问题已严重影响其生存与发展。小微企业融资难的原因涉及方方面面,但解决小微企业融资难问题却事关我国经济的持续发展和经济结构的转型升级。众筹作为一种全新的金融业态,门槛低、效率高,且突破了地域及渠道等融资限制,为中小企业和自主创业者提供了一种全新的融资方式。中国金融市场上个体投资者规模大、低净值占比高、人均净值低,具备明显的长尾特征。平台型互联网企业依靠互联网技术和大数据技术汇集了无数小微企业和个体投资者参与到资金融通中,恰恰是这些被主流金融机构排除在外的有融资需求的小微企业和有投资需求的个体构成了长尾;当足够多的长尾客户形成一定规模后,可与主流客户媲美,帮助小微企业成功融资。

当然,众筹模式的迅速发展,也必然带来大量新的问题。特别是许多"众筹"主体缺少基本的信用精神和风险意识,没有足够的专业团队,缺少系统的理论指导,简单地把互联网和金融混为一谈,出现了大量打着"互联网金融"旗号,行"非法集资"之实的违法企业,已经在一定的范围内造成了不良影响。就当前来说,众筹模式要在中国落地生根取得长足发展,还有很多工作要做。除了练好内功打造好服务平台外,还需要国家在法律监管及社会信用体系建设上增加制度产出,通过相关法律政策的制定和实施,正确指导和鼓励新建小额筹资平台的发展,为众筹模式的发展提供必要、稳定的政策环境;加强社会信用体系建设,推动全民诚信意识建设,为众筹模式的发展营造良好的社会环境。同时,要让全社会充分认识到没有理论指导的"众筹"是危险的,不是互联网本身具备金融属性,而是金融产业迎来了互联网时代;"互联网"不是金融,而是金融运用互联网工具可以创造新奇迹。众筹有多重模式,但如涉及金融属性就一定要具备相应的风险提示和风险控制管理,并接受国家相关部门的监管。一本系统的关于众筹的教科书正是在中国众筹模式发展的关键时期,在我国经济转型的攻坚时期,在供给侧改革的重要时点,为服务大众创业、万众创新,为实现资本的最大化价值,为众筹模式规范、高效、健康发展出现了。

《众筹学概论》是以教科书的形式介绍众筹及其相关知识的图书。图书内容和知识结构安排均出自高校财经专家之手,涵盖了金融学、管理学、市场营销学、法学等相关专业知识,具有全面性、普及性、系统性及实战性的特点。全书对"众筹"这一炙手可热的社会经济现象进行了全方位、多角度的分析和解读；系统地介绍了各种众筹模式类型、运作原理及相关法律法规知识；内容详实，深入浅出，行文生动形象，可读性强；特别是对当下不同类型众筹平台及众筹案例的深入分析，为指导创业者有效运作众筹项目，对投资人正确选择合适的众筹品种进行投资提供了具有建设性的建议。本书是学习掌握众筹知识、从事众筹平台建设、研究众筹投资的基础教材和入门读物，特别对于希望通过众筹创业的有志青年更是一本不可多得的创业指南。

是为序！

2016年2月26日

钟永生，教授，经济学博士，中融信创资产管理有限公司首席经济学家。

目录 CONTENTS

序 /i

第一章 绪论 /1
第一节 众筹的基本概念、特点、功能及分类 /1
第二节 众筹学的学科定位、研究对象与研究方法 /9
第三节 众筹的组成要素及运作原理 /11

第二章 众筹的发展历程 /17
第一节 众筹的起源与发展 /17
第二节 美国众筹的发展 /29
第三节 欧洲众筹的发展 /33
第四节 中国众筹的发展 /38

第三章 股权式众筹 /50
第一节 股权式众筹概述 /50
第二节 国外股权式众筹的经典平台 /73
第三节 国内股权式众筹的经典平台 /80

第四章 奖励式众筹 /89
第一节 奖励式众筹概述 /89
第二节 国外奖励式众筹的经典模式 /105
第三节 国内奖励式众筹的经典模式 /117

第五章 债权式众筹 /135
第一节 债权式众筹概述 /135
第二节 国外债权式众筹的经典模式 /150

第三节　国内债权式众筹的经典模式　/164

第六章　捐赠式众筹　/182
第一节　捐赠式众筹概述　/182
第二节　国外捐赠式众筹的经典模式　/190
第三节　国内捐赠式众筹的经典模式　/194

第七章　众筹的风险及防控　/203
第一节　众筹风险的识别及防控概述　/203
第二节　信用风险的识别及防控　/210
第三节　法律风险的识别及防控　/215
第四节　《私募股权众筹融资管理办法（试行）》（征求意见稿）解读　/229

第八章　众筹在中国的机遇与挑战　/235
第一节　众筹推进大众创业、万众创新　/235
第二节　众筹发展的优势和劣势　/242
第三节　众筹发展的机遇和挑战　/247
第四节　众筹发展的未来展望　/258

参考文献　/265

后记　/269

第一章 绪 论

《大圣归来》这部电影刚一上映就获得了极好的反响,上映 3 天票房就突破亿元。而在该影片的片尾,出品人竟是 89 个小朋友的名字。这是因为影片完全是采用众筹方式完成的。

这 89 个出品人实际上来自 89 个家庭,他们希望通过孩子的名义来投资一部电影,使之成为一件充满纪念意义的事情。这 89 个家庭既为影片带来了资金上的支持,也为影片宣传做了 89 个"活广告"。而对这 89 个家庭来说,他们所收获的不光是一部品质上乘的影片,同时也有经济上的收益。制片方用筹集来的 780 万元资金换回了 3000 万元回报,获取利润 2220 万元,这就相当于每个人的收益翻了四倍。

第一节 众筹的基本概念、特点、功能及分类

现代社会中互联网的发展十分迅猛,它影响到我们生活的方方面面,因此有人将互联网给我们生活所带来的巨变称为"第三次工业革命"。互联网渗透到了人们现代生活的各个领域,对金融业也正在进行着一场悄无声息的重塑。现在人们常常会听见一个词,叫做"互联网金融"。所谓互联网金融,是指依托于支付、云计算、社交网络以及搜索引擎等互联工具,实现资金融通、支付和信息中介等业务的一种新兴金融。随着它的不断发展与完善,现已形成了 P2P 网贷、第三方支付、大数据金融、信息金融机构、互联网金融门户以及众筹等几种互联网金融模式。

一、众包与众筹

(一) 众包的定义

众包(Crowdsourcing)是指企业在生产或销售产品时将某一具体任务通过网络以公开的方式外包给大众。在美国《连线》杂志2006年的6月刊上,该杂志的记者Jeff Howe首次推出了"众包"的概念。不过,从提出的时间看,美国人提出的"众包"比2005年在中国诞生的"威客"①晚了一年。众包的任务通常是由个人来承担,但如果涉及需要多人协作完成的任务,也有可能以依靠开源的个体生产的形式出现,其核心理念是"用集体的智慧或理念来创造效益"。众包可以采用合作的形式,也可以由单人完成,但其前提条件是以公开的方式进行,并存在大量的网络潜在劳动力。随着全球化的推进,外包服务应运而生,在全球化3.0时代每个人都能以个体为单位参与全球合作与竞争,这似乎表明外包发挥到极致就成了众包,但二者之间却有着本质的不同。外包强调的是高度专业化,而众包则反其道而行之,跨专业的创新往往蕴含着巨大的潜力,由个体用户积极参与而获得成功的商业案例不胜枚举。众包和外包的根本区别在于众包的核心包含着与用户共创价值的理念。

(二) 众筹的定义

"众筹"一词最初来源于英文"crowdfunding",是"crowdsourcing(众包)"和"microfinancing(微型金融)"两词的融合。众筹即是面向公众筹集资金,特别指以资助个人、公益慈善组织或商事企业为目的的小额资金募集。募集者将需要众筹的项目在众筹平台上公开展示,浏览过该网站的所有人群,均可对这些项目进行赞助、支持和投资。个人的投资额虽然比较小,但是经过大量的用户投资积累,筹资者便可获得所需的资金。也就是说,众筹是一种大众通过互联网相互沟通联系,并汇集资金支持由其他组织和个人发起的集体活动。创意者或小微企业等项目发起人(筹资人)在通过中介机构(众筹平台)身份的审核后,在众筹平台的网站上建立属于自己的页面,用

---

① 威客,是指那些通过互联网把自己的智慧、知识、能力、经验转换成实际收益的人。通俗地说,就是凭借自己的创造能力(智慧和创意)在互联网上帮助别人而获得报酬的人。

来向公众(出资人)介绍项目情况,并向公众募集小额资金或寻求其他物质支持。所筹资金起初由众筹平台掌握,并不直接到达筹资人手中,项目若在目标期限内达到募资金额,则项目筹资成功,所筹资金被众筹平台划拨到筹资人账户;待项目成功实施后,筹资人将项目实施的物质或非物质成果反馈给出资人,众筹平台从所筹资金中抽取一定比例的服务费用作为收益。如果在目标期限内未达到募资金额,所筹资金就会被众筹平台退回至出资人,项目发起人则需要开始新一轮的筹资活动或宣告筹资失败。所以,众筹的实质也是互联网金融领域一种融资方式的创新。

中国众筹的发展尚处在起步的阶段,由于缺乏相关法律法规,众筹一度游离于非法集资的边缘。国内的IT人士借鉴美国众筹平台,成立了一批与之类似的网站。"点名时间"是2011年在中国成立的众筹网站,它仿照Kickstarter的商业模式运作,网站的规章制度,甚至页面设计都参考Kickstarter的风格。在完成了几个经典项目的众筹活动后,"点名时间"获得了国内知名网站和媒体的支持与关注。"淘梦网"的商业模式与"点名时间"类似,不同的是,该网站只针对微电影进行众筹,打造出了国内首家独立微电影筹资平台。2013年10月,国内借鉴众筹理念的融资平台"天使汇"被《新闻联播》报道,成为互联网金融创新的典范。成立于2011年的"天使汇"自成立至今共有70余个项目完成筹资,总筹资额高达2亿余元人民币。2015年6月28日举行的第二届上海互联网金融博览会高峰论坛上,"众筹家"发布《中国众筹行业报告2015(上)》指出,截至2015年6月15日内地共有众筹平台190家,剔除已下线、转型及尚未正式上线的平台,平台总数达到165家。

(三)众包与众筹的区别与联系

举个例子:你发明了一个比红罐凉茶还好的凉茶配方,投产需要启动资金,但是没有钱,于是你找朋友借,以前你在亲朋好友中借,今天你在互联网上喊,有人被你打动了,说:"行,你干,我们来给你凑钱。"这就是"众筹"。

钱有了,就要设计包装,做形象和广告词,要生产则需要采购原料和找到合适的工人,以前你在亲朋好友里边找,今天你在互联网上喊,就有最好的设计师主动找你,有原料供应商提供最优惠的原料,甚至提供不要钱的原料和设备,只要求你将来成功了给他分花红,前提是你把那部分业务包给他,这就是"众包"。

可见,众筹与众包的相同之处在于都需要基于互联网的环境,集众之所长,将工作任务(资金、技术、材料等)以自由、自愿的形式外包给非特定的社会大众群体,并由他们来共同解决或承担。众筹虽然筹集的是资金,但其实质是面向资金的"众包"。众包的实质是消费者参与到企业价值的创造和创新过程中,实现订制式、分布式创造与制造。

二、众筹的特点、优势及功能

众筹,可以称为"大众筹资",是普通大众以互联网为平台,集中多笔小额资金用来支持某个项目或组织的行为。通常情况下,参与众筹的融资者其目标往往是多重的,有的是完全把其当作一种公益行为,并不要求任何回报;有的则是通过与融资者的积极互动,享受参与创新的过程;还有的是为了获得经济上的回报,如以较低价格获得产品,或通过股权方式共享项目成功后的回报。

(一)众筹的特点

相较于传统的融资方式,众筹融资具备五个显著的特点:

1. 门槛较低

无论是对发起人还是对支持者来说,进入众筹的门槛都很低。对于发起人来说,不论职业、地位、年龄等,只要有好的想法或创意都可以发起项目,而对投资人来说,开户参与的要求也一般较低。这既有利于优秀项目的吸收,也能吸引网上庞大的用户群。

2. 项目多样化

相较于传统的投资方式,众筹项目的选择方向具有多样性,如音乐、电影、科技、食品等等,只要能通过互联网平台搭建联系渠道,就可以实现各类项目的选择与开发。

3. 依靠大众力量

支持者通常是普通民众,而非公司、企业或者风险投资人。

4. 注重创意

发起人必须先将自己的创意(设计图、成品、策划等)达到可展示的程度,才能通过平台的审核,而不单单是一个概念或者一个点子,要有可操作性。

5. 风险与规模相对较小

如果通过贷款的方式进行融资,企业或者创业者一旦创业失败就要承担高额的利息,这让很多的创业者望而却步,导致很多很好的项目因此夭折。而如果通过众筹融资则不需要担心这些。因为一般大众参与众筹的回报方式多是产品或者服务等,项目的支持者一般都是"出钱购买"而不是"出钱投资",从而决定了众筹的融资风险较小。

除了以上这五个显著的特点之外,众筹还具有可预知市场需求、可获得免费市场推广等特点。

(二) 众筹的优势

对于项目的发起人或者支持者来说,众筹确实能给他们带来很多的好处,这也是众筹本身所具有的优势:

1. 相比于传统的融资方式,众筹更加开放

通过在平台上展示自己的项目,赢得投资者的喜欢。只要是支持者看好的项目,都可以进行投资。

2. 具有免费宣传的功能

通过众筹平台,发起人可以以最快的速度将自己的产品展示给大众浏览。

3. 可以进行充分的营销

通过众筹可以提高公众的认知,在个人的基础上建立起良好的社交关系,还可以让支持者感觉到自己也是这个事业中的一分子,从而提高自身对项目的支持力度。

4. 发现潜在用户

投资人可能会因为创意而与发起人产生共鸣,进而对项目产生兴趣,每笔捐赠都是一个搭建人际关系网络的机会,长期的支持者由此而来。

5. 不断地完善产品

投资人可以通过平台与发起人进行交流,阐述自己所认为的产品还需要改进的地方,发起人通过不断地交流,可以将自身产品进一步完善,在产品面世之前做好改进。

(三) 众筹的功能

众筹融资,尤其在互联网迅速发展的背景下,一经诞生就受到了中小企业和怀有创业梦想人士的青睐,因为这能够帮助他们解决资金的问题;同时众筹融资也受到投资大众的欢迎,因为这既可以让他们的闲置资金发挥作用,又可以获得一定的回报。近年来,众筹已经成功运作了很多的项目,由此证明了众筹能够存在还是具有现实意义的。

1. 众筹能够促进社会创业、科技创新

对那些缺乏资金的创业者来说,众筹为他们提供了解决资金困难的机会,让那些差点被磨灭的创业梦想得以生存,进而实现它的价值,为创业者创造财富。众筹项目一旦启动,就会让抽象的想法变成可以量化的产品。一旦产品获得市场的认可,说不定就可以创造一个产业,从而推动科技的创新,并创造出更多的就业岗位。

2. 众筹能够促进中小企业的发展

很多中小企业都存在融资难、融资慢的困扰,众筹能够较大限度地解决中小企业的资金问题;此外众筹平台还可以为企业做免费的广告,为缺乏资金的企业省去做广告的费用;中小企业还可以在众筹平台上实现定制化生产,实现零库存。在互联网浪潮中,众筹成为企业、个人创业最好的融资方式,让那些小的、有价值的商业项目、创意得以实现。毫无疑问,这些都可以促进中小企业的发展。

3. 众筹融资相对易于监管

众筹融资的项目都是公开的,规定了具体的回报内容,所以投资人一般都可以依据自己的财力而谨慎投资。众筹项目透明、公开,发起者能够自律,同时项目运行前平台还要对其进行审核,再加上公众的监督,从而易于监管,安全性有保障。

三、众筹的分类

近年来,大大小小、不同类型的众筹平台不断涌现。按照众筹的回馈方式,可以分为捐赠式众筹、奖励式众筹、股权式众筹、债权式众筹等;按照众筹项目内容及属性,可以分为艺术类众筹、影视类众筹、音乐类众筹、硬件类众筹及其他产品或产业众筹,详见表1.1。

表1.1 众筹的分类

类 型	属 性	平 台
奖励式(回馈)众筹	综合类	众筹网、梦想汇、追梦网、觉JUE.SO、中国梦网、海秀众筹网、互利网众筹、鸿元众筹、哇地带、梦立方、携梦网、千指神禅创意产业众筹平台、好梦网、淘宝星愿、酷望网等
	音乐类	乐童音乐、5SING众筹等

续表

类　　型	属　性	平　　台
奖励式（回馈）众筹	硬件类	Kickstarter、Indiegogo、点名时间、Knewbi 社区、海立等
	动漫类	众豆豆等
股权式众筹	——	Upstart、VCHello、人人投、天使汇、大家投、创投圈、企业号、爱合投、创微网、原始会、天使街等
债权式众筹	——	拍拍贷、人人贷、好贷网等各类 P2P 平台
捐赠式众筹	——	Causes、YouCaring、腾讯乐捐、创意鼓等

资料来源：根据互联网相关资料整理而成（2015 年）

本书根据目前众筹发展情况，为了深入系统地阐述众筹的不同模式，主要探讨不同回馈方式下的四种众筹模式。

（一）债权式众筹（Lending-Based Crowd-Funding）

债权式众筹是指投资者对项目或公司进行投资，获得其一定比例的债权，未来获取利息收益并收回本金。

通俗地讲就是："我给你钱，你还我本金和利息。"

典型代表是：各类 P2P 平台。

P2P 是债权式众筹的主要表现形式。但由于 P2P 借贷平台这个话题比较大，所以一般也不包括在大众谈论的狭义众筹之中。

（二）股权式众筹（Equity-Based Crowd-Funding）

股权式众筹是目前主流的众筹投资方式。它是指投资者对项目或公司进行投资，获得其一定比例的股权。股权众筹主要是以股权的形式对项目进行投资。

通俗地讲就是："我给你钱，你给我公司股份。"

典型代表是：Upstart、人人投等。

按照不同的标准，可对股权式众筹作如下分类：

（1）私募股权式众筹和公募股权式众筹

这两者是按照众筹的行为性质来进行划分的。私募股权众筹是把众筹的行为仍界定为私募行为的股权众筹，我国的股权众筹平台都是私募性质的；而国外的众筹发展是比较快的，其大都是将众筹行为界定为公募性质的，众筹平台可向公众进行募集。

(2) 有担保的股权式众筹和无担保的股权式众筹

这两者是按照有无担保进行划分区别的。有担保的股权式众筹主要是指在股权式众筹的业务中加入了担保的元素,其规定由推荐项目并对项目进行担保的众筹投资人或机构作为保荐人,若众筹的项目一年之内失败,保荐人赔付全额投资款,保荐人即为担保人;无担保的股权式众筹则指不含担保元素的股权式众筹,我国目前绝大多数股权式众筹平台都是后者。

(3) 线上股权式众筹和线下股权式众筹

这两者是按股权式众筹业务开展的渠道进行划分的。线上股权式众筹主要是指融资人、投资人以及股权众筹平台之间所有的信息展示、交易往来都是通过互联网来完成的;线下股权式众筹又称圈子众筹,主要是指在线下基于同学、朋友等熟人圈子而开展的一些小型众筹活动。

随着股权式众筹模式不断地发展和完善,其将会拥有更加广泛的用途。而由于股权式众筹目前在我国还是一个新兴的金融模式,因此还处于探索的过程中。但是经过实践的积累与总结,股权式众筹必将实现由量到质的转变。

(三) 奖励式众筹 (Reward-Based Crowd-Funding)

奖励式众筹(又称为回报众筹)是投资者对项目或公司进行投资,获得产品或服务。

通俗地讲就是:"我给你钱,你给我产品或服务。"

典型代表是:Kickstarter、Indiegogo。

有人说奖励式众筹的本质是团购,换汤不换药,只是炒起来的新概念。这句话并非完全错误。奖励式众筹一般指的是预售类的众筹项目,团购自然包括在此范畴。但团购并不是奖励式众筹的全部,且奖励式众筹也并不是众筹平台网站的全部。传统概念的团购和大众提及的奖励式众筹的主要区别在于募集资金的产品/服务发展的阶段。

(四) 捐赠式众筹 (Donate-Based Crowd-Funding)

捐赠式众筹是投资者对项目或公司进行无偿捐赠。一般众筹平台对每个募集项目都会设定一个筹款目标,如果没达到预设的目标,那么钱款将打回投资人账户。有的平台也支持超额募集。

通俗地讲就是:"我给你钱,你什么都不用给我。"

典型代表是:Causes、YouCaring。

与传统的募捐活动不同,基于捐赠的众筹模式通常是为某一特定的项目募捐,因为捐赠者知道所赠资金的具体用途,所以往往愿意捐赠更高的金额。其实早期的众筹就带有捐赠式众筹的色彩,在如今的互联网浪潮中,捐赠式众筹更是得到了进一步的发展。一些非营利的组织通过捐赠众筹平台来获取捐款,并将这些捐款捐赠给有需要的人,因此现在非营利组织的长期筹款项目变得很普遍。

第二节 众筹学的学科定位、研究对象与研究方法

众筹是指面向公众来筹集资金,特别是指以资助个人、公益慈善组织或商事企业为目的的小额资金募集,是互联网金融领域的一种融资方式创新,也是普惠金融的一种新发展。众筹本身融合了经济学、金融学、管理学、投资学、信息学以及计算机系统等多方面知识而自成为一体。

一、学科定位

所谓"众筹学",是指研究众筹参与主体在众筹项目运作过程中的投融资决策行为及其内在规律的一门新兴交叉学科,涵盖了经济学、管理学、金融学、投资学及信息科学等相关学科内容(详见图1.1)。它既研究众筹项目的一般运作模式,也研究众筹模式中参与人的投融资决策,具有显著的交叉学科特点。众筹学的学科任务是以经济学、金融学、管理学、投资学、信息学为基础,在互联网和社会性网络服务(Social Network Site,简称SNS)大环境下,为新型互联网络融资服务创新和普惠金融服务创新提供基本理论、基础知识和科学思维方法。

随着现代互联网技术、SNS技术及相关学科的发展,众筹学作为互联网金融领域的一门新兴学科,发展必然十分迅速。因此,只

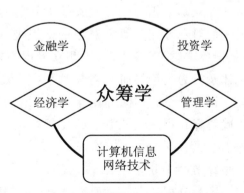

图1.1 众筹学的学科交叉情况示意图

有掌握众筹学相关的基本理论和知识，运用科学思维方法，将知识融会贯通，才能适应众筹及网络金融的不断快速变化。

二、研究对象

众筹学研究的主要还是融资问题，还有众筹参与人的行为决策、众筹领域的政策研究与众筹行业实践等。概言之，众筹学的研究对象就是众筹活动方式的一般规律。从广义上看，众筹学的研究对象包括筹资方式的变迁及集资方式的变化，狭义的研究对象是现阶段及未来众筹学所包含的各项活动方式的一般运作规律，即众筹项目实现的条件、可操作的众筹模式创新、众筹行为决策等内在规律。研究众筹学的历史使命是探索国际国内众筹发展的新趋势，探讨国内外众筹发展的新问题，搭建资金与企业融通的新桥梁，支持中国的互联网金融和普惠金融体系建设。本书对众筹研究对象的主要界定是围绕众筹模式创新及其风险防控机制的内在规律问题。

三、研究方法

众筹学的研究方法主要服务于其研究内容的需要。研究方法是人们在从事科学研究过程中不断总结、提炼出来的。由于认识问题的角度、研究对象的复杂性等因素，而且研究方法本身处于一个在不断地相互影响、相互结合、相互转化的动态发展过程中，所以对于研究方法的分类目前很难有一个完全统一的认识。本书认为众筹学的研究方法主要包括以下几个方面：

1. 定量分析法

在众筹学相关内容及其前沿问题的科学研究中，通过定量分析法可以使人们对众筹相关研究对象的认识进一步精确化，以便更加科学地揭示规律、把握本质、理清关系、预测众筹内在规律的发展趋势。通过对众筹相关主体及行为决策等研究对象的规模、范围、程度等数量关系的分析研究，可以认识和揭示它们间的相互关系、变化规律和发展趋势，借以达到对众筹的正确解释和预测。该方法的使用在国内外尚处于起步阶段，还有大量的工作需要做。

2. 定性分析法

定性分析法就是对研究对象进行"质"的方面的分析。具体地说是运用归纳和演绎、分析与综合以及抽象与概括等方法，通过对众筹实践活动中的模式选择及具体运作情况，进行归纳与分析，使之系统化、理论化，对众筹相关的各种材料进行思维加工，从而能去粗取精、去伪存真、由此及彼、由表及里，达到认识众筹本质、揭示其内在规律的目的。该方法需要很强的逻辑思维能力，在众筹研究中使用广泛。

3. 跨学科研究法

众筹学本身就是多学科交叉而形成的具有相对独立体系的新兴学科，需要跨学科研究法，即运用多学科的理论、方法和成果从整体上对众筹这一全新领域进行综合研究的方法，也称"交叉研究法"。科学发展运动的规律表明，科学在高度分化中又高度综合，形成一个统一的整体。据有关专家统计，现在世界上有2000多种学科，而学科分化的趋势还在加剧，但同时各学科间的联系愈来愈紧密。当前，正处在"信息革命"的新时代，有大量的信息资源可以开发利用，尤其是大数据背景下，为跨学科研究提供了得天独厚的条件。这种方法的使用将会呈现很多意想不到的成果。

4. 个案研究法

个案研究法是认定众筹相关研究对象中的某一特定对象，加以调查分析，弄清其特点及其形成过程的一种研究方法。个案研究有三种基本类型：① 个人调查，即对众筹组织中的某类主体进行调查研究；② 团体调查，即对众筹中的某个组织或团体进行调查研究；③ 问题调查，即对众筹的某个现象或问题进行调查研究。该方法能够与其他方法有机结合来使用，需要重点掌握。

第三节　众筹的组成要素及运作原理

一、众筹的组成要素

众筹的实现应该具有四大基本要素，分别是：项目发起人（筹资人）、公众（出资人）、中介机构（众筹平台）和众筹项目。

（一）项目发起人

项目发起人即筹资人，他们通过众筹平台发布自己好的创意或者想要实现的项目,在吸引到投资人的注意力与兴趣之后,使投资人具备为项目投资的动力,进而筹得自己所需要的资金去继续开展自己筹划的项目。

一般而言,众筹项目的发起人大致可以分为以下几类:① 拥有创造能力,但是却缺乏资金将其付诸实践的人;② 已经把创意付诸实践的小微企业的经营者,他们因为资金数量有限,因而难以进行产品和市场的进一步开发;③ 产品销售有困难的创业者,他们在产品的销售过程中由于资金的缺乏,不能够通过广告宣传等渠道来扩大产品的知名度,而通过众筹平台发布自身产品的特征属性以及优势,无形中就是对于自身产品的一种广告;④ 公益等其他项目的爱好者,对公益项目来说,它们通常会说明所筹集资金的具体用途,保证资金使用的透明化,让有兴趣的人足够放心地投资。

对发起人来说,在明确自身项目之后,应该对项目进行相应的包装,这样才能足够吸引出资人,同时也应该明确项目一旦成功,自己能够给予投资者什么样的回报。细节确定之后,再根据自己项目的特点选择合适的平台进行项目的发布。项目发布后,如果在规定的时间内筹集到了目标资金,那么项目即成功,筹集的经费将会由众筹平台转给发起人;如果没有在规定的时间内筹集到目标资金,则项目筹资失败,所筹集的那部分资金将原封不动地退还给投资人。而成功筹集到资金的发起人,一方面需要开展自己的项目,另一方面也需要兑现当初承诺给投资人的回报。

(二) 公众

众筹的投资人通常是数量庞大的互联网用户,他们通过众筹平台发掘自己看好或者感兴趣的项目,然后进行小额的投资,以期获得一定的回报。

一般情况下,出资人主要有两类:一类是具有一定闲置资金的个人,他们对项目发起人的创意或产品充满兴趣,想要帮助他们创业成功,或者希望成为发起人产品的最新使用者,再或者是希望成为某个项目的投资者,分享项目利润;另一类是政府部门、银行或者大型企业,政府部门、银行通过众筹社区平台把创业扶持资金或贷款更高效地用于资助创业者,大型企业发挥慈善作用,通过资助创业者,提升良好社会形象。

对出资人来说,参与众筹之前首先应该对自身的经济实力及风险承担能力进行准确的评估。自我定位完成之后则应选择一个合适的众筹平台,对于平台的选择,不仅是发起人需要考虑的问题,投资人在投资的过程中也应该注意选择信用度与回报率都很高的正规网站。确定平台之后,则要选择将要投资的项目,一个良好项目的选择至关重要,但除了要看项目的内容,还应关注项目评级、支持等级、持续时间及回报方式等。

投资者进行投资之后,则需等待项目最终的筹资结果。如果项目筹资成功,那么投资人的资金将会转到筹资人的账户,而筹资人将会按照自己的承诺对投资人做出回报;如果项目筹资不幸失败,那么众筹平台将会将投资人当初所投入的资金再退回投资人的账户中。

事实上,投资人除了能够给发起人带去项目的运转资金外,还可以为其带去更加广阔的人脉以及更好、更完善的发展思路。

(三) 中介机构

众筹平台在众筹融资中主要发挥着信息中介的功能,是连接筹资人和出资人的互联网终端。它既是项目发起人的监督者和辅导者,也是出资人的利益维护者。

项目的发起人先将自己筹划的项目提交给众筹平台,众筹平台在对提交上来的项目进行严格的审核之后,决定是否允许该项目成立。如果平台验证项目没有问题,则会在自己的官方网站上发布出来,投资人通过在网站(也就是众筹平台)上的浏览,发现自己所感兴趣的项目然后决定是否投资。如果投资人决定投资,则需要在众筹平台上注册一个账号并将其与自己的银行卡绑定,投资人所投资的钱将会先被转到众筹平台上,如果项目筹资成功,众筹平台会将这部分钱转给筹资人;如果项目筹资失败,众筹平台则会将这笔资金退还到投资人的账户。

具体来看,众筹网站还具有如下的职能与义务:

(1) 众筹平台需要拥有强大的网络技术支持,采用虚拟运作的方式,将项目发起人的创意和融资需求信息发布在虚拟空间里。

(2) 在项目上线之前要进行严格地实名审核,确保项目内容完整、可执行、有价值,确定没有违反项目的准则与要求;并且还需甄别项目发起者的身份,避免非法集资;同时还要为发起人提供专业的辅导,协助项目发起者包装宣传项目。

(3) 对筹资人,在项目筹资成功后,要监督、辅导和把控项目的顺利展开,督促筹资人按照当初的承诺给予投资人相应的回报。对于投资人,则应该提供相应的资金担保平台,在项目失败时,将平台上所筹集的资金如数退还到投资人的账户。

但是不得不说,众筹平台同时也存在着这样的一个缺陷:对于那些在众筹网站上所发布的一些比较好的产品创意或者经营模式有可能被网友迅速

"山寨",很有可能产生众筹项目筹资期限还没有完成,网上已经开始售卖"山寨"产品的情况了。在我国,由于对知识产权保护的缺乏,这种复制别人创意的行为虽不能说是违法,但也无法控制。这对项目筹资人来说无疑是一个很大的难题。

(四) 众筹项目

众筹项目作为投资人、平台和筹资人三者之间的枢纽,维系着整个经济活动的运转。所谓众筹项目,是指具有明确目标、可以完成且具有具体完成时间的一项活动,而项目的回报方式则会因为众筹模式的不同而不同。目前众筹项目的类型有很多,如音乐、舞蹈、科技、设计、时尚、电影、食物、游戏、图画、出版等。

一个优质的众筹项目,一般具有以下几点特征:
(1) 具备长远发展的可能性;
(2) 能够面对特殊的市场需求;
(3) 拥有较高的进入壁垒;
(4) 有成熟的产品展示;
(5) 有盈利的空间。

除了要具备这几点特征之外,众筹项目还需要触动投资人的神经,让整个项目充满闪光点与吸引力;当然在某种程度上众筹项目还可以让投资者参与其中,增加投资人的参与感。

一旦项目成功筹资后,筹资人对于出资人的回报则不一定是资金回报,而可能是一个产品样品,例如一场演唱会的门票或是一张唱片。创业者有一个好的项目,便可以选择一个平台,寻求合作的投资人;投资人拥有闲置的资金,也可以选择一个平台,寻求投资的项目。四者相辅相成,缺一不可,也唯有如此,才有众筹。

二、众筹的运作原理

众筹基本运作原理的核心就是项目发起者在公共网站平台上展示项目,投资者则根据相关信息选择投资项目。互联网与社区网络技术的发展为众筹的发展提供了非常便利的交易条件,发起人与投资人之间只需要花费几乎可以忽略不计的交易成本就可以实现平等自愿地对话与交流,共同为一个相互感兴趣的项目出谋划策,进而创造众筹项目的价值及增长点;如果项目失败,可以快速便捷地退钱还款。一般的众筹项目流程如图1.2所示。

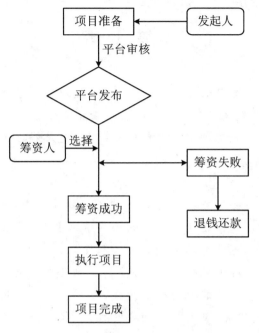

图1.2 众筹的运作流程示意图

具体来说就是项目的发起人首先对自己的项目进行筹划与包装,并明确自己的筹资金额与筹资期限以及能够给予投资者什么样的回报。完成之后再将自己的项目提交给众筹平台,众筹平台在对提交上来的项目进行严格而仔细地审核之后,决定是否允许该项目成立。如果平台验证项目没有问题,则会在自己的官方网站上发布出来,投资人通过在网站上的浏览,发现自己所感兴趣的项目然后决定是否投资。如果投资人决定投资,那么他就需要在众筹平台上注册一个账号并将其与自己的银行卡绑定,他所投资的钱将会先被转到众筹平台上。如果项目发起人能够在规定的筹资期限内筹集到目标资金,则该项目为筹资成功;反之则为失败。如果筹资成功,则众筹平台将会把所筹得的资金转给筹资人,成功筹得资金的发起人在获得资金之后,则应该按照当初的计划执行自己的项目,并在一定的期限内完成,同时也应该按照自己当初的承诺,给予投资人相应的回报;如果项目筹资失败,众筹平台则会将之前所筹集的资金原封不动地退还到投资人的账户里。

以上内容即为众筹一般意义上的组成要素与基本运作原理,为本书后续相关内容的介绍奠定了坚实的理论基础。本书主要关注目前主流的四种众筹模式,而每种类型的众筹模式在运作过程中会有些许的差异,详见本书后续章节中的具体介绍。

本章小结

【内容提要】

本章主要讲述了众筹的概念、特点及功能,梳理了众筹学的学科定位、研究对象及历史使命,系统阐述了众筹的组成要素及运作原理,为本书后续内容的展开奠定了系统的理论基础。本章需重点掌握的是众筹的概念及特点,众筹的组成要素及一般运作原理。

【重点回顾】

1. 众筹是面向公众筹集资金的一种新兴融资方式,特别是指以资助个人、公益慈善组织或商事企业为目的的小额资金募集,是互联网金融领域的一种融资方式创新,也是普惠金融的一种新发展。

2. 众筹的诞生对于社会创业、科技创新以及中小企业的发展具有较大的促进作用,同时相比于其他的融资方式,众筹项目的透明性与公开性使其更利于相关部门的监管,具有足够的安全性。

3. 股权式众筹,是指投资者对项目或公司进行投资并获得其一定比例股权的众筹模式,风险相对较小,因此是目前众筹投资方式中的一种主流投资方式。

4. 众筹学作为一门新兴的交叉学科,既研究众筹项目的一般运作模式,也研究众筹模式中参与人的投融资决策。随着互联网时代的迅猛发展,众筹学的发展也势必迅速。因此只有熟练地掌握众筹学知识,才能适应网络金融的迅速发展。

5. 众筹的组成要素有筹资人、出资人、众筹平台和众筹项目。其运作流程为筹资人在众筹平台上发布众筹项目的具体信息,出资人通过对众筹平台的浏览选择投资的项目,如果在约定的时间内筹资人募集到了当初约定的资金则项目众筹成功,反之则为失败。

【复习思考题】

1. 简述众筹模式的未来选择有哪些。
2. 试述众筹在中国的发展潜力。

【复习思考和阅读】

1. 李雪静.众筹融资模式的发展探析[J].上海金融学院学报,2013(6).
2. 殷明波.众筹模式在中国的发展研究[J].时代金融,2015(3).

第二章 众筹的发展历程

2015年9月10日的夏季达沃斯经济论坛上,李克强总理在特别致辞中以一个创业者的故事开场:"昨天我一到大连,就去看了一家创客公司。这个企业仅有10名员工,用了短短两年时间创业,取得的业绩给我留下深刻的印象。他们利用互联网平台吸引了28万个注册用户,开发了近百个创客产品……像这样的小企业,在中国有千千万万,他们的创意难以想象,无论成功与否,都是在扮演着新领军者的角色,展现着未来经济发展的希望,也是在参与描绘中国和世界经济增长的蓝图。"6天后,创业者们便收到了总理赠送的"大礼包"!9月16日召开的国务院常务会议决定,建设大众创业万众创新平台,利用"互联网+",积极发展众创、众包、众扶、众筹等新模式。这个被互联网改变的时代大幕已然拉开……

第一节 众筹的起源与发展

一、众筹的历史溯源

大众眼中的众筹,是一种时尚的代名词,是一种新时代的产物,然而,众筹真的就那么新吗?事实上,在人类进化史中,体现"众筹"的思维早已有之。

(一)荷兰东印度公司的成立

在14世纪和15世纪,地中海沿岸一些城市出现了资本主义生产的最初萌芽,手工业及商业贸易有了相当程度的发展。一些商人渴望向外扩充贸易,获取更多财富,便急于探求通向东方的新航路。15世纪到17世纪的地理大发现给欧洲各国带来了前所未有的商业繁荣,由此出现了跨国贸易、债权债务清算以及资本转移等初始形态的金融活动。

在利润丰厚的海上贸易中,荷兰商人为应对英格兰商人强有力的挑战,设计了一种造价更为低廉的船只。16世纪末,荷兰人几乎垄断了欧洲的海运贸易,赢得了享誉世界的"海上马车夫"称号,被马克思称为当时的"海上第一强国"。

1602年,荷兰联合东印度公司成立,成为第一个联合的股份公司。公司为了融资发行股票(但不是现代意义上的股票),人们来到公司的办公室在账本上记下自己借出的钱,公司承诺给这些钱分红,这就是荷兰联合东印度公司筹集资金的方法。他们筹集了650万元的资金,用这些钱建立了公司,通过向全社会融资的方式,将社会分散的财富变成对外扩张的资本。

1609年,世界历史上第一个股票交易所诞生在阿姆斯特丹,东印度公司的股东们可以随时将自己手中的股票变成现金。这里曾经成为整个欧洲最活跃的股票交易所,当大量金银流入荷兰时,荷兰的经济血脉开始变得拥堵,为了解决这个问题,荷兰人的探索直接进入了现代经济的核心领域——建立银行。历史学家们一致认为,荷兰人是现代商品经济制度的创造者,他们将银行、证券交易所、信用以及有限责任公司有机统一形成了一个相互贯通的金融和商业体系,并由此带来了爆炸式的财富增长。1972年荷兰东印度公司发行的VOC铜币如图2.1所示。

图2.1　1792年荷兰东印度公司VOC铜币

荷兰东印度公司的成立,即是合众人之财,聚众人之力,也就是最原始的股权众筹。搞金融,不仅要懂得"合",更要学会"分",于是荷兰人发明了股票,将一个公司的所有权分成数量众多的均等份额,投资人按股份多少拥有相应的话语权和分红权,即同股同权同利;股票还可以在股票交易所转让交易,增强了流动性。而银行的诞生,更是金融分合之道运用的集大成者:吸收存款,即是"合";发放贷款,又是"分",就是在这样的分分合合中,个人的投资需求、企业的发展需求都得到了极大的解放。

(二) 美国战争债券的发行

美国从殖民地发展成为世界强国,不可避免地会发生战争摩擦。以战争解决冲突如同一条红线贯穿着美国的发展史。庞大的战争支出必须有充足的财政收入为支撑,当政府现有的财力与战争的需要面临巨额缺口的时候,发行战争债券成为美国政府在历次主要战争中筹资的有效工具。

回顾美国为战争筹款的历史,从独立战争到第二次世界大战,战争债券在其战争筹款中起着举足轻重的作用。独立战争中由于其政权尚未稳固,战争债券在其战费筹措中仅占三分之一。在南北战争、第一次世界大战、第二次世界大战中,相对于征税、发行货币这两种战争筹资工具,战争债券发挥出了更大的筹资功能。尤其是在第一次世界大战的筹资过程中,战争债券的作用达到了历史巅峰,为美国筹集了66%的参战费用。在第二次世界大战中,战争债券筹集的经费也占其参战费用的56%。但是自二战结束到"911"事件之前,尽管美国战争不断,但美国政府基本没有为战争筹资而发行战争债券。直到2001年"911"事件之后,美国实施反恐战争,才又开启了战争筹资的发行计划。战争债券与美国的战争筹资情况见表2.1。

表 2.1　战争债券与美国的战争筹资

主要战争	债券筹款情况
1775 年独立战争	战争期间债券筹款约 7700 万美元
1861 年南北战争	至 1865 年 9 月,国债达到 28 亿 4000 多万美元
1898 年美西战争	发行约 2 亿美元的战争债券
1914 年第一次世界大战	战争债券筹款约 245 亿美元
1939 年第二次世界大战	1941~1946 年间战争债券筹款约 2235 亿美元
1950 年朝鲜战争	1950 年 6 月至 1954 年 6 月,债券筹款约 10 亿美元

数据来源:《军事历史研究》2010 年第 4 期《战争债券与美国的战争筹资》

战争债券发行的重要基础是人民群众的爱国热情和参战意愿,也就是说战争债券能否顺利售出,关键在于人民群众是否支持战争。战争期间,前方战士在浴血奋战,战争债券则为后方人民表达同仇敌忾的爱国热情提供了有效途径。美国政府能够在一战和二战期间发行数量如此巨大的战争债券,关键在于得到了全国人民的全力支持。其战争债券也往往冠以"自由公债"或"胜利公债"的名义。1917年5月,利率为3.5%的20亿美元第一次自由公债提供给公众认购,结果公众认购热情高涨,出现了50%的超额认购。而在二战期间,有超过65%的美国人都购买过战争债券。从二战结束到"911"事件之前,美国政府基本没有发行战争债券,并非美国战费充足不需融资,而是由于这期间的不少战争得不到美国人民的认可和支持。越南战争就是典型,其耗资巨大,但美国国内反战情绪高涨,民众对这种入侵他国以武力解决国际问题的方式十分厌恶,从而也就缺乏发行战争债券来筹资的民意基础。

用现代金融的眼光来看,战争债券就是一场声势浩大的债权众筹。它调动了最广泛最普通的民众参与,以至高无上的爱国主义进行包装。南北战争结束后,南方的一位将军曾经讲到,"我们不是输给了北方的士兵,而是输给了北方的金融"(图2.2)。

图 2.2 银行家众筹赢得南北战争

(三) 自由女神像的建造

自由女神像(Statue of Liberty),又称自由照耀世界(Liberty Enlightening the World),是法国在1876年赠送给美国独立100周年的礼物(图2.3)。美国自由女神像的雕塑是位于美国纽约州纽约市哈德逊河口附近,是雕像所在地美国自由岛的重要观光景点。美国的自由女神像以法国巴黎卢森堡公园的自由女神像为蓝本,由法国著名雕塑家巴托尔迪历时10年艰辛完成。1885年6月装箱运至纽约,1886年10月由当时的美国总统克利夫兰亲自在纽约主持揭幕仪式。女神的外貌设计来源于雕塑家的母亲,而女神高举火炬的右手则是以雕塑家妻子的手臂为蓝本。

图 2.3 自由女神像

　　自由女神穿着古希腊风格的服装（也有说是罗马古代长袍），头戴光芒四射的冠冕，七道尖芒象征世界七大洲。自由女神像高 47 米，加上高 46 米的底座，整个雕像共高 93 米，重 229 吨，腰宽 10.6 米，嘴宽 91 厘米。右手高举象征自由的火炬，长达 12.8 米，火炬的边沿上可以站 12 个人。左臂抱着一本封面刻有"1776 年 7 月 4 日"字样的法律典籍，象征着这一天签署的《独立宣言》。女神脚下是被挣断的手铐、脚镣和锁链，象征着挣脱暴政的约束和自由，而其体态又似一位古希腊美女，使人感到亲切自然。当夜幕降临，神像基座的灯光向上照射，将女神照得宛如一座淡青色的玉雕。

　　自由女神像内有 22 层楼梯，电梯可以开到第 10 层，再沿旋梯爬 12 层，就可到达女神像顶端皇冠处的观景台。这里四面开着小窗，临窗俯瞰，纽约景色尽收眼底。1984 年，自由女神像被列为世界文化遗产。

　　这座承载了自由精神的雕像，虽然今天如此光辉伟岸，建造时却遇到了很多捉襟见肘的尴尬。可正是由于资金匮乏，才让自由女神像与众筹结下不解之缘，使得这座雕像真正成为人民参与的作品。

　　自由女神像从最初在法国建造到美国完成基座安置，先后经历了两次众筹过程。

　　在雕像建造过程中，为筹措资金，巴托尔迪迫不得已采取奖励式众筹筹措建造资金。1876 年，巴托尔迪把已完成的雕像右手和火炬运到费城的美国百年庆典上去展览，参观者花上 50 美元就可以爬过约 9 米高的钢铁台阶站在火炬边缘的平台上。1878 年，他又将雕像头部在巴黎世界博览会上展出,并通过这种预展形式收取费用。后来还直接发行了一种"自由彩票",实际上就是通过博彩来筹款,奖品包括一些银盘子、雕塑模型等物品。到1879年,巴托尔迪共筹集到25万法郎。

1884年6月,雕像已经完工,但是这座女神像没有基座,也就无法放置到纽约港口。这一现象引起了《纽约世界报》的出版商约瑟夫·普利策的密切关注,为此他发起了一个众筹项目,目的就是筹集足够的资金建造这个基座,普利策也由此成为自由女神像众筹第二波的接棒人。

1878年,普利策曾经与其他人一起在巴黎博览会上见过这座雕像的头部。自从1883年搬到纽约之后,他一直在报纸上支持这项事业。他本身就是移民,又极其热爱美国式的自由,这也让该项目对他而言有着非同一般的吸引力。事实上,在接管《世界报》两周之后,他即对报头进行了修改。原来的报头处是两个球状物,中间是一台印刷机,而他用一只手高高举起火把的自由女神像取代了那台印刷机。

普利策把为自由女神像底座众筹的项目发布在了他的报纸上,然后承诺对出资者做出奖励:只要捐助1美元,就会得到1个6英寸(15.24厘米)的自由女神雕像;捐助5美元可以得到1个12英寸(30.48厘米)的雕像。最后项目得到了全世界各地共计超过12万人次的支持,筹集的总金额超过10万美元,为自由女神像的顺利竣工做出了巨大贡献,《纽约世界报》和普利策也因此赢得美国民众的尊敬和爱戴。

法国式众筹的雕像和美国式众筹的底座,使得这座神圣珍贵的雕像最终借助众筹的力量顺利完成,成为世界艺术作品中的一块瑰宝。

二、众筹的发展阶段

(一) 众筹的萌芽期

2001年至2009年是众筹的萌芽期。众筹的文化根源是通过社区为项目进行融资,21世纪"互联网+"时代的来临,使得这种基于社区的融资模式迁移到线上,降低交易成本并拓展了潜在的受众。

1. 互联网众筹的诞生

互联网众筹的诞生与发展有着深刻的经济、文化根源,是实体经济变革与金融服务变革共同的结果,并反过来促进二者的深化。如同18世纪荷兰航海业和商品贸易的发展促进东印度公司发行了世界上最早的股票;19世纪美国铁路建设和工业化的进程推动了美国股票市场的飞速发展。每种现代金融制度的诞生,都根源于当时社会经济变革的需求,是时代的产物。

互联网众筹也是互联网时代的产物,当代商品的生产已经从追求数量转为追求品质。这种品质不仅意味着质量更意味着符合消费者个性和品位的与众不同。以美国为代表的发达国家步入富饶经济阶段,飞速提高的生产力使得产品的生产成本急剧降低,蕴含于产品中的"创意"转而成为用户热情追逐的对象和产品的核心增值点。创意与个性正在替代质量与流行,形成商品生产者与消费者的新诉求。

这种新诉求从某种程度上更适合小型、零散的创意与设计企业,而非组织庞大、层阶分明的大型传统制造企业。与此相对应,"大规模融资+高中介成本"已经被证明只适合于资金密集型和成熟型企业,无法满足"人人创业、人人筹款"的新时代需求。

互联网则为这一新兴融资需求提供了物质、技术与渠道支撑。首先,通过网络平台,生产者能够直接展示自己的创意,消费者可以直接向生产者预购创意产品,实现投融资双方的直接对接;其次,利用社会化媒体和社交网络,生产者可以接触大量的潜在购买者,购买者也可以选择合适的生产者,实现社会化融资;第三,由于投融资双方可以通过网络直接对接,并通过网络支付渠道直接付款,融资周期大大缩短。互联网众筹模式正是利用互联网平台的上述优势,同时满足了直接、社会化和迅速这三个融资要求。

因此,在创意与科技驱动的生产模式下,现有的融资模式跟不上时代要求,是互联网众筹诞生的前提;互联网使得新兴的众筹模式落地,可以有效开展新兴融资业务。

2. 众筹平台的兴起

美国网站 Kickstarter 是当今影响力最大的众筹网站,也被许多人认为是互联网众筹的起源。事实上,世界上最早建立的众筹网站 ArtistShare,于 2001 年开始运营,被称为"众筹金融的先锋"。

ArtistShare 公司的 CEO 创建这家公司时的想法是支持"粉丝"资助唱片生产过程,获得只在互联网上销售的专辑;艺术家则可以获得更加合意的合同条款。艺术家通过该网站采用"粉丝筹资"的方式资助自己的项目,"粉丝"把钱直接投给艺术家后可以观看唱片的录制过程(在很多案例中,"粉丝"还可以观看"特别收录"的内容)。

2005 年,ArtistShare"为富于创造力的艺术家服务的全新商业模式"受到广泛赞誉,它通过新颖的原创项目筹措渠道同时汇集艺术家和"粉丝",并创造了一个坚定、忠诚的"粉丝"基地。同年,美国作曲家 Maria Schneider 的"Concert in the Garden"成为格莱美历史上首张不通过零售店销售的获奖专辑。该专辑是 ArtistShare 的第一个"粉丝筹资"项目。Schneider 因为该专辑获得 4 项格莱美提名,并最终荣获"最佳大爵士乐团专辑"奖。

2005 年 3 月,全球首家 P2P 网络小额贷款平台 ZOPA 在英国启动,这是借贷众筹的雏形。英国是银行业相当集中的国家,与美国几千多家商业银行"百花齐放"的现象不同;英国有 5 家大型银行,几乎垄断了整个行业,被称为"英国五大银行"。这种垄断性增加了个人与企业的贷款难度:贷款速度慢,贷款种类太少,贷款难,贷款手续冗长,"店大欺客",银行体制已存在多种问题却不解决,使得人们对于银行贷款越来越不满。21 世纪,人们向往的是更简单、更便捷的贷款方式。

Zopa 成立后,以新颖的运营模式获得社会与大众的广泛关注,注册会员大量增多,从开始的 300 个会员到 2007 年的 14 万会员;借贷款总额也一路飙升。2007 年,Zopa 分公司在美国成立,但由于金融危机的影响,于 2008 年 10 月关闭。2011 年,它与英国其他两家大型 P2P 借贷公司 FundingCircle 和 Ratesetter 共同成立英国 P2P 金融协会(Peer to Peer Finance Association),用于规范业内公司,促进 P2P 市场发展。2012 年,JacobRothschild(英国老牌银行家族)对 Zopa 投资,同时英政府也向其发放 9 万英镑助其运营、发放贷款。

从十年前算起,英国 P2P 平台 Zopa 创立以来已经撮合了超过 7.5 亿英镑的网络借贷,预计将会在今年达成 10 亿英镑累计成交量的里程碑。

成立于 2005 年 10 月的美国众筹网站 Kiva 是全球首家提供在线小额贷款服务的非营利组织。它是一个总部位于加州圣弗朗西斯科,通过与全世界的金融机构开展合作业务,旨在资助贫困地区创业者的非营利性组织。Kiva 在大众投资者手中收到资金后,把资金转入相应的金融机构,由金融机构联系需要资金的创业者,在认定它们的经营状况和报告可信度后,金融机构把资金转给相应的创业者,本金的归还和利息的支付也要通过金融机构由创业者转给 Kiva,最后返还给投资人。Kiva 与当今的众筹网站相比,不算是完全意义上的众筹网站,而是类似于一个在银行、基金公司等金融机构与大众投资者之间的信息中介。

其后出现的众筹网站开始摆脱对金融机构的依赖,成为筹资人与大众投资者直接和间接融资的渠道。2009 年成立的众筹网站 Kickstarter 是其中的明星网站。Kickstarter 允许想要筹资的人在网站上发起一个项目（Project），并详细描述项目的内容、筹资的目的，以及项目预计完成的时间。大众可以在网站上选择自己感兴趣的项目进行投资。在项目约定的期限内，投资者会获得项目发起人给予的非现金及股权式的报酬。网站上的筹资项目涉及面广泛，包括了音乐、艺术、建筑、文学、摄影等各个方面。众筹萌芽期的大事件见表2.2。

表2.2 众筹萌芽期大事件

时间	事件
2001年	艺术众筹网站 ArtistShare 在美国成立，自此拉开了众筹的序幕
2005年3月	全球首家 P2P 网络小额贷款平台 ZOPA 启动，这是借贷众筹的雏形
2005年10月	全球首家提供在线小额贷款服务的非营利组织 Kiva 成立
2006年8月	Michael Sullivan 在互联网创建 Fundavlog（美国）融资平台，并在其社交网络中用 Crowdfunding 解释该平台的核心思想，众筹第一次作为专有名词被使用
2008年1月	IndieGoGo（美国）启动，它是目前全球最成功的众筹网站之一，也是目前全球最大的国际化众筹平台
2009年4月	Kickstarter（美国）启动，被称为众筹网站的兴起者和领先者，它是目前全球最成功的众筹网站之一，也是全球最大的众筹平台
2009年9月	FundRazr（加拿大）启动，它是第一个利用社交网络平台 Facebook 直接融资的众筹网站

3. 众筹的颠覆与重构

由于传统融资渠道成本高、信息披露义务重，中小微企业很难从银行等金融机构获得信贷支持，尤其是金融危机后，银行惜贷心理加重、投资者信心不足等因素增加了中小微企业融资和民间投资新渠道的需求。众筹作为一种新的融资渠道，通过颠覆并重构现有社会关系、经济结构、产业链模式及消费模式等方方面面，满足了当今社会多样化的投融资需求。众筹的颠覆与重构主要体现在以下几方面：

第一，颠覆并重构传统产业。众筹使得消费者与生产者的角色逐渐模糊，消费者不再是被动的接受者，而是将自身的需求融入生产者从生产到设计的众多环节，其需求和创意从来未曾如此轻松和完整地表达。传统产业开始不断融入大众创新的思维，变得更具创新特性，更有助于提升用户体验。众筹模式颠覆整个传统供应链思维，使得生产者与消费者之间直接通过产品联结起来。

众筹模式缩短了产品检验的时间,降低了产品生产的风险。通过众筹,生产企业可以先展示自己的设计,并测试是否有足够的用户喜欢这个产品,预期的利润是否能覆盖开发这款产品的固定成本,从而实现按需生产,改变过去生产的方式,缓解产能及企业资金链压力。在整个过程中,生产企业的原材料购买、生产任务下达、物流储备等,由于已融入了消费者的明确需求,产品投放更加精准、直接,避免了传统产业链导致的各种资源浪费。

第二,颠覆并重构传统投融资。众筹模式下,投融资变得更为简单化、大众化。在这种氛围中,人人都可以成为创业者,人人都可以成为投资人。众筹模式下,投资者及融资方的信息变得公开透明,能大量消除传统融资的中间环节,大幅降低渠道费用,从而提高融资效率并降低交易成本。参与方根据自己的规模与要求,自行匹配,自由融合,最终发展到自由聚合。

众筹所重构的世界,将使得"投资者""融资者"这些身份与角色的界限变得模糊,只要存在资金需求和资金输出两个终端,就能通过这个平台直接对接,真正实现资金向每个角落流动。这种"普惠金融"满足了多元化投融资渠道的构建目标,最终有利于解决金融资源错配、资金效率低下等一系列问题。

第三,颠覆并重构传统信用体系。对于草根群体而言,传统融资模式中的信用意味着高成本,这种不利于草根创造、社会创新的垄断性信用价值体系,将被众筹建立的全新信用体系颠覆。

众筹模式下,信用监管不再是某一监管机构起作用,众筹项目、资金变成了全民监管模式,信用评级也建立在大量数据验证基础上,加上专业金融机构参与、领投制度等一系列创新设计,形成线上信用社交,从而降低投融资成本,尤其是融资边际成本,同时也促进了社会投融资渠道多元化目标的实现。

第四,重构多层次资本市场体系。通过众筹,能集聚社会上众多小额闲散资金,同时,无须经过现有场内、场外市场融资的众多审查程序和高门槛,能让众多初创企业快速、简单地获得企业发展的阶段性小额资金,也能让一些中小企业通过更为灵活的渠道获得发展资金,改善中国现有资本市场"头重脚轻"的状况,更有利于金融及实体经济的健康发展。

(二) 众筹的发展期

众筹自兴起以来,在美国发展最为迅速。2009 年以后,众筹进入了全面发展期,并以惊人的速度从北美、欧洲等地迅速扩展到大洋洲、亚洲及拉美。虽然美国"第一"的霸主地位暂时未能撼动,但众筹在其他国家的发展速度已超过美国,并正在构建新的"众筹世界地图"。

1. 主要国家活跃众筹网站统计

从地区分布来看,北美和欧洲成为众筹融资最活跃地区。美国拥有的活跃众筹投资平台最多,英国紧随其后,印度等发展中国家的活跃平台则相对较少(表 2.3)。在这些活跃的众筹平台中,产品众筹平台发展最为活跃,年增长率高达 524%;其次是股权众筹平台,年增长率达 114%。自 2010 年以来,众筹平台数量在北美增长了 91%,而在一些发展中国家其增长超过 800%。

表 2.3 主要国家活跃众筹网站数量

主要国家	美国	英国	法国	荷兰	德国	加拿大	澳大利亚	印度
众筹网站数量(个)	344	87	53	34	26	34	12	10

最新数据显示,就众筹行业的发展来看,英国伦敦已经超越美国纽约及旧金山,成为全球众筹之都。2012~2013 年,众筹平台数量在英国增长了 600%,融资规模也从不到 400 万英镑增长至 2800 万英镑,2014 年年底其规模有望达到 10 亿英镑。英国的众筹发展迅速,得益于众筹理念的普及,同时,适合众筹的商业、科技、出版和游戏产业的迅猛发展对于促进众筹发展也功不可没。

2. 全球众筹市场规模发展状况

美国研究机构 Massolution 于 2013 年在众筹领域展开了一项全球调查。结果显示,2012 年全球众筹平台筹资金额高达 28 亿美元,而在 2011 年只有 15 亿美元(表 2.4)。2011 年,全球众筹平台的数量不足 100 个,截至 2012 年年底已超过 700 个,筹资项目覆盖社会公益、创业、艺术、影视、音乐、互动数字媒体等多个领域。2013 年众筹市场继续迅猛发展,全球总募集资金已达 61 亿美元,其中 90% 集中在欧美市场。截止 2014 年末,全球众筹融资交易规模达到 162 亿美元。

表 2.4 全球众筹平台筹资额

年份	2011	2012	2013	2014
筹资额(亿美元)	15	28	61	162

据伦敦行业数据分析公司(Crowdfunding Centre)于 2014 年 10 月 6 日发布的全球众筹报告显示,目前世界上网人群中有 90% 可以接触到众筹项目,众筹已遍及世界 160 多个国家,每天在全球融资 200 万美元,相当于每

小时融资8.7万美元,每分钟融资1400美元。

2013年,世界银行发布的《发展中国家众筹发展潜力报告》预测,众筹已经在超过45个国家中蓬勃发展,2025年全球众筹市场规模将达到3000亿美元,发展中国家将达到960亿美元规模,其中有500亿美元在中国。而Crowdfunding Centre全球数据报告显示,2014年众筹快速发展的国家已达到160多个,是2013年的4倍左右,这反映了全球众筹市场未来的巨大发展空间,并且已超过世界银行预期的发展速度和规模。随着众筹理念的普及以及众筹模式的创新,众筹行业的市场规模突破1万亿美元,也是指日可待。

3. 各大洲众筹网站分布情况

从图2.4可以看出,目前众筹在北美地区发展最快。这种发展态势主要原因有两个:一是现代意义上的众筹最早发源于欧洲及北美,这两个地区的众筹基础及渊源深厚;二是这两个地区经济发达,群众思想开放,更容易接受新事物。

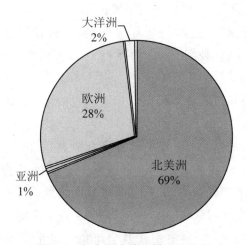

图2.4 各大洲众筹规模所占比例

从前述数据分析,尽管北美和欧洲目前的众筹发展处于领先地位,但鉴于众筹本身的低门槛、大众参与等特点,众筹模式更像是为人口众多、经济欠发达、创业环境更加艰难的地区量身定做的一种商业模式。未来,引领众筹发展的国家更有可能从发达地区转向欠发达地区,尤其是像亚洲的中国、印度这样的国家。因此,亚洲这个拥有全球两大发展中国家中国及印度的版块,可能成为未来众筹发展最为迅速,也是规模最大的区域。

第二节　美国众筹的发展

一、美国众筹的产生

众筹起源于美国,在美国发展得非常迅速。根据 Massolution 公司 2009 年的研究报告显示,美国的众筹融资占据了全球众筹融资的主要份额。2014 年上半年,美国国内众筹模式共发生募资案例近 5600 起,参与众筹投资人数近 281 万人,拟募资金额 10426.99 万美元,实际募资金额 21508.61 万美元,募资成功率为 206.28%。

众筹在美国产生与发展,主要有三个方面的原因:

首先,后危机时代美国中小企业尤其是初创企业融资困难进一步加剧。虽然危机后美国采取了量化宽松的货币政策,但是美国银行业的惜贷行为使大量中小企业无法从银行获得贷款。根据美国联邦存款保险公司的数据,2011 年第四季度,美国银行业投向商业和工业企业的贷款规模同比仅增长了 1.2%,远远低于同期美国基础货币增速。金融危机前的 2006 年和 2007 年,美国银行业的净息差分别为 3.31% 和 3.29%。金融危机过后,净息差水平出现上升,截至 2010 年末,美国银行业全行业的净息差为 3.7%,是 2003 年以来的最高值。高息差主要原因在于美国银行业在经济衰退期惜贷行为严重,不愿向实体经济发放贷款,信贷资金供不应求使贷款利率维持在较高水平。众所周知,惜贷往往伴随着信贷配给,而中小企业由于其风险高、缺乏合格的抵押品以及信息不对称等种种原因成为信贷配给的牺牲品。

其次,众筹这一融资方式可以使企业更贴近和满足消费者的需求。美国著名趋势学家杰里米·里夫金指出,正在兴起的第三次工业革命有两大特点:一是直接从事生产的劳动力会持续地快速下降,劳动力成本占总成本的比例会越来越小;二是新生产工艺能满足个性化、定制化的各种需求,要求生产者要贴近消费者与消费市场。此外,还有学者认为,众筹非常适合于那些创造知识产权的行业。众筹与限制访问版权所有内容的途径不同,其做法是只要有足够多人承诺支付一定费用,创造者便同意提供内容。这种做法克服了搭便车的问题。长期以来在线内容制造商对搭便车问题特别头痛,因为在线内容的再生产有可能是无本生意。

最后,互联网普及背景下金融资本的核心价值减弱也为通过众筹这一融资方式进行创业提供了可能。里夫金认为,在第三次工业革命中,社会资本的积累与金融资本的积累同等重要。原因就在于,随着通信成本的日益低廉,分散式网络的进入成本也随之骤降,每个人都可以成为广阔的、开放性的互联网潜在的企业家和合作者。借助于云计算、3D打印技术、社交网络和众筹融资平台,在第三次工业革命时代,将会有更多创业者纷纷崛起,人人都可能成为生产者。

二、美国主要的众筹平台

美国作为全球最重要的众筹融资来源国,其众筹平台也更加成熟与多样化,知名的平台主要有:

(1) Kickstarter,全球规模最大的众筹网站,于2009年在美国纽约成立的网站平台公司,公司利用平台进行公众集资以提供人们进行创意项目的筹集资金。Kickstarter网站致力于支持和激励创新性、创造性、创意性的活动,通过网络平台面对公众募集小额资金,让拥有创造力的人获得他们所需要的资金,以便实现他们的梦想。Kickstarter认为一个好的创意,通过适当的沟通,是可以快速地广为流传;同时集结众人的力量来给予资金与精神上的鼓励,可以让每一个人更有勇气实践自己的好点子。

截至2015年10月,Kickstarter已经为93910个项目成功融资超过20亿美元,表2.5显示了各类别的筹资项目和金额。

表 2.5 Kickstarter 筹资项目和筹资金额

分类	总筹资项目	总筹资额	已筹资金	未筹资金	在筹资金	在筹项目	成功率
游戏	20207	412.64	364.21	40.99	7.44	614	32.91%
科技	18009	360.71	300.30	49.37	11.05	783	20.21%
设计	17046	352.19	308.85	34.89	8.45	598	33.35%
电影和视频	50889	302.21	252.10	48.03	2.08	738	37.71%
音乐	42214	157.11	142.49	13.58	1.04	604	51.13%
食品	16726	81.61	66.48	13.31	1.82	459	26.48%

续表

分类	总筹资项目	总筹资额	已筹资金	未筹资金	在筹资金	在筹项目	成功率
出版	27898	81.03	68.36	11.62	1.05	567	29.67%
时尚	13562	70.33	59.14	8.89	2.30	418	24.19%
艺术	19947	58.17	49.54	7.22	1.41	355	41.55%
喜剧漫画	6653	44.24	40.31	3.30	0.64	176	50.16%
剧院	8703	34.45	30.54	3.75	0.16	97	60.96%
摄影	8158	23.49	19.95	3.26	0.28	141	29.52%
舞蹈	2902	9.57	8.85	0.69	0.04	29	63.45%
新闻	3119	7.70	6.60	1.05	0.04	100	23.25%
工艺品	5095	7.05	5.73	1.19	0.13	177	24.03%
合计	261138	2000	1720	241	38	5856	36.79%

(2) IndieGoGo,创建于2008年1月,是目前美国第二大众筹平台,也是美国最大的国际众筹融资平台。网站众筹项目类型包括动物、时尚、政治、教育环境等在内的24个类别,支持4种语言(英语、法语、德语和西班牙语),5种货币支付,全球224个国家和地区的投资者均可通过该平台向有能力有梦想但缺乏资金的融资人进行投资。

相对于其他类型的众筹平台公司都有特定的服务对象,IndieGoGo不限定他们的客户类型。它是一个完全开放的平台,来自世界任何角落的任何人都有机会在IndieGoGo上向全世界展示自己的想法,不需要提交申请,完全自由。IndieGoGo通过为筹款人提供平台、工具、客服等服务中获得了商机,在几个月的时间里获得了很多关注,吸引了不少用户。IndieGoGo网站的CEO Slava Rubin表示,"从肝脏移植、购买新专辑或开饭馆,我们都可以为客户满足资金的需求。"

(3) Angellist,2010年成立,"天使汇"美国版原型。Angellist是国内大部分股权众筹平台的原型,旨在搭建创业公司和投资人之间的桥梁,双方需要同时在Angellist的平台上提交注册信息后才能进行项目对接。2013年9月,Angellist以近1.5亿美元估值拿到了由Atlas Venture和Google Ventures领投的2400万美金投资。同时,Angellist上线了一个新功能:Syndicates(联合投资),让平台上的单个天使投资人可以找其他个人投资者筹钱,而这个最初的天使投资人可以从联合投资人的总投资额中抽取20%。

理由是最初的天使投资人提供了项目信息和投资机会。

(4) Fundrise，成立于 2012 年，由 Dan 和 Ben Miller 兄弟俩创建，他们率先将众筹的概念植入房地产中，诞生了"房地产众筹"模式。对房产这种高价值的商品来说，房产众筹是一个很大胆的尝试。Fundrise 提供用户住宅地产、商业地产及旅游地产等各种类型的不动产项目，投资门槛只有 100 美元，一经上线便获得了火爆的反响。现已为房地产项目筹集了超过 6000 万美元的资金，并为 Silverstein Properties（纽约房地产发展、投资和管理公司）的国际贸易中心塔提供包括债券等一系列服务。

(5) DonorsChoose，2000 年成立，是一家小型的 P2P（个人对个人）慈善捐助网站。DonorsChoose 旨在让拥有正式资格的教师在该平台上发起"教案众筹"，需要帮助的老师，通过详细列出教案所需的教学用品、经费等，让支持的捐助人在该平台进行经费捐助。如今，美国 63% 公立学校至少会有一名教师在 DonorsChoose 发起"教案众筹"。截至 2015 年，已经有超过 6 万所美国公立学校、23 万名教师参与"教案众筹"服务，完成了 564716 个"教案众筹"，168 万多人的捐助资金累计超过 3 亿美元，帮助的学生超过 1430 万人，目前包括谷歌、比尔盖茨基金会等 65 家企业或机构组织都是 DonorsChoose 的支持者。

三、美国对众筹的监管

2012 年 4 月，美国总统奥巴马签发 Jumpstart Our Business Startups Act（《创业企业融资法案》，简称 JOBS 法案），标志着众筹行业有了第一个正式的行业监管规则。JOBS 法案的出台，Kickstarter、IndieGoGo 等一系列美国众筹平台功不可没；法案的出台，又促进了美国众筹行业的发展。JOBS 法案从以下三方面促进了众筹行业的规范发展：

1. 明确了众筹平台作为新型金融中介的合法性

以往企业公开发行证券必须在 SEC（美国证券交易委员会）登记并进行严格的信息披露，整个过程成本高昂，创业企业根本无力承担。为了改变创业企业融资难的现状，JOBS 法案对创业企业进行重新定义，即"新成长公司是指最近一次完整会计年度年收入总额不足 10 亿美元的发行人"，规定创业企业可以通过公众集资的方式进行融资，并在第三条规定可以通过"证券经纪商或集资门户进行"。这里的"集资门户"即我们所说的网络众筹平台。由此，JOBS 法案明确了网络众筹平台的合法性，使其无须像传统的投行那样到 SEC 进行注册登记,但对平台设定了一些要求,包括"仍然接受委员会的审查、执法和遵守其颁布的规则;不得向投资者提供投资意见或建议"等等。

2. 明确了创业企业及众筹平台的信息披露要求

JOBS 法案降低了创业企业的信息披露要求,"新兴成长公司无须按照《联邦法规典集》第 17 章第 229 和第 301 条款的规定提供特定财务数据";但同时增加了众筹平台对于投资者的风险告知义务及对交易行为本身的披露义务。通过这种方式,JOBS 法案一方面鼓励了创业企业寻求新的融资渠道,另一方面也将保护投资者的部分责任落实到了众筹平台上。

3. 限定了投资者投资项目的标准

由于创业企业投资风险较大,JOBS 法案在第 304 条款中对证券的发行对象,即投资者对单个项目的投资额进行限定。12 个月内,如果投资者年收入或资产净值不超过 10 万美元,则其投资单个股权众筹项目不得超过 2000 美元,或其年收入或资产净值的 5%(两项中的较大值);如果该投资者年收入或资产净值达到或超过 10 万美元,则其单个项目投资额不得超过其年收入或资产净值的 10%,且最多不超过 10 万美元。

JOBS 法案诞生于社会需要不断创新发展,众多小微企业迫切需要解决融资难题,而现在融资体制无法满足这种趋势的背景下。为了促进众筹融资体系的健康发展,法案从众筹的核心参与方,包括新兴成长公司、集资门户(众筹平台)及投资者三个方面进行了引导,并希望通过众筹平台激活新的融资体系,促进整个社会创新创业的发展。

第三节　欧洲众筹的发展

在欧洲市场中,众筹与小微企业发展密切相关。欧盟已将众筹纳入"2020 战略",将之视作提升就业水平和发展欧洲企业的新型重要途径,通过大力推广和发展众筹平台,以实现欧盟 2020 年的经济发展战略目标。基于欧盟的"单一市场",成员国之间的合作和跨境业务将越来越密切,众筹在欧盟层面进一步壮大规模是大势所趋,因而存在统一监管标准的必要。但由于欧洲各国经济发展情况存在差距,作为众筹重要参与者的小微企业,其发展问题在不同国家面临的紧迫性不同,因而对众筹重要性的认识也不同,各国监管政策面临碎片化的问题。

一、欧洲对众筹的定义

目前,众筹在欧洲范围内还没有形成统一的定义。欧盟委员会对众筹的表述为"一种公众公开地为特定网络筹集资金的行为";英国金融行为监管局的表述是"一种人们可以通过在线门户(众筹平台)为了自己的活动或企业进行融资的方式";法国则将众筹重新命名为"参与性金融"(Le Financement Participatif),"是一种允许以一个创新项目或企业融资为目的,向一大群人筹集资金的金融机制,主要通过网络进行";意大利则将众筹的概念局限在创新企业(Innovative start-ups)融资的语境范围内,是一种"创新初创企业通过网络门户筹集风险资本"的金融活动,类似俗称的股权众筹。

在这些表述中,欧盟委员会的定义最广,基本涵盖了所有类型的众筹活动;英国和法国的定义在一般项目性筹资的基础上,都强调了"企业融资",明确了众筹既可以具有非营利性也可以具有商业性或金融性;而意大利的定义最狭义,众筹的目的就是企业融资。可见,欧洲的组织、国家政府或主管部门对众筹的认识并不完全一致。但综合看来,还是可以总结出众筹的三大关键因素:即以广泛的公众为对象,在线参与,以及将投资者和用资者联系在一起的网络平台。

二、欧洲市场主要众筹模式

在欧洲众筹市场中,现有的众筹模式主要分为三种:股权模式,个人通过向公司或项目投资,以其盈利或收入的份额作为回报;债权模式,向公司或项目放贷,以本金和约定的利息作为回报;捐助或奖励模式,个人慈善性的投资,一般无金钱回报。

最普遍的是捐赠或奖励模式,主要用于资助社会性、公益性或创意性产品或公司,捐赠类没有任何回报,而奖励类往往没有任何金钱回报,只是馈以产品或实物,如唱片、门票或象征意义的纪念品等。奥地利、比利时、丹麦、爱沙尼亚、法国、德国、希腊、爱尔兰、意大利、荷兰、葡萄牙、西班牙、瑞典、英国等绝大多数欧盟国家都有此类众筹平台。

其次是债权模式,主要方式是投资者通过充当经纪人的平台,向企业或个人提供贷款以获取利息,分别称为 P2B 和 P2C 模式。除保加利亚、希腊、匈牙利、罗马尼亚、瑞典、丹麦等国之外,大部分欧盟国家都有债权类众筹平台。但根据各国不同的制度,实践中存在几种不同的模式,主要有贷款、预售和售后回租三种。

第三是股权模式,与中小企业发展密切相关,也是欧洲众筹市场中最为重要的模式。但由于涉及金融服务法律法规的规制范围,大多数国家政府监管态度不明确,因而股权模式在各国的发展情况很不一致。一些国家根本没有此类平台,如爱沙尼亚、匈牙利、爱尔兰和葡萄牙;一些国家即使有一两个平台也从未发起任何项目或项目极少,如丹麦、比利时和保加利亚;而另一些国家,如法国、德国、英国、荷兰等则有数家股权众筹平台,并在实践中开发出了各种操作模式。

可见,目前欧洲市场中最广泛的是捐赠或奖励模式,其次是债权模式,股权模式在许多国家也有重要尝试。不同模式的交易结构各不相同,潜在问题也需要分类对待:对于捐赠奖励模式,主要在于公益目的和用资约束,一般现有关于慈善或捐赠的法律就可以进行调整;对于债权模式,预售类和售后回购类可以通过合同法调整,而贷款类则可能涉及消费者信贷等问题;股权模式的问题较多,主要集中在发起人的说明书义务、平台的金融服务或投资服务资格,以及是否或在什么条件下可以获得相应豁免。此外,三类模式的平台都还有一个共同问题,即平台在线转账是否构成汇款服务,项目成功前平台暂存投资资金是否构成吸纳公众存款,平台是否需要相应的支付牌照或许可。

三、欧洲国家主要的众筹平台

Crowdcube,诞生于 2011 年 2 月英国艾克赛特大学(Exeter University)的创业中心,由 2 个企业家 Darren Westlake 和 Luke Lang 创立。基于其先发优势,Crowdcube 成为全球首个股权众筹平台,也是英国目前规模最大的股权众筹平台。截至 2015 年 10 月,该众筹平台已经成功融资超过1.12亿英镑,312 个项目融资成功,拥有注册投资者 21 多万人。Crowdcube 在原来的产品众筹模式上进行创新,投资者除了可以得到投资回报和与创业者进行交流之外,还可以成为他们所支持企业的股东。

Seedrs 于 2013 年上线,属于"管家型"股权众筹平台,是英国第一家被 FCA(英国金融市场行为监管局)批准的股权众筹平台(编号 550317),也是世界范围内第一批获得当地金融监管机构批准的股权众筹平台,对于股权众筹行业的批准与监管有里程碑式的意义。

Idea. me 于 2011 年 8 月在阿根廷上线,是全球首家接受比特币的众筹平台。目前,网站从最初的 250 个用户、70 个项目支持者发展到拥有 25000 名用户、5000 名项目支持者的规模。这家阿根廷的网站通过收购其在巴西的竞争对手 Movare 巩固了平台在拉美市场的领先地位。

四、欧洲各国对众筹的监管

(一)各国监管存在差异

欧洲各国在鼓励众筹发展的同时,也在积极探索对众筹的监管,但各国在众筹监管制度方面的进程和态度并不一致。一些国家迅速出台或修改法律文件,积极监管,尽量减少规则的模糊性,以意大利、法国为代表;而一些国家则采取观望态度,没有进行主动监管,主要依靠现有规则进行调整,以德国为代表。

各国对众筹存在的不同态度可能有两方面原因:一方面,各国众筹市场的发展水平极不均衡。根据欧洲众筹联合网(ECN)的统计,一些资本市场活跃的国家,如法国、德国和英国等,无论是在平台数量、众筹模式还是项目规模方面发展都十分迅速,众筹已成为金融市场的重要组成部分;而一些国家则根本没有任何众筹平台,如克罗地亚、立陶宛、卢森堡、斯洛伐克和斯洛文尼亚,一些国家只有捐赠或奖励类众筹,如匈牙利和拉脱维亚,众筹与投资或金融基本无关。另一方面,由于各国经济发展情况存在差距,作为众筹重要参与者的小微企业的发展问题在不同国家有不同的紧迫性,因而各国对众筹重要性的认识也不同。根据欧洲中央银行(ECB)的调查报告,"难以寻找客户"和"难以融资"是欧洲小微企业面临的两大难题,然而其困难程度在不同国家十分不同。希腊、西班牙、意大利等国 20%～30%的小微企业面临"客源难"的问题,50%～60%面临"融资难"的问题;而在德国,这两个数据分别为 8%和 30%,显然前者为小微企业寻找助力的需求更加紧迫,众筹作为解决这一问题的重要途径因而得到了政府的极大重视。因此,由于各国的众筹发展水平不一,众筹需求不一,各国对众筹市场的监管动力、出发点和措施也各有不同。但是,从整体上看,各国基本都在欧盟现行金融和投资法律框架下,对众筹活动和服务所涉及的问题分模式进行监管。

（二）英国对众筹的监管

英国金融行为监管局（FCA）发布的《关于网络众筹和通过其他方式发行不易变现证券的监管细则》，于2014年4月1日起正式施行。规则主要是从三个方面进行监管：一是将"在电子系统经营借贷有关的活动"纳入监管范畴，由FCA授权经营；二是以投资者保护为导向，建立平台最低审慎资本标准、客户资金保护规则、信息披露制度、信息报告制度、合同解除权、平台倒闭后借贷管理安排与争端解决机制等七项基本监管规则；三是强化信息披露。

由于P2P最早起源于英国，因此，英国对众筹的监管规则更偏向于强调网络借贷的相关规则。但从监管角度来说，以保护投资者为导向的原则并不存在疑义，伦敦能成为"众筹之都"，除了与其本身的经济和金融环境相关外，监管规则对行业的健康发展也起到了重要作用。

（三）法国对众筹的监管

法国金融审慎监管局（AMF）签发的针对众筹监管文件《参与性融资法令》，于2014年10月1日生效。法令对于众筹的监管主要体现在以下几个方面：一是将众筹平台纳入既有的金融体系，由AMF授予特殊的牌照，要求低于传统金融机构；二是将众筹进行分类管理，将众筹划分为有息或无息贷款模式、捐助模式和金融证券模式，进一步根据是否涉及金融监管，分之为金融证券模式和债权或捐助模式两大类型；三是对证券发行人小额发行及向特定发行对象进行核准豁免。

法国的众筹监管与美国有一个非常大的区别：美国的众筹平台不得向投资者提供投资意见或建议；而法国则允许众筹平台向投资者提供特定投资建议、产业战略及并购等服务，使得众筹平台在业务操作中更具有灵活性。

（四）其他国家对众筹的监管

在欧洲，众筹发展规模较大的国家还有意大利、德国以及荷兰。其中，意大利于2013年7月率先签署了Decreto Crescita Bis法案及监管细则，成为世界上第一个将股权众筹合法化的国家。各国对于众筹的监管也基本上是围绕众筹平台、项目方及投资者进行，但具体规则有所差别。有些国家,众筹主要是针对一些公益类的事项,就直接纳入与之相关的监管法规。例如,芬兰把公益众筹纳入《公共筹款法》(Fundrasing Act)进行管理,规定募捐活动的发起人必须是在芬兰注册的组织,且应在发起前获得政府许可。

第四节 中国众筹的发展

一、中国众筹发展的基本情况

(一)众筹平台的基本情况

2011年7月,国内首家众筹网站"点名时间"(Demohour)上线,随后国内纷纷涌现出一批涉及不同项目领域的众筹平台,包括:觉(jue.so)、追梦(dream.cn)、众筹网(zhongchou.com)、创意鼓(ideagood.org)等等。

据不完全统计,截至2015年6月底,全国共有235家众筹平台,目前正常运营的众筹平台达211家。自2011年第一家众筹平台"点名时间"诞生,到2012年新增6家,再到2013年新增29家,众筹平台增长较为缓慢。而至2014年,随着互联网金融概念的爆发,众筹平台数量显著增长,新增运营平台142家,2015年上半年新增众筹平台53家,较去年同期新增平台数量(68家)有所减少,众筹平台新上线速度有所下降(图2.5)。当然在新平台不断上线的同时,一些老平台因运营不善而倒闭。截止2015年6月份倒闭的众筹平台达24家,其中2014年上线的平台倒闭最多,达13家,而2013年成立的平台倒闭的概率最高,达34.48%。

目前正常运营的众筹平台分布于全国19个省市,多位于经济较为发达的沿海地区,东北、西北和西南诸省基本属于众筹平台的空白地区。北京作为众筹行业的开拓地,平台聚集效应较为明显,一些运营时间较久、较为知名的平台如天使汇、淘梦网等均诞生于此地,也是目前全国运营平台数量最多的地方,多达58家。广东地区则屈居第二位,运营平台数量达49家,由于良好的创业环境,该地区对创投资金需求量大,股权众筹平台数量居多,占该地总众筹平台数量的61.22%。上海则紧随广东、北京之后,目前运营众筹平台达 35 家,其中股权众筹平台数量居多。

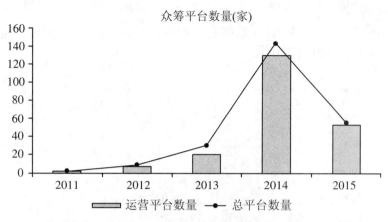

图 2.5 众筹平台上线时间分布

另外,浙江、江苏、四川、山东、重庆五地众筹平台数量介于 5~15 家之间,基本为 2014 年及以后成立的平台,运营时间相对较短。河南、安徽、天津、福建等地也存在个别众筹平台。

在众筹金额上,全国众筹平台 2015 年上半年总筹资金额达 46.66 亿元,如图 2.6 所示。其中北京以 16.46 亿元的筹资金额位居榜首,排在其次的是广东省,达 13.03 亿元。浙江和上海分居第三、四位,筹资金额分别达 6.17 亿元和 5.89 亿元。上述四个省市筹资金额占全国

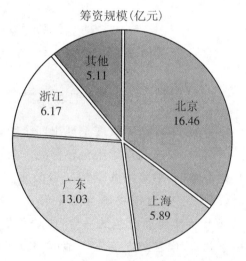

图 2.6 2015 年上半年全国各省份众筹融资规模

总筹资金额的 89.05%,而全国其他省市总和只占全国总筹资金额的 10.95%。由于上述四省市经济发展处于全国的领先水平,投资意识较强并且获得地方政府政策的支持,因此,中短期内国内的众筹筹资规模还是由这些省市所决定。

2015 年上半年,在奖励型、股权型和公益型三种众筹项目中,公益型众筹项目总数为 2976 项,已完成 2223 项,项目完成率高达 74.70%,为三种类型中完成率最高的一类;排在其次的是奖励型众筹项目,总数为 9830

项,已完成5917项,项目完成率为60.19%;相比其他两类项目,股权型众筹项目成功率差距十分明显,项目总数为4876项,已完成348项,完成率仅为7.14%,如图2.7所示(完成率是标记成功或100%达成融资目标金额的项目在全部项目中的占比)。

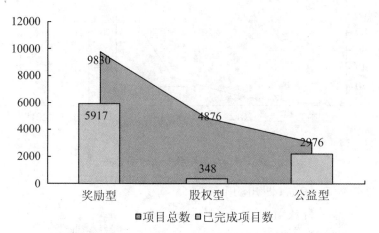

图2.7　2015年上半年不同类型项目总数与已完成项目数

(二) 中国众筹发展的基本特征

目前,中国众筹发展呈现出四个明显特征:

第一,我国的众筹平台整体处于新生状态,并且以奖励式众筹与股权式众筹为主,其中奖励式众筹平台数量居首位。从平台公开数据统计情况来看,2015年上半年我国众筹平台总数量已经达到211家,其中53家属于2015年上半年新诞生的平台,成功募集46.66亿人民币。众筹平台主要集中于北京、广东和上海三个地区,其中北京平台数量处于绝对优势,占总平台数的27.5%。奖励式众筹项目数量最多,约占总项目数的55.59%,股权类众筹项目占比27.6%,公益类项目数量最少;而就平台数量而言,股权众筹的平台数达98家,为最多;其次是奖励众筹和混合类众筹,最少的是公益类众筹平台,不到10家。我国众筹产业形成了以奖励和股权众筹为主,混合众筹和公益众筹为辅的局面。

第二,从运营情况来看,平台及项目成功率均不高。众筹平台上大量的项目无法成功募资,许多项目只获得部分资金因而影响了项目进度。据了解,众筹项目的成功率低于50%,有近一半的平台处于半停滞状态,呈现无项目更新或项目无人过问的现象,而在各领域中科技产品、电影、音乐等成功率相对较高。目前,国内大多数众筹平台未实现盈利,主要收入来源于佣金收入,还有多数平台处于免费状态,盈利模式在进一步探索中。

第三,从参与者来看,创新支持意识较弱,认知水平有待提高。比起欧美众筹模式的广泛应用,众筹模式在国内发展仅经历了短短两年多的时间,仍有多数人群对此新生事物不甚了解,从而投资者对创意项目的支持意识相对较弱,加之大部分国内众筹投资者都没有意识到他们正在从事的是一种投资行为。这主要存在两方面的原因:一方面由于国内的众筹回报方式目前主要是以实物或者非实物的方式,比如电影上映后的电影票,或者书店开张后的感谢墙,又或者签名图书。这让投资者误以为自己从事的是一种慈善事业,资助一些非盈利的项目完成。另一方面因为一些项目发布成为变相的商品预售。比如黄铜U盘,或者黄铜铅笔盒,很多投资者认为自己是在类似于淘宝这种购物网站购买商品,无非这些商品被冠以设计之名。

第四,从发展环境来看,监管体系和诚信体系的不完善,成为了众筹发展模式的桎梏。国内众筹的发展也不过两三年的时间,其发展所需要的信用基础、整个社会的诚信体系非常不完善。由于信用基础薄弱、信息不透明、融资后的监督难等问题,使得我国近期的众筹发展相对较慢。

(三) 中国众筹面临的主要问题

1. 政策法律环境还不够成熟

在众筹起源地美国,2012年4月5日,美国总统奥巴马签署的JOBS法案进一步放松对私募资本市场的管制。法案允许小企业在众筹融资平台进行股权融资,不再局限于实物回报,同时也做出了一些保护投资者利益的规定。法案规定,对每一个项目来讲,其融资规模在2个月内不能超过100万美元;同时也限制了每一个特定投资人的融资规模,不可超过去年收入的5%。JOBS法案的出台使美国众筹有了合法生存的法律依据,特别是对股权类众筹的发展有极大的促进作用。

在中国现行的法律环境下,股权众筹生存和创新的空间很小。根据现行公司法及证券法的相关规定,如果未经监管部门审批,向非特定对象公开发行股票,或者向超过200个特定对象发行股票,都属于公开发行股票。如果按照现行法律规定,股权众筹平台不能在平台上公开宣传众筹项目,否则,有可能违反未经审批向公众公开发行股份的法律底线,如果达到一定的程度,则可能构成犯罪。

因此,就目前中国的法律政策环境而言,债权类众筹、股权类众筹还存在诸多的限制和法律红线,如果放开去创新则可能触犯法律,保守则不利于创新,缺乏吸引力。

2. 众筹平台的盈利模式存在问题

国外众筹平台的盈利模式最主要的是佣金收入,其次是收取广告费和增值服务费等,如 Kickstarter 等国外众筹平台通常是从融资成功的项目中收取一定佣金,费用比率一般为 5%~10%。国内的盈利模式主要是沿袭国外,如果在规定时间内未达到预定筹款目标,系统会将已筹集到的资金退还给出资人;如果项目筹款成功,网站将根据筹得金额按比例收取佣金。佣金是主要收入来源,其次还有广告收入。但是目前国内平台的佣金收取很低,比如众筹网对于成功的项目都会收取 1.5% 的资金支付渠道费也就是佣金;天使汇融资成功前不收费,收取佣金为融资额的 2%,对于超募 200% 的项目,佣金全免。再加上筹资成功的项目少,且规模又不大,所以国内的众筹平台几乎都面临着盈利难的困境。

究其原因,主要是目前众筹在我国的发展还处于探索模式,大多数平台需要以低佣金来吸引好的项目,做大市场,扩大平台的影响力。我国很多互联网站在刚起步时都普遍采用了这种策略,即使有些平台最开始收取了高佣金也会因为其他平台的低佣金策略而不得不降低佣金费用。而目前众筹平台佣金收入低,其他的广告增值业务也尚未形成规模,导致我国众筹平台没有盈利能力,长此以往,势必无法运营下去。

同时,我们也注意到,国内线上众筹平台目前的收益模式与行业密切相关,比如娱乐业可能有衍生品,很多众筹平台在尝试一些"未来权益"分成,不是赚在项目上,而是赚在项目外。比如一些股权众筹平台开始收取融资方的股权而不是现金。不过,作为金融平台,众筹的主要商业模式终究还要回归佣金模式,只是它还不适合目前的发展阶段。

3. 投资者的保护难度加大

众筹作为互联网金融的新模式,其融资形式、风险等都与传统融资方式不同。由于众筹主要是向大众募集资金,而大众往往不具备专业的投资经验,认识不到投资的风险,甚至不具备分辨融资项目好坏的能力,因此适当地保护投资者利益,防止欺诈等现象的出现是监管部门需要考虑的问题。

奖励式众筹模式,其投资者众多,投资数额较小,由于缺乏投资经验和技术,自我保护能力差,因此在借贷利率高或项目具有创意的诱惑下,容易做出错误的投资决策。这种情况下,监管部门主要能做的是通过保障筹资者信息披露的真实性来达到保护投资者的目的。而这里的筹资者一般又是小微企业或者初创期的企业,其信息披露过多自身会面临创意被盗的风险,信息披露的负担也会增加融资成本,因此,加大对投资者保护力度也很困难。

股权式众筹,投资数额较大,需要投资者具有专业的投资知识,在我国股权众筹监管和立法中最为核心且争论最大的问题就是投资者准入门槛的建立,一方面放宽投资者准入门槛,能让更多的人参与到投资行为中,更好地解决融资问题;另一方面准入门槛的过度开放又会对投资者造成不必要的伤害。如何才能找到金融发展效率和投资者利益保护间的平衡点,成为摆在监管部门面前的难题。国内互联网的信用监控机制目前还比较脆弱,导致对投资者的保护也更加困难。

如2013年4月,上线仅一个月的"众贷网"宣布倒闭。公告称,由于整个管理团队缺乏经验,在开展业务时没有把控好风险,给投资者造成了无法挽回的损失。

4. 知识产权保护不足

投资者缺乏安全感,发起人也同样缺乏。国内知识产权保护的匮乏让筹资者面临创意被剽窃的危机。鉴于国内知识产权保护的现状,众筹平台无法保证创意不被他人剽窃,知识产权的权利人只能自己提高保护意识,部分披露产品或创意细节,同时与网站签订一些保密协议,防止项目"鸡飞蛋打"。但这样做却使得投资人看不到完整的项目和产品创意信息,无法做出投资决策,这也是大量的股权类众筹及高科技产品的回报类众筹不具有吸引力的原因。

知识产权问题,不仅关系到众筹的发展,而且影响着整个社会的创新环境,主要还是要完善相关法律法规制度。

二、中国众筹的创新发展

众筹2011年来到中国,一大批众筹网站相继成立并快速发展。这种新的募资方式很快就引起了不少的争议。部分投资者非常看好网络股权众筹,也有部分投资者觉得这种模式存在很大的风险,因为创业公司往往本身项目风险巨大,且存在信息披露与公司治理的诸多问题。另外,投资者也很难判断融资项目是一个真实的创业公司还是一个诈骗的陷阱,随着众筹为代表的互联网金融的发展,监管机构也开始介入并制定相关规章制度,但综合来说监管机构是鼓励互联网金融发展的,其中央行发布的《中国人民银行

2013》中指出,"随着互联网技术对金融领域的不断渗透,互联网与金融的深入融合是大势所趋。"

互联网金融创新正在改变以往创业投资的传统观念,各类众筹模式的兴起也正日益拓宽大众投资的新兴渠道。近几年来我国众筹的模式不断创新(表2.6),主要有以下几个方面:

(1)"门户网站+众筹网站"的模式,利于为双方导入彼此人气,增强用户黏度。众筹网开拓了新颖的互联网商业模式,它与乐视网联合开展的众筹项目,不仅能为广大球迷带来更加耳目一新的创新体验,最主要的意义在于双方的首次合作实现了视频门户网站与众筹网站的无缝结合,具有开创意义,为视频门户网站及众筹平台的发展均开启了新的发展思路。

(2)"农业+众筹"的模式仅能针对小部分高端用户,具体合作模式仍需探讨。农产品具有生产周期较长、单价较低、保值期短、产品滞后性强等特性,而且,农产品生长过程中种植户还需承受灾害风险和市场风险。众多因素综合在一起,农业的"互联网化"模式发展举步维艰。目前火热的众筹模式,对农产品来说,只能走高端小众的路线,用户一起凑钱买平时市场里难以窥见的产品,或者是一些精品蔬菜水果等,生产基地想通过"以销定产"模式来销售自己的高端产品,通过众筹还是行不通的。

(3)"传统服务业+众筹"的模式将促进产业融合,提高用户便利度。目前汽车租赁行业整体市场高度分散,前10家汽车租赁公司的市场占有率仅为12%。众筹模式与汽车租赁行业的结合,有效地缓解了该行业的发展困局,促使互联网与汽车服务的融合。该模式最大的优势是用户租车全过程中享受了足够多的便利,主要有下单即时、车辆随叫随到、高端客户可线上完成付款、通过打分对司机评级以保证服务质量等。

(4)"艺术行为+众筹"模式的出现,加速艺术家梦想实现,使艺术更加平民化。一方面,目前在我国,90%的艺术梦想因为资金困难而难以实现。作为融资的新途径,众筹模式让艺术梦想有机会落地,众筹平台成为梦想实现的载体。另一方面,长期以来,艺术因其高雅的形象与大众化的概念格格不入,即便是艺术作品逐步大众化,但消费者依然难以接受高水平艺术消费,对艺术投资或支持艺术从业者参与艺术产业实践更是望而却步的。通过众筹,艺术家不仅成功筹资,更是对自身艺术品牌和作品的一种宣传,使艺术更加平民化。

表 2.6　近年来我国众筹模式创新事件

载体平台	众筹模式行业背景事件及发展动态
众筹网	众筹网在美国旧金山成立办事处,开启在美业务拓展。这是国内众筹类企业第一次在美国设立分站。网信金融负责人也表示,进入美国市场的计划酝酿已久,看好这一创意、融资活跃市场
众筹网、乐视网	双方计划将乐视网的足球世界杯营销与众筹模式相结合,围绕用户需求,大力发展创新世界杯互动产品
众筹网、本来生活网	众筹网、本来生活网合作推出农业众筹,该模式采用预售的方式,用户可在众筹网上预购独家新品和换季产品,产品上市后,本来生活网再负责配送到用户手中
微信朋友圈	北京中关村,一群人操作一个众筹小区,寄托于河北沧州市政府正在推广的中捷高新产业园区。众筹家园项目创始人中关村股权投资协会执行秘书长尹立志告诉记者,目前已经有近百人在群内讨论推进众筹家园的各项事宜,他们正在尝试这种"熟人经济"为依托的众筹买房
易到用车	易到用车与广汽集团达成全面战略合作协议,双方将现有互联网平台模式及整车企业资源进行全方位的优化整合。易到用车可以根据线上调配,为广汽汽车租赁公司的司机接话
众筹网	艺术家何成瑶在众筹网启动最新行为艺术——"出售我的 100 小时"的艺术众筹项目,此举在国内艺术界属于首创,该项目启动当天的不到 8 小时内,成功众筹 12 万余元,远程 50 小时 10 万元的最低额度
乐童音乐	乐童音乐以众筹为切入点,进入音乐市场,做线上音乐的经纪人。主要用众筹的方式推单个音乐作品和演出,该模式与传统经济公司围绕"人"来经纪的方式截然不同

三、中国主要的众筹平台

国外的众筹平台发展迅猛,成效显著。于是,国内的一些创业人士看到了众筹平台的发展势头以及蕴含的巨大商业价值,开始尝试建立众筹平台。

(一)点名时间

点名时间成立于 2011 年 5 月,是中国最早深入了解智能硬件产业的平台,公司最初的定位是做中国最大智能新品限时预购网站。点名时间网站上线于 2011 年 7 月,是国内最早的线上众筹平台,总共有 1500 个项目在其平台发起众筹,成功率高达43%。自从把重心转向智能硬件之后,其科技类项目成功率高达80%,平均每个项目能众筹到4万元,其中最高的一个项目众筹到了170万。

(二)尝鲜众筹网

尝鲜众筹网于2014年正式上线运营,是众筹领域的新星。它是中国第一家农业众筹平台,致力于运用众筹的模式为现代农业领域提供募资、投资、孵化、运营等一站式专业众筹服务,帮助新农人创业致富。农业众筹模式,不仅使农产品多了一个销售渠道,而且帮助农民免费宣传了产品。同时,还能让都市的人们有机会吃到更新鲜、更健康的农产品。

(三)乐童音乐

乐童音乐众筹平台于2013年1月正式对外开放上线,是国内最大最专业的专注于音乐行业的众筹服务平台。乐童音乐专注垂直化和不断拓展衍生产品服务来建立差异化优势。垂直领域的众筹的发展和演变必然会导致某个行业只有一两家众筹平台,从点名时间的转变也能看到这样的趋势。乐童音乐定位垂直化,深耕艺术孵化产业,拓展战略联盟,衍生产业链条。如联合众筹网共同发起"原创音乐支持基金",增加巡演和衍生产品服务模块,为音乐人提供更多的超值服务和资源嫁接。这会使乐童音乐从众筹服务基础上演变为更为完善的音乐人服务平台。

(四)众筹网

众筹网于2013年2月正式上线,是中国颇具影响力的众筹平台,是网信金融集团旗下的众筹模式网站,为项目发起者提供募资、投资、孵化、运营一站式综合众筹服务。截至2015年11月,众筹网累计筹资项目11692个,累计筹资金额约1亿5千万元。

四、中国对众筹的监管

2014年12月18日,中国证券业协会发布了《私募股权众筹融资管理办法(试行)(征求意见稿)》(以下简称《办法》),该征求意见稿就股权众筹监管的一系列问题进行了初步的界定,包括股权众筹非公开发行的性质、股权众筹平台的定位、投资者的界定和保护、融资者的义务等。股权众筹以私募方式发行,与交易所市场互补,使得多层次股票市场又增加了一个新层次。根据新办法,券商也获准参与股权众筹业务。对证券行业而言,众筹业务属于一项创新业务,未来是大势所趋。不过有多少券商会加入,还要区分业务侧重。

《办法》规定,证券经营机构可以直接提供股权众筹融资业务,在相关业务开展后5个工作日内向证券业协会报备。在监管层看来,证券经营机构作为传统直接融资中介,在企业融资服务方面具备一定经验和优势。

此次《办法》的出台,加速了股权众筹行业监管框架的完善。相较于商品众筹、债权众筹,股权众筹是高风险的投资品种,天使投资一般也只有十分之一的成功率。此次《办法》并未对进入标准提出过高要求,但对于投资者实施适当性管理制度。作为互联网金融的新兴业务,股权众筹的重要性已获得政府许可。2014年11月,李克强总理在国务院会议便明确提出要"建立资本市场小额再融资快速机制,开展股权众筹融资试点"。此次《办法》公开征求意见于2014年12月31日截止,此后将在修改完善的基础上正式发布实施。

2015年上旬,人民银行金融研究所互联网金融研究小组从股权众筹在我国多层次资本市场发展的定位出发,提出了股权众筹发展的"54321"方案。"5"即股权众筹应定位为中国的五板或新五板,作为多层次资本市场的延伸。"4"指不拘泥于传统的金融投资的公募和私募两个类型,而是构建小公募、大私募、公募、私募四个。"3"是股权众筹三个层次:种子层次、成长层次和发展层次。"2"指两个底线:平台不能搞资金池、平台不可作担保。"1"指一条红线:不能穿透目前《公司法》和《证券法》规定的200人法律红线。

在"54321"方案基础上,闭门研讨会政府主管与行业专家再次充分讨论《证券法》股权众筹金融创新的修改问题,并进一步达成了五项更为具体的共识与意见。第一,在提出小公募概念的基础上,明确小公募的门槛,大私募的概念和相关规定将纳入到《证券法》的法律条文之中;第二,将建立金融消费者保护新机制;第三,强调第三方的责任,同时放开第三方平台的运作,鼓励券商、法律事务所第三方市场化运作;第四,众筹可以人为地分层次,并就建立种子、成长、发展等多层次的众筹问题进行了确认;第五,调整对PE(私募投资)的限制,对有限合伙人(LP)的限制于现行的50人以内放开到100人以内。

其中,构建金融消费者保护新机制的创新点颇多。包括建立事前、事中、事后贯穿全程金融消费过程的消费者保护新机制;多样化的处理问题机制;事后问题调节机制;多元化的非诉讼纠纷解决机制;构建金融消费"防火墙""防筹闹"等。

同时,"防筹闹"概念也被前瞻性地提出,并将纳入股权众筹创新法案甚至《证券法》等顶层设计之中。"防筹闹"是借鉴"医闹"问题而进行的一项管理思路创新。"筹闹"可以理解为股权众筹活动投融资方、平台方等两方或多方之间,由于发生股权众筹纠纷而产生的妨害股权众筹活动正常运行的一系列危害行为。本次会议提出"防筹闹"的概念,旨在防患于未然,这是对股权众筹活动中虽尚未出现,但可能出现的违法行为的前瞻性预防,也是共识中的一个重要看点。

本 章 小 结

【重点回顾】

1. 股票、住房按揭贷款等金融工具的出现,战争债券的发行,自由女神像的建造,都充分显示了众筹力量的强大。从历史的深处看众筹,更有助于从新的高度理解众筹对现代经济带来的重大意义。

2. 从世界范围来看,北美和欧洲是众筹融资的最活跃地区。美国拥有的活跃众筹投资平台最多,英国紧随其后,印度等发展中国家的活跃平台则相对较少,但发展中国家的民众将是未来全球众筹行业发展真正的潜力。

3. 众筹最早是在美国出现的,也是在美国发展得最为成熟。目前欧洲市场众筹模式中最广泛的是捐赠或奖励模式,其次是借贷模式,股权模式在许多国家也有重要尝试。

4. 2012年美国JOBS法案的出台,标志着众筹行业有了第一个正式的行业监管规则。但欧洲各国在众筹监管制度方面的进程和态度并不一致,监管政策面临碎片化的问题。

5. 中国众筹行业的发展呈现出四个明显特征:整体处于新生状态,并且以奖励式众筹与股权式众筹为主;平台及项目成功率均不高;创新支持意识较弱,认知水平有待提高;监管体系和诚信体系不够完善。

6. 近年来我国众筹模式的创新主要有:"门户网站+众筹网站"的模式、"农业+众筹"的模式、"传统服务业+众筹"的模式、"艺术行为+众筹"模式。

【复习思考】

1. 从众筹的角度分析战争债券发行的重要意义。
2. 简述欧美各国对众筹行业的监管有何不同。

3. 试述我国众筹行业发展的特征,提出你对我国众筹监管的建议。
4. 总结全球众筹发展形势并比较国内外众筹发展模式的异同。

【延伸阅读】

1. 零壹财经.众筹服务行业白皮书(2014).[M]北京:中国经济出版社,2014.
2. 顾晨.欧盟探路众筹监管[J].互联网金融与法律,2014(2).
3. 胡一夫,谭小芳.众筹时代[M].北京:北京理工大学出版社,2015.

第三章　股权式众筹

2015年10月14日股权式众筹平台天使客发布相关消息,出境旅游服务公司"积木旅行"日前完成A轮融资,天使轮股权式众筹投资人悉数退出,这是国内首个股权式众筹全部退出案例。积木旅行是定位于年轻人出境自由行的移动端服务平台,盈利模式是通过预订当地旅行产品的佣金获取利润,积木旅行团队成员主要是携程资深员工,包括百度华南区主要负责人。积木旅行曾在天使客股权融资平台上向41位投资人募集了一笔资金,这41位股东在A轮融资中全部退出。按照当前估值计算,在不到8个月的时间里,他们获得了5倍的投资回报,成为了互联网股权融资行业首批获得回报的投资人。

距离众筹融资不到8个月时间,积木旅行就获得了某知名风投机构的A轮融资。投资——服务——退出,是天使客股权融资平台对一个项目完整管理周期的三个环节,而如何退出一直是外界对股权众筹行业模式最大的疑虑。由于行业发展时间不长,并且投资以早期为主,此前整个行业都因为没有退出案例而显得底气不足,也让许多潜在投资人充满顾虑。此次积木旅行的投资人成功退出并获得5倍的投资回报,为互联网股权融资正名,无疑将大大提升投资人信心。

第一节　股权式众筹概述

一、股权式众筹的基本情况

在中国经济新常态的背景下,"三驾马车"投资效应减弱、内需拉动短期不明显、出口受国际经济不景气的影响,创新无疑能够成为国民经济新的增长点。作为经济中创新动力最强的中小微企业,融资难、融资贵的两难问题一直是束缚其做大做强的最大阻碍,然而以众筹为代表的互联网金融能够很好地满足和解决在国民经济中创新表现最为活跃、强劲的中小型甚至是初创型企业的金融需求与困扰。这也许就是国家鼓励开展"股权众筹试点"的重要原因之一。但是,在很长一段时间内,新兴的互联网金融股权众筹得不到应有的对待,遭受很多人的质疑,甚至与非法集资常常联系在一起。这也有可能是国内投资人信任缺失,容易对新鲜事物报以怀疑的态度。在这种时代背景下,为促进股权众筹的健康发展,2014 年中国证券业协会网站公布了《私募股权众筹融资管理办法(试行)(征求意见稿)》,2015 年 3 月 14 日,"开展股权众筹融资试点"等内容被正式写进政府工作报告。

(一) 股权式众筹的概念及特点

1. 股权式众筹的概念

股权式众筹(Equity Crowdfunding)是指项目在众筹平台上以入股的形式进行融资,另一种解释就是"股权众筹是私募股权互联网化"。2014 年 12 月 18 日,《私募股权众筹融资管理办法(试行)(征求意见稿)》(下文简称《办法》)在中国证券业协会网站正式公布。该《办法》就股权众筹监管的一系列问题进行了初步的界定,包括股权众筹非公开发行的性质、股权众筹平台的定位、投资者的界定和保护、融资者的义务等。《办法》界定,股权众筹融资确定为私募性质,参考私募基金现行管理方式,众筹项目不限定投融资额度,实行事后备案。

作为互联网金融的一部分,股权式众筹是近 4 年才出现的一种融资模式。从形式上看,股权式众筹是基于互联网渠道完成筹资,我们可以大致这样描述一家股权式众筹平台的产品形态:一个线上平台,在这个平台上企业把股份出售给投资人(这是"股"),投资人按照投资协议拥有股权(这是"权"),优质的项目能够同时与多个投资人进行接触(这是"众"),并可实现同时从多个投资人处获得投资(这是"筹")的方式。

2. 股权式众筹的特点

(1) 投资者群体广泛

股权式众筹平台的准入门槛设定较为宽松,融资主体为中小微企业,并非所有普通大众都可以参与股权式众筹。在"大众创新、万众创业"的时代背景下,股权投资越来越被大众认可,众多创业企业的成功带来了巨大的财富示范效应。同时,股权式众筹相对于传统股权投资门槛降低幅度很大,这使得股权式众筹的潜在投资人更广泛。

(2) 投资中介扁平

投资中介扁平,是指股权式众筹投资中介只有股权众筹平台,没有上下级平台之分。这种中介模式,使得信息透明度提高,有利于股权式众筹的发展和监管。相对于传统融资中介机构复杂的运作机制,筹资人—股权式众筹平台—投资人这种制度设计,大大减少了交易成本,提高了社会融资效率。

(3) 投资方式直接

投资方式直接,是指投资人通过股权式众筹平台即可完成投资,同时拥有企业或者项目股权。与以往投资人通过圈子参与合伙企业股权和通过基金间接投资企业股权相比,投资人这种直接投资方式,增加了投资人的主观选择性。普通投资人现在拥有权力决定自己的资金投向,这也意味着"大众创业"慢慢成为现实。

(4) 交易便捷

交易便捷,是指股权式众筹的筹资活动主要通过网络完成,通常借助第三方支付平台或者银行托管服务实现高效交易。交易便捷的背后,要求监管机构对于股权式众筹平台的资金运作和资金安全负担起更多的责任。现实中股权式众筹平台和筹集的资金分开运行,资金通常由专业的第三方资金管理机构进行管理,接受政府、平台和投资人的监督。

(二) 股权式众筹的发展现状

1. 国外股权式众筹发展现状

股权式众筹这一新融资模式来势汹涌,众多国家在其出现后纷纷出台规定对其发展予以引导或规范。成立于2010年的全球首个股权式众筹平台Crowdcube,有别于全球第一个众筹平台Kickstarter的捐赠或奖励模式,任何公众、风险投资机构都有权投资企业,帮助初创企业或需要扩规的公司融资,投资者除了可以得到投资回报和与创业者进行交流之外,还可以成为他们所支持企业的股东。

美国股权式众筹的鼻祖Angelist,成立于2011年,在2013年9月为自身完成2400万美元的融资,估值1.5亿美元。自Angelist上线以来,已帮助一千多家企业完成了融资。正是预见到众筹未来巨大的发展潜力,美国政府希望借此模式促进企业发展,复苏本国经济。2012年4月5日美国总统奥巴马签署了《促进初创企业融资法案》(JOBS法案),为美国股权式众筹融资打开了通道。在JOBS法案出台之前,美国法律限制众筹以股权作为标的物;JOBS法案生效后,股权式众筹这一融资方式取得了合法身份而且通过法律引导行业发展。

在欧洲金融危机和经济萧条的市场背景下,欧盟对于众筹总体上采取积极鼓励的态度,也希望以其作为刺激经济和鼓励创业的重要途径之一。出于监管考量,欧盟委员会于2013年10月3日发出名为"众筹在欧盟—发掘欧盟行动的潜在附加值"的《意见征询书》,向投资者、项目发起人、众筹平台、组织机构等进行意见征集,以考察是否有必要在欧盟层面采取监管措施,或对各成员国的立法进行协调统一,并于2014年3月中旬发布报告对征询结果进行总结。根据英国金融市场行为监管局(FCA)在2014年3月发布的规定,该国股权众筹公司只对接受过相关的投资教育、有一定专业知识、高净值投资人或者保证在12个月内投入10%以内个人资产(不包括居住与生活必需品)的零售用户开放他们的服务。欧洲国家在对股权式众筹支持的同时,也非常重视对投资者的保护。

从以上对股权式众筹发展较为成熟的国家或地区的介绍可以看出,海外特别是欧美等较成熟的资本市场对于股权式众筹的监管侧重对众筹平台的界定和投资者的保护,并在规则出台之前普遍进行了市场调研,在了解和分析市场行情的基础上,或通过新的法案或出台新的文件,在已有的法律框架下对其适度监管,不仅开放股权式众筹的法律门槛,还支持股权式众筹发展壮大。

2. 国内股权式众筹发展现状

国内股权式众筹发展迅速且前景广阔,截至2014年底,国内运营良好的股权式众筹网络平台超过15家,典型的有天使汇、人人投、大家投、原始会,成功募集的资金已达数亿元,普遍采用"线上+线下"模式以规避法律风险,平台首先在线上展示项目股权转让信息,待投资者达成投资意向后,后续交易转移至线下,投资人再按照《公司法》等法律法规进行股权投资操作。

2011年11月11日,中国首家股权式众筹网络平台天使汇上线。国内股权式众筹平台实行的投资模式均采用了有限合伙企业形式规避法律风险,即资金到位后,领投人和跟投人以此为注册资金,成立有限合伙企业,再办理投资协议、工商变更等手续,投资人以有限合伙企业整体入股创业公司,保证投资者人数不超出50人上限。股权式众筹公司在我国现行法律规范下如履薄冰,一方面众筹平台担心涉嫌"非法集资",故在线下完成主要交易手续;另一方面担心股权融资行为涉嫌"擅自发行股票、公司、企业债券罪",故对筹资者和投资人做出严格要求。

针对国内股权式众筹监管,政府希望通过监管,鼓励、支持并规范股权众筹这种融资方式,降低投资人风险,发挥股权众筹的融资作用。

(三)股权式众筹和传统融资方式的比较

在传统风险投资模式下,创业者的融资渠道有限,往往处于相对弱势的地位,大多只有被选择权而无选择权。而在众筹的模式中,投融双方的地位相对平等,创业者可以根据自身对资金的需求程度出让股权,比例一般在5%至50%之间。众筹模式下的创业公司通常采用较为松散的股权结构,在一定程度上避免强势股东的不当影响。

除了股权出让主动性方面的差别外,股权式众筹的积极影响还表现在创业者对股权拥有更大的议价权。省略传统IPO发行的路演、问价、确定发行价格区间等繁杂流程,创业者基于自身发展状况和对市场的考量来自行决定公开募资的金额,价格仅受市场规律的约束。在信息相对透明、竞争相对充分的情况下有利于合理价格的发现。股权众筹与其他融资方式的比较,见表3.1。

表3.1 股权众筹与其他融资方式的比较

	投资者	融资者	投资者退出方式
风险投资	职业投资人和风险投资机构	新兴的、迅速发展的、具有巨大竞争潜力的企业	出卖股权给其他风险投资者、融资者回购、新股上市套现
传统私募股权筹资	职业投资人和投资机构	融资者区分为:天使轮,A、B、C、D轮	出卖股权给其他投资者、融资者回购、新股上市套现
股票市场筹资	符合证券法的合格股票投资者	初次上市的企业(IPO)、再融资企业	出售给其他股票投资者
股权式众筹	合格投资人(包括个人和机构)	创业企业、需要宣传自己的公司	出卖股权给其他投资者、融资者回购、新股上市套现

1. 股权式众筹与风险投资的比较

根据美国全美风险投资协会的定义,风险投资(Venture Capital,简称VC)是由职业金融家投入到新兴的、迅速发展的、具有巨大竞争潜力的企业中的一种权益资本。股权众筹与风险投资既有相同点也有不同点。

相同点主要体现在以下几点:一是投资者对项目的肯定;二是投资的目

的在于项目的未来收益;三是投资者有意愿为追求高收益而承担项目的风险。从这三点来看,股权式众筹与VC并无区别,包括从形式上来看,两者也没有差别。

不同点主要体现在运作方式和项目本身,具体而言:一是股权式众筹偏向大众投资,对于投资人群没有约束,只要有一定的资金,并且满足众筹平台上的最低众筹要求,就可以参与到项目中去,创业者向众多投资人融资,投资人主要用资金等作为对价换取创业企业的股权;而VC对于投资人群的限制则很明显,VC投资人主要集中在专业投资人和专业投资机构。二是投资方向和VC有所区别,股权式众筹投资方向主要集中在实体店铺和高科技创业企业或项目,而VC投资方向更倾向去高科技企业或项目。

通过分析股权式众筹和VC的相同点和不同点,可以发现实质上股权式众筹相对于VC而言,投资者范围更广、投资方向更多,股权式众筹是对VC的一个补充,可以帮助更多企业或项目融得资金。

2. 股权式众筹与传统私募股权筹资的比较

私募股权投资(Private Equity,简称PE),是指投资于非上市股权,或者上市公司非公开交易股权的一种投资方式。《办法》界定,股权众筹融资确定为私募性质。股权众筹虽然被确定为私募股权筹资的一种,但是目前股权众筹的运作流程和融资特点与传统私募股权筹资仍有明显区别,因此有必要对股权众筹和传统私募股权筹资进行比较分析。

股权式众筹与传统私募股权筹资的相同点主要在于:一是创业者或项目发起人都是以出售股权方式换取融资;二是投资者退出方式基本相同,主要通过出卖股权给其他风险投资者、融资者回购、新股上市套现这三种方式退出。

股权式众筹与传统私募股权筹资的不同点主要体现在融资流程和退出难易程度,具体而言传统私募股权市场对于天使轮、A、B、C、D轮各轮投资分得非常清楚,并且每一阶段都有很多的投资人。例如,有一些早期投资机构在天使轮投资时期就制定了B轮退出的策略,在B轮就会把股权卖掉。因此,传统私募股权投资并不一定需要IPO或者并购才能退出,只要愿意付出一些流动性折扣,想出让并不难。股权众筹融资一般属于天使轮投资,后续的退出环节还处于摸索阶段。

3. 股权式众筹与股票市场筹资的比较

股票市场筹资主要指IPO(企业初次上市)和上市企业再融资。股票市场是已经发行的股票转让、买卖和流通的场所,包括交易所市场和场外交易市场两大类别。由于它是建立在发行市场基础上的,因此又称作二级市场。

股权式众筹与股票市场筹资的相同点主要在于:一是筹资人按份等价出售股权;二是投资人范围广泛;三是投资方式便捷,主要都是通过网络完成。

股权式众筹与股票市场筹资虽然都是出售股权筹集资金,但是也存在明显不同:一是投资者人数。在股票市场,人们买到的股票是一份一份的股权,购买者之众,远多于现在股权式众筹的人数,而股权式众筹融资的投资人资格、募集资金人数和每位投资人投资金额都有严格限制;二是投资人退出机制的不同。对于股票市场筹资,今天刚买的股票,可以立即(在中国最早第二天)卖给其他想买的人,市场上充满了想买和想卖的人——我们称之为流动性。流动性可以降低投资人的风险,一旦有风吹草动,投资人就可以马上离开。而对于股权式众筹这种筹集资金方式,投资者以金钱形式投入到项目中,根据投资者的出资额比例占据企业的股份,待项目结束后分享项目的收益或承担项目的亏损。三是公司或项目的规模存在不同。一般而言,在国内股票市场上市的企业都是行业内较大或者具有一定规模的企业,而股权式众筹主要是针对风险投资和传统私募股权投资的空白区域——小微企业乃至个体经营户。股权式众筹能够有效地解决这些人的融资需求,对于社会和国家而言,这种精确的融资方式,有利于提高资源配置效率,解决了创业企业和小型项目找不到资金的难题,同时也促进了社会经济的良好发展。

(四)我国公开证券市场融资体系

在资本市场上,不同的投资者与融资者都有不同的规模与主体特征,存在着对资本市场金融服务的不同需求。投资者与融资者对投融资金融服务的多样化需求决定了资本市场应该是一个多层次的市场体系。

我国资本市场从1990年至2014年,经过20多年的发展,资本市场已逐渐形成场内市场和场外市场两部分。其中,场内市场的主板(含中小板)、创业板(俗称二板)和场外市场的全国中小企业股份转让系统(俗称新三板)、区域性股权交易市场共同组成了我国多层次资本市场体系。《办法》的公布标志着股权式众筹也成为我国多层次资本市场的重要组成部分,资本市场的发展进入了新的阶段。我国公开性证券市场融资体系如图3.1所示。

图 3.1 我国公开性证券市场融资体系

1. 主板市场

主板市场也称为一板市场,指传统意义上的证券市场(通常指股票市场),是一个国家或地区证券发行、上市及交易的主要场所。主板市场对发行人的营业期限、股本大小、盈利水平、最低市值等方面的要求标准较高,上市企业多为大型成熟企业,具有较大的资本规模以及稳定的盈利能力。

2004 年 5 月,经国务院批准,中国证监会批复同意深圳证券交易所在主板市场内设立中小企业板块。从资本市场架构上也从属于一板市场。中国大陆主板市场的公司在上海证券交易所和深圳证券交易所两个市场上市。主板市场是资本市场中最重要的组成部分,在很大程度上能够反映经济发展状况,有"国民经济晴雨表"之称。

2. 二板市场

二板市场又称为创业板市场(GEM(Growth Enterprises Market) board),是地位次于主板市场的二级证券市场,以 NASDAQ 市场为代表,在中国特指深圳创业板。在上市门槛、监管制度、信息披露、交易者条件、投资风险等方面和主板市场有较大区别。其目的主要是扶持中小企业,尤其是高成长性企业,为风险投资和创投企业建立正常的退出机制,为自主创新国家战略提供融资平台,为多层次的资本市场体系建设添砖加瓦。2012 年 4 月 20 日,深交所正式发布《深圳证券交易所创业板股票上市规则》,并将于 5 月 1 日起正式实施,将创业板退市制度方案内容,落实到上市规则之中。

3. 三板市场

NEEQ(National Equities Exchange and Quotations),全国中小企业股份转让系统,是经国务院批准设立的全国性证券交易场所,全国中小企业股份转让系统有限责任公司为其运营管理机构。2012 年 9 月 20 日,公司在国家工商总局注册成立,注册资本30亿元。上海证券交易所、深圳证券交易所、中国证券登记结算有限责任公司、上海期货交易所、中国金融期货交易所、郑州商品交易所、大连商品交易所为公司股东单位。三板市场设立的目的一方面为退市后的上市公司股份提供继续流通的场所,另一方面也解决了原STAQ、NET系统(STAQ、NET系统是指我国证券市场发展初期采用的交易系统)历史遗留的数家公司法人股流通问题。"新三板"市场原指中关村科技园区非上市股份有限公司进入代办股份系统进行转让试点,因为挂牌企业均为高科技企业而不同于原转让系统内的退市企业及原STAQ、NET系统挂牌公司,故形象地称为"新三板"。新三板的推出,是对三板市场的一次扩容实验,相对于传统三板市场新三板对于我国资本市场具有更重要的意义:一是成为企业的融资平台;二是提高公司治理水平;三是为投资者价值投资提供平台;四是通过监管降低股权投资风险;五是成为私募股权投资的退出新方式。

4. 四板市场

区域性股权交易市场(下称"区域股权市场")是为特定区域内的企业提供股权、债券的转让和融资服务的私募市场,一般以省级为单位,由省级人民政府监管。它是我国多层次资本市场的重要组成部分,亦是中国多层次资本市场建设中必不可少的部分。对于促进企业特别是中小微企业股权交易和融资,鼓励科技创新和激活民间资本,加强对实体经济薄弱环节的支持,具有积极作用。

目前全国建成并初具规模的区域股权市场有:青海股权交易中心、天津股权交易所、齐鲁股权托管交易中心、上海股权托管交易中心、武汉股权托管交易中心、重庆股份转让系统、前海股权交易中心、广州股权交易中心、浙江股权交易中心、江苏股权交易中心、大连股权托管交易中心、海峡股权托管交易中心等十几家股权交易市场。

5. 股权式众筹网络市场

目前股权式众筹还没有统一的交易场所或者交易平台,股权式众筹市场主要由多家股权式众筹网络平台组成,平台各有特色,都接受政府监管。2015年,中国证券业协会首批八家众筹平台正式颁布,分别是原始会、人人投、天使街、筹道股权、云筹、众投邦、投行圈、开心投。股权众筹网络市场是我国资本市场发展的新成果,使得融资体系覆盖到创业企业和小项目,能够有效缓解小微企业融资难问题。

发展多层次资本市场,能有效地满足不同类型、不同发展阶段企业的融资需求,但是同时对政府对市场的监管和投资风险防范提出了更高的要求。在我国资本市场中,政府监管力度从强到弱依次为:主板—创业板—新三板—区域股权市场—股权式众筹网络市场,投资风险则呈现与之相反的排序。

(五) 目前股权式众筹融资的投向

股权众筹在国内发展非常迅速,随着京东、阿里、平安等互联网大佬的加入,股权式众筹行业更是迎来了井喷式发展,主要分为两大主流模式:一方面是以人人投、众筹客为代表的生活领域实体店铺连锁股权式众筹,另一方面是以京东、天使汇这样的高科技创业项目的股权式众筹。

1. 实体店铺股权式众筹

实体店铺股权式众筹主要是针对身边的实体店铺进行众筹。这种股权式众筹的优点在于两个方面:一是投资额度不大,项目的回馈周期较短,投资门槛较低,普通的大众投资人都能够接受。二是风险性比较小,投资人可以实地进行考察。

2. 科技领域股权式众筹

科技领域股权式众筹主要是针对一些创业型、互联网、科技、移动等方面的项目进行投资。这一类众筹平台类似于风投机构,项目的盈利方式是要等到项目的下一轮融资开始才能够退出变现,对大多数人而言,这个等待期确实很长,且风险性较大。在京东金融手机端给出的宣传页上,对于股权众筹的风险,京东并没有回避:获得风投的创业企业失败率或高达80%,即使投资的企业发展顺利,也需要等到企业被收购,下一轮融资最终上市时,投资人才能兑现收益。

二、股权式众筹与大众创新

(一) 创新性的融资模式,推动普惠金融发展

在传统的融资体系中,由于高不可及的门槛和信息不对称等因素,普通个人投资者被排除在初创企业股权投资之外,也无法分享初创企业的成长收益。但同时,初创企业多囿于风险投资单一的融资渠道,成功的概率较低。具有明显普惠价值的互联网金融的发展为缓解小微企业融资难问题提供了一条新途径。2013年8月,国务院办公厅发布的《关于金融支持小微企

业发展的实施意见》中指出,要"充分利用互联网等新技术、新工具,不断创新网络金融服务模式"。股权式众筹作为互联网金融的核心模式之一,是一种依托众筹平台、针对高成长的小微企业初创期的、独立于正规金融体系之外的新兴投融资形式,其最大的创新在于完全打破了传统证券融资的体系和流程,普通民众可以通过众筹平台直接参与初创企业的股权投资,与企业共担风险和共享收益。同样,初创企业借助众筹平台通过互联网直接融资,其融资渠道被有效拓宽,融资成功率明显提高。由此可见,股权式众筹对有效促进金融公平,推动普惠金融发展,增进社会公平感,具有重大社会价值。

(二)扶持小微创新企业发展,提高国家竞争力

我国正处于经济结构调整和转型升级的特殊时期,中央制定了"用好增量、盘活存量"的金融业方针和政策引导大量民间金融资源转向支持实体经济的发展,特别是新经济的发展。小微企业是新经济增长点的重要潜在元素,更是深化改革的主要推动力量。但是由于小微企业的先天性缺陷,很难从银行等正规金融渠道以合理价格获得融资。股权式众筹作为一种专门针对创新型小微企业的互联网权益融资形式,打开了"微天使"的大门,给予普通群众投资创新型小微企业的权利、机会和渠道。从创业板和新三板的发展来看,存量资金明显钟爱创新型小微企业的投资,特别是新三板。股权式众筹由于极大地降低了初创企业的准入门槛,必定引发小额民间资金的投资热情,极大提高了小微企业股权融资的成功率。同时,由于股权融资不需要定期支付利息和本金,小微企业没有负债压力,能将全部募集的资金投入产品创新之中,有利于自身快速发展,提高创业的成功率,进而促进经济结构转型升级。

(三)激发全民创新创业,形成创新创业传统

创业者在创业初期的融资尤为困难。通常创业者虽然拥有很好的商业思路,但商业计划和融资需求只能在行业内的天使投资人和风险投资等圈子里小范围传播。受困于融资渠道的匮乏和高额的融资成本,许多创业项目在吸引到资金前就已经夭折。而股权式众筹借助互联网技术成为更加迅速、直接和社会化的融资方式,既能拓宽创业者融资渠道,有效解决初创企业"融资难"和"融资贵"的困扰,也让每一个普通人都可以基于情感、喜好或商业眼光参与创业投资。同时,也让更多的投资人为创业企业提供除资金以外的其他资源(智力资源、客户资源、人力资源等)帮助,有效降低创业风

险,提高创业的成功率。显然,股权式众筹能明显地改善创业环境和浓厚创业氛围,也将造就一大批新的创业企业家,新的企业家自然会感染、鼓励和支持年轻一代创新与创业,进而逐渐构建出一个创新创业的良性循环生态,对最终将创新创业沉淀为中华民族的宝贵传统和精神追求具有深远的精神价值。

三、股权式众筹的风险

股权众筹是互联网应用普及、实体经济变革和金融服务创新三者共同促进下产生的新兴金融形式,且处于发展初期,与其他新兴事物的发展初期一样,必然存在不足,甚至是弊端,故存在诸多风险。

(一) 法律风险

股权式众筹本质是一种小额私募权益性融资,但全网络化的融资流程并不符合传统证券融资的法律法规,因此股权式众筹在各国发展中的共同性问题之一就是合法性问题。但欧美对股权式众筹发展的诉求响应较快,及时颁布法案明确了其合法地位,出台监管措施来促进其健康发展。比如,美国颁布的 JOBS 法案和 SEC 出台的众筹监管法规、英国金融行为监管局(FCA)发布的《关于网络众筹和通过其他方式发行不易变现证券的监管规则》。但我国还未出台股权众筹相关法律法规,在《证券法》《公司法》和《刑法》的限制下,股权式众筹发展空间被极大地压缩,并游走于法律的灰色地带。我国的股权式众筹都通过"线上+线下"两段式完成投融资过程,众筹平台承担线上创业项目的审核、展示和披露职责,平台必须确保项目真实存在,否则就脚踩"非法集资"的红线。当创业项目达到募集额度后且投资人不超 50 人,则投融双方转入线下,相关投资人成立合伙企业,依《公司法》与创业者签订股份转让协议,众筹平台不参与股权的转让和交割,在一定程度上避免了非法发行股票的嫌疑,但始终无法回避项目宣传方式上的公开性问题,如果严格按照《证券法》中的"非法公开发行股票罪"的规定,股权转让信息在互联网公布,就满足"信息公开"的要件。由于目前我国金融创新的环境比较宽松,对"信息公开"的法律性质界定尚无定论,但其折射出的法律问题不能小视。

(二)模式创新风险

模式创新风险是指原创的商业发展模式过于创新或创新不足,脱离现实的社会经济状况,最终因发展瓶颈导致失败的风险。股权众筹作为一种去中心化、点对点的创新性互联网金融投融资模式,其涉及的主体与传统的股权转让程序存在极大差异,在提高融资效率的同时,也暴露出诸多因创新引发的风险。首先,众筹平台根据创业者提交的商业计划书来决定能否在平台上融资,并对融资项目进行一定的调查,帮助审核通过的项目团队确定发行价格和出让股权比例,但众筹平台无任何准入门槛和资质要求,其工作的专业性、科学性和合理性非常值得怀疑。其次,我国股权式众筹采用"领投＋跟投"的运营模式,领头人主要代表众多"微股东"负责对创业项目投后管理、监督和通报公司的运营。由于投后管理可能是一个非常漫长的过程,领投人能否在资本退出之前始终尽心尽力履行职责也存在巨大的疑问。最后,互联网经济具有先发优势、马太效应、赢家通吃的特性,股权式众筹平台经过"野蛮"生长阶段之后,必定将重新洗牌,绝大多数规模小的众筹平台将面临被兼并或关闭。在这个波动阶段,股权式众筹将释放出大量风险,能否保护好投资人利益令人担忧。

(三)道德风险

在股权式众筹融资模式中,众筹平台取代传统中介并压缩和精简了传统金融市场严密完整的程序,融资的初创企业在财务审核和信息披露方面获得极大豁免,使初创企业融资更加开放、自由和高效。但是保护投资者利益的制度还未完全跟上,众筹平台和初创企业均存在较大的道德风险。众筹平台的收入完全依赖于成功筹资的创业项目,绝大多数的平台收取的费用为项目融资总额的5％。在经济利益的驱动下,缺乏合格项目的参照标准,又无监管约束,平台极易在主观上降低创业项目上线门槛,放行更多项目进入众筹平台募资,同时,不能排除平台与融资企业之间存在内幕交易、关联交易,甚至是"自融"行为的可能性,如果不能有效消除平台的道德风险,必将导致"柠檬市场"现象,对股权众筹的健康持续发展产生巨大的冲击;初创企业为了尽可能受到投资人的青睐,提高募资的成功率和公司估值,在项目的描述上将倾力包装,尽量回避项目的风险,采用一些极度乐观或是夸大和误导性的宣传以吸引投资者。当企业成功融资后,在追求自身利益最大化的强大引力下,又有必要信息披露的豁免庇护,企业很可能不按契约、擅自更改募集资金的用途或者违规使用资金,这将给投资者的利益造成显著损害。

总结股权式众筹存在风险问题的本质,不难发现主要是监督机制不健全,如果不能为股权式众筹建立有效的监督机制,不但自身难以健康发展,影响正常的金融秩序,增加金融风险,而且也会对整个互联网金融的发展产生严重不利的影响。

四、股权式众筹的运作

(一) 参与主体

股权式众筹运营当中,主要参与主体包括筹资人、出资人和众筹平台三个组成部分,部分平台还专门指定有托管人。具体参与主体的作用在前面章节中已经介绍。

(二) 运作流程

1. 筹资前

创业企业或项目的发起人,发布融资需求,包括融资金额和出让股权比例。在互联网和移动互联网迅速发展的今天,创业者展示创业项目已经变得极为便利,可以通过在互联网上发布项目宣传手册、项目说明视频、项目产品展示等方式进行。项目发起人可以通过以上方式向股权式众筹平台提交项目申请,项目发起变得极为简单、便利。众筹平台对筹资人提交的项目策划或商业计划书进行审核,审核的范围具体,但不限于真实性、完整性、可执行性以及投资价值。股权式众筹平台会对收到了发起项目进行审核,选择出更优秀的项目,提供给投资人在网上选择。通常这一过程很快就会完成,创业者通过这一关后,就可以开始着手准备真正的融资流程。

2. 筹资中

领投人是具备一定条件的专业投资者,他们会率先认缴一定的金额促使项目融资顺利开展。其他投资者为跟投人,认缴各自的金额。对该创业企业或项目感兴趣的个人或团队,可以在目标期限内承诺或实际交付一定数量资金。通过投资人认投的规则,可以初步判断项目融资的成功可能性,这是对股权式众筹平台、投资人和项目负责人都具有重要意义的步骤。领投人与跟投人在规定期限内合计认缴金额达到或超过融资额后即停止认缴。正式开始筹集资金时,股权式众筹平台通常会将新上线的项目推荐给普通投资人,投资人投资的资金交由第三方资金托管机构管理,股权式众筹平台和项目发起人不能直接拿到资金。

股权式众筹融资规则主要有两种:足额成功规则和实际金额规则,见表3.2所示。

(1) 足额成功规则

足额成功规则即融资额大于或者等于预定值的100%时,融资被判定为成功,筹资者得到资金;如果达不到预定目标,筹资者将不会得到融资,投资者的资金将被返还。

(2) 实际金额规则

实际金额规则是指不管最终的筹资额能否达到预定目标,所有实际筹得的资金减去部分佣金费用后都将提供给筹资者,筹资者有权决定保留资金开展项目或者把资金返还给投资者。

表3.2 足额成功规则和实际金额规则

	优　点	缺　点
足额成功规则	有效保护投资者的利益,给予投资者保障和信心	加大筹资者失败的风险,可能引起道德风险
实际金额规则	筹资者不必担心不能达到预定目标导致融资失败	融资额不足的情况下开展项目,加大项目本身的风险

3. 筹资后

目标期限截止,筹资成功的,出资人与筹资人签订相关协议;筹资不成功的,资金退回各出资人。投资人认投之后,如果项目融资失败,那么该项目众筹结束;如果项目融资成功,则进入下一环节。投资人和筹资人在股权式众筹平台上签订协议,该协议将按照投资人投资项目股权的份额决定持有的股权。通常该协议在互联网上签订,也有个别股权式众筹平台在网下组织签订。认缴金额实际出资后,众多投资人成立有限合伙企业。有限合伙企业出资到目标公司并取得股东地位,众筹股权融资宣告完成。股权式众筹平台通常不负责项目融资结束后的管理,项目管理责任主要是有领投人和有限合伙企业的代表进行管理。主要分为资金管理和项目运作管理,资金管理也就是确定将资金一次性给付项目发起人还是分阶段给付,项目运作管理主要指项目监督、项目分红、项目退出等方面。股权式众筹流程简介列于表3.3。

表 3.3 股权式众筹流程简介

筹资前	项目发起人向平台提交项目申请	平台运用科学手段对项目进行分析,对符合要求的项目进行包装
筹资中	项目发起人在平台上对项目进行策划和营销	平台根据要求做好资金对接
筹资后	领头人对项目创业做经营辅导,领头人协助创业者对财务风险管控,在创业初期做好人才招聘与培养。	领头人公司前期运作做全方位的把控。普通投资人也可与参与其中

案例:约拍/北京西瓜藤网络科技有限公司。

约拍是一款直接对接摄影需求与摄影师的移动 APP,让用户可以在手机上像电商购物那样直观方便地约上摄影师。约拍上线 2 个月,已经进驻了近千名摄影师,结构化了 1378 个服务项目,目前 APP 日均下载过千,已经产生对接成功的案例。约拍在 2014 年 6 月 6 日于天使汇平台发起快速合投,并在同年 8 月 24 日完成合投,募得天使轮资金 300 万人民币。主要资方包括英诺天使基金、明势资本及紫辉投资。

与 500px、Flickr、Eput 这类帮助摄影师展示作品出售成品的平台不同,约拍是一个更加具有针对性的以用户需求为导向的 P2P 摄影服务对接平台。从市场规模来看,相关调查数据显示,2012 年国内人像摄影市场已经达到 1000 亿元,而摄影师作为服务提供者的收入只占到服务项目总收入的 15%,这也是约拍 P2P 业务的潜在机会。从需求上说,约拍所解决的问题也十分明了,那就是需要拍照的人可以直接通过约拍找到自己任务合适的摄像师,无需再通过影楼、工作室或者摄影机构等中介,更加直接地与摄影师进行沟通。另一方面,对于摄影师来说约拍的出现同样大大降低了成本。因为在传统的影楼摄影中,一次拍摄下来影楼大约会占收入的 85% 甚至更多,真正对成片质量有核心贡献的摄影师收入相对较少。从商业模式来看,"约拍"结构化了独立摄影师的"个性化服务",以类似校园毕业照、儿童跟拍、旅拍等使用场景为引导,让消费者在场景中便利地寻找到适合的服务项目与适合的摄影师。

五、三种股权式众筹模式

不同于其他互联网模式,众筹涉及集资、回报等经济问题。由于中国法律政策的滞后性,股权式众筹在中国走得并不轻松。目前,根据我国特定的法律法规和政策,股权式众筹在我国化身为凭证式、会籍式、天使式三大类表现形式。凭证式众筹具有圈子的性质,一般都是通过熟人融资,不成为股东;会籍式投资者则成为被投资企业的股东,两者均带有公益性质。天使式则有明确的财务回报要求。

(一)凭证式众筹

1. 凭证式众筹的概念

凭证式众筹主要是指在互联网通过卖凭证和股权捆绑的形式来进行募资,出资人付出资金取得相关凭证,该凭证又直接与创业企业或项目的股权挂钩,但投资者不成为股东。

2. 典型凭证式众筹——美微传媒

淘宝上一家名为"美微会员卡在线直营店"的店铺(图3.2)。消费者可通过在淘宝店拍下相应金额会员卡,但这不是简单的会员卡,购买者除了能享有"订阅电子杂志"的权益,还可以拥有美微传媒的原始股份100股。即在淘宝上通过卖凭证和股权捆绑的形式来进行募资。这家淘宝店店主是美微传媒的创始人朱江,原来在多家互联网公司担任高管。从2012年10月5日到2013年2月3日中午12时,美微传媒共进行了两轮募集,共计1191名会员参与了认购,总数为68万股,总金额人民币81.6万元。美微传媒的众募式试水在网络上引起了巨大的争议,很多人认为有非法集资嫌疑,果然还未等交易全部完成,美微的淘宝店铺就于2月5日被淘宝官方关闭,阿里对外宣称淘宝平台不准许公开募股。证监会也约谈了朱江,最后宣布该融资行为不合规,美微传媒不得不向所有购买凭证的投资者全额退款。按照《证券法》,向不特定对象发行证

图3.2 美微传媒(图片来源于网络)

券,或者向特定对象发行证券累计超过200人的,都属于公开发行,都需要经过证券监督管理部门的核准才行。

(二)会籍式众筹

1. 会籍式众筹的概念

会籍式众筹主要是指在互联网上通过熟人介绍,出资人付出资金,直接

成为被投资企业的股东。

2. 典型会籍式众筹——3W 咖啡

互联网分析师许单单这两年风光无限,从分析师转型成为知名创投平台 3W 咖啡的创始人。3W 咖啡采用的就是众筹模式,向社会公众进行资金募集,每个人 10 股,每股 6000 元,相当于一个人 6 万元。正值微博最火热之际,很快 3W 咖啡汇集了一大批知名投资人、创业者、企业高级管理人员,其中包括沈南鹏、徐小平、曾李青等数百知名人士,股东阵容堪称华丽,3W 咖啡引领了中国众筹创业咖啡在 2012 年的流行。几乎每个城市都出现了众筹式 3W 咖啡(图 3.3),3W 很快以创业咖啡为契机,将品牌衍生到了创业孵化器等领域。

图 3.3 3W 咖啡(图片来源于网络)

3W 的游戏规则很简单,不是所有人都可以成为 3W 的股东,也就是说不是你有 6 万元就可以参与投资的,股东必须符合一定的条件。3W 强调的是互联网创业和投资圈的顶级圈子。没有人是为了 6 万元可以带来的分红来投资的,3W 给股东的价值回报更多的在于圈子和人脉价值。试想如果投资人在 3W 中找到了一个好项目,那么多少个 6 万元就赚回来了。同样,创业者花 6 万元就可以认识大批同样优秀的创业者和投资人,既有人脉价值,也有学习价值。很多顶级企业家和投资人的智慧不是区区 6 万元可以买的。

创业咖啡注定赚钱不易,但这和会籍式众筹模式无关。实际上,完全可以用会籍式众筹模式来开餐厅、酒吧、美容院等高端服务性场所。这是因为现在圈子文化盛行,加上目前很多服务场所的服务质量都是不尽如人意。通过众筹方式吸引圈子中有资源和人脉的人投资,不仅是筹措资金,更重要的是锁定了一批忠实客户。而投资人也完全可以在不需经营的前提下拥有自己的会所、餐厅、美容院等,不仅可以赚钱,还可以在自己朋友面前拥有更高的社会地位。

(三) 天使式众筹

1. 天使式众筹的概念

与凭证式、会籍式众筹不同,天使式众筹更接近天使投资或 VC 的模式,出资人通过互联网寻找投资企业或项目,付出资金或直接或间接成为该公司的股东,同时出资人往往伴有明确的财务回报要求。

2. 典型天使式众筹——大家投

大家投于 2012 年 10 月正式上线,专注于股权众筹融资项目,为创业者和投资人提供高效的众筹服务(图 3.4)。当创业项目在平台上发布之后,吸引到足够的小额投资人(天使投资人),并凑满融资额度后,投资人就按照各自出资比例成立有限合伙企业(领头人任普通合伙人,跟头人任有限合伙人),再以该有限合伙企业法人身份入股被投项目公司,持有项目公司出让的股份。而融资成功后,作为中间平台的大家投则从中抽取 2% 的项目融资费用。

图 3.4 大家投

如同支付宝解决电子商务消费者和商家之间的信任问题,大家投推出一个中间产品叫投付宝。简单而言,就是投资款托管,对项目感兴趣的投资人把投资款先打到由兴业银行托管的第三方账户,在公司正式注册验资的时候再拨款进公司。投付宝的好处是可以分批拨款,比如投资 100 万,先拨付 25 万,根据企业的产品或运营进度决定是否持续拨款。

对于创业者来讲,有了投资款托管后,投资人在认投项目时就需要将投资款转入托管账户,这样就有效避免了以前投资人轻易反悔的情况,大大提升了创业者的融资效率;由于投资人存放在托管账户中的资金是分批次转入被投企业的,这样就大大降低了投资人的投资风险,投资人参与投资的积极性的创业者的融资效率都会大幅度提高。国内三种股权式众筹模式的对比分析见表 3.4。

表 3.4 国内三种股权式众筹模式对比分析

股权众筹模式	美微传媒	3W 咖啡	大家投
单次投资最低额度	120 元	6 万元	项目融资额度 2.5%，一般最低 2 万
单个项目投资人数量	多,超过 1000 人	中等,近 200 人	偏少,不超过 40 人
投资人身份门槛	没有限制	小圈子	没有限制
投资人投资动机	纯支持者居多,财务回报目的不明确	以进入行业圈子为目的,无投资财务回报目的	既有支持目的,也有获取财务回报目的
投资人持股方式	协议代持	协议代持	先成立有限合伙企业,再以有限合伙企业入股项目公司
投资人退出机制	公司溢价 20% 回购	目前未明确	上市、并购、出售老股、管理层回购均可
创业者背景	普通创业者	小圈子内的意见领袖	有一定感召力的普通创业者
资金监管	投资款一次性到账,无监管	投资款一次性到账,监管机制不成熟	投资款分批到账,第三方银行监管
投资前决策	项目资料简单、没有尽职调查、估值议价流程	项目资料简单、没有尽职调查,更多看项目发起人的魅力和圈子	领头人负责项目分析、尽职调查、估值议价；跟头人对项目资料可以约谈创业者
投资后管理	参与股东大会行使完整股东权力	参与股东大会行使完整股东权力	领头人参与董事会行使权力、跟头人在有限合伙企业内行使合伙人权力,不参与项目公司股东会和董事会
项目类型	新产品、创意、文化、传媒	会所、餐饮,美容等高频消费中高端服务场所	高风险高回报的科技型企业

六、影响股权式众筹的要素分析

1. 影响股权式众筹的积极要素

（1）众筹项目应具有特色和吸引力

在众筹融资网站 Kickstarter,那些决定哪些项目将被重点宣传的工作人员会寻找"创造性地使用这一系统"的项目,那些项目有令人信服的视频和奖励,并充满后劲。归根结底,投资人最为关注的是一个项目能否给投资人带来利润,具有特色的项目能够吸引大众的目光,促进消费,为企业带来可观的利润,为投资者带来财务上的回报。因此,项目的优劣是一个股权众筹成功与否的核心因素,只有好的项目才能吸引更多的投资者,才能最快、最有效、最大限度地完成项目发起者的预期筹资。

(2) 确定合理的筹资金额

根据天使街股权众筹平台对多年来成功的筹资项目的统计,25%的项目筹得的资金低于目标的3%或更多,50%的项目筹得的资金仅高于目标的10%。这意味着,如果你的项目达到了筹资目标,它最多情况下只是勉强达到。同时,成功率随着目标资金数目的增多而减少,成功的项目量远少于提交的项目量,创业者需要确保筹集的资金足够完成项目。但是不要贪婪:要的资金越多,达到筹资目标的可能性就越小。因此,确定一个合理的筹资金额是极为重要的,毕竟,股权众筹也是存在风险的,再财大气粗的投资人也会考虑一个项目风险的大小来确定自己投资的金额。所以,项目发起者可以根据这一项目风险的程度以及预期的收益为基础,测算出合理的筹资金额,以成功地筹集所需要的资金。

(3) 制定有效的筹资时限

数据显示,对于平均需要一万美元的项目,为期30天的项目有35%的成功率,但60天的项目有29%的成功机会。这是由于,对于那些筹资期间设定较短的项目来说,人们的潜意识会认为这一项目成功概率更大,筹资人对于项目信心强烈,随着时间的临近,潜在的观望者的投资欲望会因此而变得更为迫切,为此要尽量遏制将项目期限延长的欲望,选择一个合理的筹资期限,如此才能成功。

(4) 积极地拉拢自己的交际圈

在社交网站的好友人数会起很大的作用。对于一个一万美元的项目,如果你仅有10个社交网站好友,你达到目标的可能性是9%;如果你有100个好友,成功的可能性仅为20%;但是拥有一千个好友意味着高于40%的成功率。事实上,股权式众筹项目的成功很大程度上依赖于自己的朋友圈投资人,朋友入股、朋友出资在众筹项目中所占的比例是很高的。

2. 影响股权式众筹的消极要素

(1) 股权式众筹服务对象具有局限性

股权式众筹的融资额度普遍较低,多在10万美元到100万美元之间。这个融资额度可满足部分小型初创企业的实际需求,但对于许多初期投入较高的科技类、制造类企业来说,显得力不从心。此外,许多国家对股权式众筹的融资上限有规定,如美国就硬性规定不得超过 100 万美元。

股权式众筹只适合从未进行过融资、或者只是进行过少量对外融资的企业。股权众筹模式决定了企业在众筹之前必须建立清晰的股权结构,如果初创公司在此之前已经接受过风险投资,股权结构相对复杂,往往会对后续股权扩充和转让附加一定的约束,因此很多平台明确规定不接受已有风险投资公司进行股权筹资。

基于以上两点,股权式众筹的应用范畴局限于处于种子期、尚未拿到投资的企业;或者已经拿到天使投资,但还需要进一步融资的创业企业。事实上,很多公司都是通过天使投资获得启动资金后,再去众筹网站进行新一轮的宣传和融资。初创企业一般起步于创业者凭借自身资本或者小范围内的借款开始创业历程,市场对初期产品的反应决定了是否要进行下一步的量产和更大范围的融资。可以看到,在个人创业资本与主流外部资本之间还存在一个缺口:前者经常不足以支撑规模生产,而风险投资等外部资本大多在规模生产之后才能引入。众筹融资恰恰填补了这一空白,成为小众商品与大规模生产之间的桥梁部分。

(2) 股权式众筹平台的盈利模式还存在问题

就目前看,中国式众筹网站的交易规则和盈利模式是,如果在规定时间内未达到预定筹款目标,系统会将已筹集到的资金退还给出资人;如果项目筹款成功,网站将根据筹得金额按比例收取佣金。佣金是网站主要收入来源,其次还有广告收入。

(3) 中国社会对股权式众筹认识不足,存在诸多误解

由于中国各地之前出现的民间借贷引发的跑路现象和对一些集资诈骗案件的处罚,使社会普遍把众筹与非法集资联系起来,一听到众筹立刻联想起非法集资问题。再加之中国社会诚信体系尚未完全建立,社会普遍存在信任感,所以这些因素都对众筹的发展不利;因为众筹是基于信任而产生的,没有信任就不存在众筹的基础。

七、股权式众筹在中国的发展

(一) 股权式众筹平台越来越专业化

由于众筹平台希望借力市场分工,由此专业的、按产业与项目分类的平

台正随着市场分工呈现出来。一方面,使自己的服务与众不同是众筹平台选择特定方向的考虑因素之一;另一方面,专业化可以提供给特定投资人信任感,建立一个特定投资人可以反复投资的平台。在众筹平台中,有专业背景的投资人能够筛选出更加具有投资价值的项目,从而获得更好的收益。特定行业人员的大量汇集促成众筹平台专业化的另一个表现是,综合类平台开始侧重于细分行业,向某些固定行业倾斜,无论用户的注意力还是创意项目的数量都逐渐向这些行业集中。

(二) 股权式众筹在新三板的发展机遇

互联网金融的风暴正在波及金融业的各个领域。场外市场现阶段主要围绕新三板开展业务,券商的新三板投行业务应以新三板挂牌公司的股票承销为创新突破口,利用互联网的信息传播以及成本优势,使新三板市场与互联网金融充分结合。

新三板市场与股权式众筹的结合与创新将更具活力。首先,新三板企业作为众筹"标的",将大大降低潜在的道德风险。现在国内已有的股权式众筹平台上的企业或项目大多处在种子期、初创期,没有经过券商等专业人士的梳理,不规范的程度较高,未来上市周期较长,不确定性较大。其次,新三板企业是拥有 A 股股票代码的公众公司,且股东人数可以突破 200 人,为潜在投资者提供了投资入股的可能以及足够数量的股票交易受让方,是众筹模式的绝佳载体。最后,新三板企业的融资金额较大,平均单个投资人的投资金额在 100 万元人民币左右,往往需要有风险识别能力和专业知识的机构投资者作为领投者,从而降低跟投人的投资风险。

(三) 股权式众筹交易所

为了股权式众筹平台的未来发展,随着股权式众筹交易的不断发展,众筹平台应提供的大量的、多元化的投资项目信息,深入提取与分析数据,为客户提供投融资项目咨询服务,构建投融资项目咨询平台。此外,随着平台信息库的构建和信息技术的不断完善,还应该推进股权式众筹自动化交易服务,开设股权式众筹交易所。这将提高股权式众筹交易的效率,从而推动股权式众筹的快速发展。

第二节 国外股权式众筹的经典平台

国外股权式众筹平台有两个很重要的代表——成立于2011年的Crowdcube和2012年的Seedrs。Crowdcube是全球第一家股权式众筹平台,Seedrs是最先获得FSA(英国金融服务管理局)审批的股权式众筹平台,两者发展各有特色。

一、Crowdcube

Crowdcube是一个基于股权的融资平台,在这个平台上投资人可以购买英国注册未上市企业的股权。股权式众筹和其他融资方式相比最大的特点就是其"大众"性,无论身份、年龄、职业、性别,只要有想法有创造力的"大众"都可以发起项目,对项目感兴趣的投资人都可以投资,几乎没有融资和投资门槛。Crowdcube被英格兰银行描述为银行业的颠覆者,有别于那些跟随Kickstarter模式的众筹平台。Crowdcube有着自己的创新,投资者除了可以得到投资回报和与创业者进行交流之外,还可以成为他们所支持企业的股东。

(一)平台介绍

1. 起源和发展

早在2008年8月,英国的Darren Westlake和Luke Lang想创造一个平台通过向普通人融资的形式为创业者提供项目启动或者初始发展资金,一个股权式众筹的想法诞生了。经过一年多的筹划,2011年2月,Crowdcube平台正式上线,也是第一家依靠股权的众筹公司。同年11月,Crowdcube创造了当时众筹平台的最大融资规模100万英镑。仅仅一年的时间,Crowdcube就成功为11个项目融资235万英镑,引起了巨大反响,被泰晤士报称为具有爆炸性意义的新型投融资方式,被BBC、华尔街日报、经济学家等多家世界主流媒体争相报道。之后,Crowdcube飞速发展,获得了2013年度《每月金融》的"最佳交易商"称号。

2011年11月Rushmore通过Crowdcube融得资金100万英镑,这也是

Crowdcube 平台成立以来最大的成功融资项目。这一项目的成功,在英国开启了股权式众筹融资的大门。但是 Crowdcube 合法性问题,仍然没有得到根本解决。直到 2013 年 1 月,Crowdcube 获得 FSA(英国金融服务管理局)审批,正式成为合法的股权众筹平台。2013 年 9 月 Hab 在 Crowdcube 平台成功融资 190 万英镑,创造了股权式众筹融资的新记录。截止 2015 年 10 月,Crowdcube 平台累计融资金额达到 1.12 亿英镑,成功融资 312 个项目,拥有注册投资者 21 万多人,最快的融资项目仅用时两天半。

2. 发展目标

Crowdcube 的发展目标和建立的初衷就是为创业者提供项目启动或者初始发展资金。通过资金在平台上的汇集和流动,帮助有想法的人实现梦想,帮助有资金的人创造财富。

Crowdcube 和网购平台类似,主要有两类参与者:投资者和融资者。投资者扮演着天使投资人的角色,对具有巨大发展潜力的初创企业进行早期的直接投资;融资者即需要资金支持的创业者或创业公司。如果该企业日后升值,投资者就可以通过收购、IPO 等形式套现,从而得到巨额回报。和一般的天使投资人相比,Crowdcube 中的投资者更加大众化,投资门槛低,参与性高,甚至有的企业设定的最低投资金额只有 10 英镑。众筹项目主要涉及零售、食品、互联网、科技、制造、健康、媒体等 15 个行业。其中零售业、食品以及互联网行业获得投资最多,这主要是因为这些行业与普通人生活紧密相关,投资人自身对这些行业有着较深刻的认识。在股权众筹这一风险与机遇并存的市场中,投资人会更理性地选择自己更有把握的投资项目。

3. 发展优势

作为全球第一个股权式众筹平台,Crowdcube 有着丰富的股权众筹成功经验。

(1)严格的项目筛选。Crowdcube 对于创业者申请的项目,通常会按照平台筛选—专业人士筛选—投资人筛选的方式进行项目审核,由此选出优秀的项目。

(2)问卷测试认定投资者。Crowdcube 主要通过问卷方式对投资人进行认定和风险教育,只有通过问卷测试才能成为合格投资人。这种问卷方式对投资者规定的门槛较低,因此融资者范围较广。

(3)通过控制融资额度控制风险。Crowdcube 最低融资目标为 1 万英镑,没有最高的限制,如果融资目标高于 15 万英镑,需要向网站进行书面材料解释,且要经网站审核后同意。通过对融资额度的控制,能有效控制单个项目的风险,保护投资者资金安全。

（4）投资者直接行使股东权力。投资者拥有股权证书,直接持股,直接从公司获得收益。这种股东权力行使的优点在于,充分保护每个投资者的股东权益。

（5）平台不参与资金管理。投资者只能通过第三方支付平台进行支付,网站不直接接受支票以及银行转账。项目宣传和资金管理分离,使得平台风险大大降低,有利于保护投资者资金安全。

（二）融资模式分析

1. 项目上线

（1）项目申请。融资者向 Crowdcube 提出申请,确定公司价值和目标融资金额后,并提供项目描述、推出策略、商业计划、未来三年的财务预测。在这一过程中,以专业性为主。根据历史数据和以往经验,Crowdcube 会在 72 小时内对项目的适合性进行审核,并提供详尽的修改意见,以便公司能够再次申请。

（2）标书制作。通过审核后,融资者可以根据自己的融资需求,设定融资额,提供一定股权,并把自己的融资计划发布在 Crowdcube 上,要求语言简洁、专业。在此过程中,Crowdcube 提供了一系列建议。Crowdcube 需要融资者提供以下信息:股权比例、目标筹资额、免税政策、股权类型、融资期限等。此外,融资企业还需制作一个关于项目的视频,更加直观地向广大投资者展示项目计划。在标书的制作过程中,Crowdcube 将为项目发起人提供全方位帮助和指导,力求标书和视频标准化、规范化。

2. 投资者选择项目

项目上线后,投资者就可以选择项目投资了。投资者可以根据自己的喜好、意愿、已经募集金额等条件进行筛选。根据法律要求,Crowdcube 不能通过收取广告费把某个项目置顶或放在醒目的位置。Crowdcube 默认分类是:热门—临近截止日期—新上线。热门定义为:在一周之内募集资金达到目标金额的 50%。Crowdcube 还特别设置了问答环节,有利于融资者和公众投资人交流沟通。此外,Crowdcube 还和 Facebook、Twitter、Linkedin 合作,充分利用网络社交软件的信息交换优势,方便投资人和创业互动。Crowdcube 在投资人真正投资之前,会对投资人进行风险教育和提示。主要提示的风险包括:损失投资额、流动性风险、低概率分红和股权稀释。确认投资金额后,投资人转账到第三方支付平台——GoGardless。

3. 募集资金

Crowdcube 采用的是足额成功规则的融资模式，Crowdcube 和律师事务所 Ashfords LLP 合作，与企业签订相关协议，帮助企业及企业法律顾问设计相关有法律效力的文件，发送给投资人进行确认。投资人仔细阅读文件后，将会有 7 个工作日的时间来考虑是否进行最终投资确认，并且确定实际投资金额。投资人确认后，资金将由第三方支付平台 GoGardless 转账到公司账户，投资者将会收到一份股权证明书，这也标志着此次股权式众筹成功投资。

（三）发展问题分析

1. 面向对象范围过于狭窄

Crowdcube 虽然是全球第一家股权众筹平台，但是仅面向英国公司或项目提供服务，英国股权众筹市场发展较早，增长潜力不足。Crowdcube 如果想要取得更大成功，需要做出改变，拓展新市场。

2. 合格投资人认定规则过于简单

Crowdcube 对于合格投资人认定要求：18 周岁以上的英国居民且通过问卷测试的投资者，过于简单的认定不利于投资人控制风险。

3. 投资人直接持股不利于项目管理

在 Crowdcube 成功融资的公司或项目的股东权力由投资者直接行使，这对于小型项目管理不利，可能会增加管理成本。

二、Seedrs

（一）Seedrs 简介

Seedrs 是 2012 年 7 月上线的一家英国股权式众筹平台，被喻为 Kickstarter 的"英国版"，由大律师 Jeff Lynm 和一名具有 10 年 IT 行业从业经验的精英人士 Carlos Silva 共同建立。Seedrs 是在伦敦网络峰会创业竞赛单元脱颖而出的一个互联网项目，它瞄准的是新兴科技领域，定位"管家式"股权式众筹平台。与 Crowdcube 一样，Seedrs 的本质是股权式众筹，创业者把自己的创业项目公布在 Seedrs 上，通过审核的合格投资人选择合适的项目进行投资，并得到一定的股权。不一样的是，Seedrs 同时以代理人的名义帮助众筹投资人进行融资后的项目管理工作，获得现金收益。这种"管家式"

服务,创新了股权式众筹的运作方式。

(二) Seedrs 和 Crowdcube 的比较分析

在英国股权式众筹平台中,影响力最广泛的就是 Seedrs 和 Crowdcube。Seedrs 最先获得 FSA(英国金融服务管理局)审批,在 Seedrs 平台上投资项目后,用户将有机会获得一定比例的税款减免。对税率较高的英国来说,这点对英国民众理财非常具有吸引力。当然,在投入真金白银之前,Seedrs 会要求用户必须通过一项测试,以表明用户知晓投资所存有的风险。对普通投资人而言,他们往往缺乏对投资风险的预估。

在 Seedrs 平台上的项目融资过程和 Crowdcube 基本类似,最大的不同在于融后管理的代理人制度,因此称之为"管家式"平台(表 3.5)。在公司达到融资的目标金额后,投资人可以选择是否由 Seedrs 代理股权管理,由 Seedrs 代替投资者通过和创始企业签订协议,力争保护投资者的一些相关权益。为避免内容的重复,对于 Seedrs 平台的介绍主要采用对比方式进行。

1. Seedrs 平台上的融资人和投资人

Seedrs 的会员(包括融资者和投资者)已经扩展到欧洲范围。对投资者的分类及审核更加严格,符合 FCA 在 2013 年 10 月出台的相关意见(The FCA's Regulatory Approach to Crowdfunding and Similar Activities)。Seedrs 的融资者只限定种子公司,且对其有明确规定,而 Crowdcube 对投资者规定的门槛较低,融资者范围较广。

表 3.5 Seedrs 和 Crowdcube 在融资人和投资人方面的对比

		Seedrs	Crowdcube
面向对象	融资者限制	处于种子时期(即创业启动期)的欧洲公司,必须在英国注册	创业启动期、项目初始期和项目成长期的英国公司
	投资者限制	18 周岁以上的欧洲居民	18 周岁以上的英国居民
		自我认定的高级投资者、自我认定的高净值个人或公司、非公司组织或通过问卷测试的专业投资者(可能进行个人资产调查)	通过问卷测试的投资者

2. Seedrs平台融资过程及费用

在融资过程中,各个公司的规定略有不同。Seedrs规定项目目标金额上限是15万英镑,Crowdcube则无上限,这也是由于目标公司的不同阶段造成,其融资过程及费用的对比见表3.6。Seedrs要求投资者单次投资额不超过自身净资产的20%,这也是风险控制的一种手段。由于Seedrs在融后帮助投资者管理投资,因此收取一定费用。其他方面,两个众筹平台没有太大差距。

表3.6 Seedrs和Crowdcube融资过程及费用的对比

		Seedrs	Crowdcube
融资过程	融资目标额度	正常的上线为15万英镑,若确有需要可与平台协商,调高目标额度	最低融资目标为1万英镑,没有最高的限制;如果融资目标高于15万英镑,需要向网站进行书面材料解释,且要经网站审核后同意
	额外回报	无	有,例如会员卡、T恤衫
	单词投资额	单次最少10英镑;没有最高限的规定,不过不能高于投资者在Seedrs上投资组合价值的20%	最少10英镑,无最大限制
费用	融资者	达到目标融资金额后,向融资者收取7.5%的费用	达到目标融资金额后,向融资者收取500英镑加5%的费用
	投资者	融资过程不收费,取得收益后,收取7.5%	对投资者免费

3. Seedrs融资后的管理

对于Seedrs来说,融资成功只是第一步,还要代理股东行使股东权利。Seedrs不仅是帮助创业企业融资的平台,更是融后管理的中介,见表3.7。所以Seedrs的比较优势就在于它的代理模式。在投资者和融资者均同意的状况下,投资者可以自行直接管理股权,即在整个融资过程中,Seedrs不会向投资者收取任何费用。一般状况下,投资者会选择代理人模式,付出现金收益的7.5%作为管理费。Seedrs代替投资者进行投资管理的内容包括:

(1) 代理投资人签署文件、要求创业企业提交经营状况信息、处理变更股权文件。

(2) 将创业企业公布的相关信息及时通过个人Seedrs账户披露给投

资者。

（3）维持双方关系，提供投资者和创业企业的沟通平台，可以让创业企业能够接受投资者的指导及建议，交流双方的创业经验。

（4）将分红等现金收益转入投资者 Seedrs 账户。

（5）投资者都可以在自己的账户看见所有信息，包括已投资企业状况、账户余额等信息。Seedrs 代替投资者通过和创始企业签订协议（协议类似天使投资人、风险投资时的协议），力争保护投资者的优先购买权、领售权、跟随权、知情权。具体手段包括：融资公司一旦发生欺诈、故意隐瞒，则追究创业者个人连带无限责任；融资之前进行尽职调查；要求初创企业提供每季度报告；必要时刻采取法律手段。

表 3.7 Seedrs 和 Crowdcube 融后管理的对比

		Seedrs	Crowdcube
融后管理	持股方式	代理人制度	投资者拥有股权证书，直接持股
	资金保护	由一家英国银行代理投资者保管资金	投资者只能通过第三方支付平台进行支付，网站不直接接受支票以及银行转账
	股东权力的行使	一般由 Seedrs 代为持股，代行使投票权与表决权	股东权力由投资者直接行使
	收益的取得	投资后，若公司分红、被其他公司收购等，收益将由 Seedrs 直接支付给投资者	投资者直接从公司获得收益

（三）发展问题分析

1. 投资人自我认定不利于控制风险。Seedrs 对合格投资人认定是自我认定的高级投资者、自我认定的高净值个人或公司、非公司组织或通过问卷测试的专业投资者，这种自我认定投资人的方式有可能使得没有风险承担能力的人成为合格投资人。

2. 平台收费过高。Seedrs 平台除了固定向融资者收取 7.5% 费用，还收取投资人投资收益的 7.5%，相对于其他股权众筹平台，Seedrs 虽然提供"管家式"服务，但是总体收费仍然偏高。

第三节　国内股权式众筹的经典平台

一、大家投

（一）大家投简介

大家投网站于2013年7月正式在深圳上线,其创始人李群林称这是国内唯一的带有天使投资性质众筹平台。与网贷平台类似,大家投通过信息分享撮合资金双方,最终达成交易,但其业务模式游走在合法与非法的模糊边界,存在较大的法律风险。而它与网贷平台不一样的是,大家投涉及吸收资金、股权融资和财务回报。大家投主要采用的是领投人制度,举例子来说:有一个创业者在大家投网站上宣布自己的创业项目需要融资100万元,出让20%的股份。然后有一定门槛和资质的领投人认投5万元,其余陆续有5位跟投人认投20万元、10万元、3万元、50万元和12万元。凑满了融资额度以后,领投人会以此为注册资金成立有限合伙企业,签订投资协议、办理工商变更等手续,资金注入投资者的企业之后,该项目的天使期融资完成,投资人就按照各自出资比例占有创业公司出让的20%股份。而投资者的退出渠道是引进VC、PE,或者通过新三板、股权市场进行股份出让。在整个过程中,领投人负责对项目进行尽职调查、项目考察、投后管理、项目分析等工作。大家投平台负责监督双方按照自己定下的规则去操作,投资发生风险后不需要承担相应的责任。最后,项目成功运作之后,大家投平台收取相当于项目融资额2%的费用。

（二）大家投融资模式分析

1. 融资流程

（1）填写计划书。创业者按照平台的要求填写商业计划书,填写融资额度等要求。

（2）项目审核。大家投对项目进行审核,审核项目资料是否齐全、项目估值是否合理、项目商业模式是否可行。

(3) 项目认投。审核通过的项目进入项目库,投资人如果看上这个项目,就可以选择去领投或者跟投。

(4) 投后管理。投资人认投额度达到创业团队的要求,项目融资成功,领投人为投资人成立一个有限合伙企业负责融资后管理。大家投平台每撮合成一个项目,就会抽 5% 作为平台的回报,费用中包括成立有限合伙企业工商注册代办与 5 年内报税年审费用。大家投同时推出针对连锁服务业(实体店投资方向)项目异地开店业务的专项服务。

2. 平台优势

(1) 降低投资人门槛。在国内首先创立旨在帮助初创企业股权投融资业务模式,单次跟投额度可以最低到项目融资额度的 2.5%,大大降低国内天使投资人的门槛。

(2) 项目融资为主体。大家投的业务模式(表 3.5)是以项目融资为主体的直接网络投资平台,与其他以创投为主体的社交网站在产品定位上存在根本差异。

(3) 商业计划书标准化。在用户体验上实现项目融资商业计划书的标准化,提升了投资人从众多商业计划书中挑选自己感兴趣项目的工作效率。

(4) 领投和跟投制度。大家投独创的天使投资行业对一个项目的领投加跟投体制,实现职业天使投资人与业余天使投资人共同支持创业者的行业格局。

表 3.8　大家投投资规则

领投人职责	负责项目分析、尽职调查、项目估值议价、投后管理等事宜
	向项目跟投人提供项目分析与尽职调查结论,帮助创业者尽快实现项目成功融资
	帮助创业者维护协调好融资成功后的投资人关系
领投规则	一个项目只能有一个领投人,领投人认投项目须经创业者确认同意
	领头人对单个项目领投最低额度为项目融资额的 5%,最高为项目融资额的 50%
跟投规则	注册众筹投资人,即可取得项目跟投资格
	对一个项目的跟投额度最低为项目融资额的 2.5%,最高为项目剩余未被认投金额
	对一个项目跟投后,创业者有权拒绝跟投人尚未付款的认投,但无权拒绝跟投人已经付款的认投
领投人激励方式	创业团队原始股东赠送股份给领头人作为激励股,具体比例双方自行约定

3. 盈利模式分析

股权众筹平台的收入来源于自身所提供的服务,绝大部分的众筹平台实行单向收费,只对筹资人收费,不对投资人收费。目前主流众筹平台主要盈利来源在于收取交易撮合费用(即交易手续费),一般按照筹资金额的特定比例来收取,普遍是成功融资总额的5%左右。增值服务主要指合同、文书、法律、财务等方面的指导工作,创业者可以把融资的所有事项都外包给众筹平台处理,而众筹平台会因此收取相应的费用。众筹平台的第三项收入则是流量导入,包括合作营销,广告分成之类的,这部分收入目前还较少。

(三)大家投存在问题分析

1. 存在法律风险

虽然大家投模式里有"成立有限合伙企业"的设计,但是仍然存在触犯非法吸收公众存款的嫌疑。

2. 业务模式存在道德风险

大家投的业务模式给集资诈骗行为提供了操作空间,项目发起人完全可以利用虚假的信息通过大家投平台进行圈钱,而领投人有可能被骗甚至是同谋。虽然大家投平台明确表示,若出现投资项目诈骗,大家投平台会对类似的违法犯罪行为承担责任,但仍存在很大风险。

二、天使汇

(一)天使汇简介

天使汇(Angel Crunch)成立于2011年11月,是国内首家发布天使投资人众筹规则的平台,也是中国最大的中小企业筹融资平台。天使汇旨在发挥互联网的高效、透明的优势,实现创业者和天使投资人的快速对接。截止2015年7月天使汇已为400多个创业项目完成融资,融资总额近40亿元人民币。平台上注册创业者超过10人,登记创业项目33000多个,认证投资人2200多名,全国各地合作孵化器超过200家。天使汇典型筹资案例有"滴滴打车"和"黄太吉煎饼"等成功项目。

最初,天使汇只是一个创业项目和投资人之间的信息中介平台。但是,很快天使汇借鉴了国外的先进经验,于2013年1月创造性地推出"快速团购优质创业公司股权"的快速合投功能,成功为创业项目LavaRadio募得资金335万元人民币,比预定融资目标250万元超出34%。这是国内第一个在网络平台上众筹成功的项目,也是天使汇完成的第一单众筹,从而使天使汇升级为众筹融资平台。为使读者清晰区分国内股权式众筹平台的异同点,对于天使汇股权式众筹平台的分析主要采用对比分析。

(二) 天使汇融资模式分析

1. 融资流程

(1) 注册天使汇并创建项目。天使汇总结投资人最关注的五项信息给创业者填写,包括:项目基本信息、项目团队信息、项目视频图片、项目大事件和项目优势。

(2) 完善融资信息。在融资前,创业者需仔细填写项目资金的规划与用途,这不仅让投资人放心,也是创业者厘清财务规划的契机。创业者需要提供的文件包括:资金用途、商业计划书和过往融资经历。

(3) 快速合投。创业者尽快签署快速合投协议,以便进入合投预热阶段;不断完善并宣传创业项目,当吸引到的投资意向达到本轮融资额的50%时,项目进入合投上线阶段,项目将有额外的展示空间,项目将第一眼被所有投资人看见。

(4) 确定投资名单。项目达到融资额甚至超过融资额后,创业者需要选择自己所需的投资人并在线提交投资人名单。

(5) 完成线下流程。成立有限合伙企业并设立银行托管账户,帮助创业者与投资人更好地监督项目资金顺利到账。

(6) 完成融资。签署有限合伙企业入股协议后,即完成本轮融资。

2. 平台优势

(1) 创新业务模式(O2O)服务。为提高融资效率,天使汇持续不断地进行投融资模式创新,"闪投"就是百变创投玩法的手段之一。截至目前,天使汇在北京共举办17期闪投,深圳1期、杭州2期,共163个项目成功路演,有近50%的项目当场获得超额认购,超募幅度最高达460%,有954人次的中国最活跃投资人参与其中。2014年天使汇正式步入正轨,公司连续开展了多方向的业务拓展,加强了作为股权众筹平台的服务深度。天使汇开始进行线下闪投路演活动(Speeddating),定期组织投资人参与天使汇筛选的路演,进一步现场进行对接服务,全程把控项目进展,由于线下沟通更加方便,且防止了跑单发生,在天使汇上融资成功的项目比例得到了显著提升。

(2) 开展创业咨询服务。2015年,天使汇开展了100×加速器活动,仿照美国 VC 模式,帮助优秀的创业项目团队进行一系列的培训。

(3) 设立跟投指数基金。2014 年 10 月设立天使汇跟投指数基金,为具有投资倾向的投资人提供一个新渠道和方式,吸引了大量天使投资人的关注。

(4) 线下线上宣传并进。2015 年成立 Dotgeek 咖啡馆以及创业大街的宣传巨屏。从线下将投资者聚集起来,提供活动沙龙、线下广告宣传等一系列服务,弥补了天使汇线下流量,使得线上线下并举。

(三) 天使汇和大家投的比较分析

天使汇和大家投的比较分析,见表 3.9。

1. 服务项目和盈利模式比较

天使汇以互联网为手段,为中小微企业提供全生命周期的金融服务,服务对象多是科技项目。天使汇的盈利模式,总体上是基本免费服务、增值服务收费。主要包括:一是为企业提供融资服务,融资成功后收取财务顾问费用,为融资额的 5%;二是提供信息化软件服务,比如公司治理软件等,收取较低的服务费用;三是提供增值服务和高级服务,联合第三方机构为企业提供更多的服务,比如法律服务、财务服务等。大家投服务对象不仅限于科技项目,主要还有连锁服务,服务具体包括提供所有文档服务与所有工商手续代办服务,以及提供有限合伙 5 年报税与年审服务。大家投主要盈利点在于收取项目融资额的 5%,对于投资人的投资金额和投资收益并不收取费用。

2. 投资人比较

天使汇对于合格投资人有严格要求:一是要具有天使投资经验;二是需要经过平台审核。而大家投对于合格投资人要求相对较低且不进行审核。在投资规则方面,两者平台都采用领投人规则,但是两个区别很大。天使汇更注重对领投人的激励:一是要求领投人至少参与投资过一个项目;二是对领投人发放项目 1% 股权的奖励和跟投人投资收益的 5%~20%。大家投则对领投人仅要求一定工作经验,在对领投人激励方面,大家投允许领投人和项目发起人协商股权激励,但是不允许将跟投人投资收益作为奖励。

3. 融资规则比较

项目融资时间:大家投要求 30 天内完成融资并且允许超额募集资金;天使汇对于项目融资时间没有具体的限制,但是不允许超额募集资金。项目资料和估值:天使汇把这部分职责主要交给领投人和发起人完成,而大家投对于项目资料部分会协助发起人共同完成,至于项目估值则由发起人和领投人决定。

4. 融资后管理比较

投资人持股方式:天使汇要求投资人10人以下通过代持协议方式,10人以上成立有限合伙企业方式持股;大家投则全部通过有限合伙企业方式进行。投资款拨付:天使汇是一次性将资金拨付给项目发起人,没有银行托管;大家投则有分期拨付和银行托管。

表3.9 天使汇和大家投对比

		天使汇	大家投
项目定位		科技项目	科技,连锁服务
项目融资时限		30天,允许超募	没有限制,不许超募
项目资料完善与估值		领投人协助完善项目资料与确定估值	平台方协助完善项目资料,估值先由创业者公开报价,议价由领投人负责
投资人要求		要求有天使投资经验,审核非常严格	没有限制要求,不审核
领投人规则	资格	至少有1个项目推出的投资人方可取得领投资格	有一定工作经验即可
	激励	项目创业者1%的股权奖励;跟投人5%~20%投资收益	只有项目创业者的股权奖励,具体激励股份不限制,由领投人与创业自行约定
	费用	平台收取投资收益5%	无任何费用,投资收益全归自己
跟投人规则	资格	尚未具体公布	没有任何限制
	费用	平台收取投资收益5%;领投人收取投资收益5%~20%	无任何费用,投资收益全归自己
投资人持股方式		投资人超过10人成立有限合伙企业,10人以下通过代持协议	全部通过有限合伙
投资款拨付		一次性到账,没有银行托管	可通过投付宝分期拨付,兴业银行托管
手续办理		提供信息化文档服务	提供所有文档服务与所有工商手续代办服务,还提供有限合伙5年报税与年审服务
平台收费		项目方5%服务费 投资人投资收益5%	只收取项目方5%服务费
项目信息披露		非常简单,没有实现标准化	完全实现标准化,要求项目信息披露非常详细
总结		专业投资人的圈子内众筹,普通投资者参与较难	门槛较低,普通投资者容易参与

三、案例分析

众筹咖啡,几家欢喜几家愁

国内首家"校友创业"主题咖啡馆——北大1898,于2013年10月18日正式成立了。这家通过众筹的方式筹建起来的咖啡店,它的发起人几乎覆盖了北大从1977级到2000级的所有学院、行业、专业,其中不乏北大许多的知名校友。

正是因为校友"关系营销"的创业模式,使得发起人之间自然而然地产生了较高的认同感和信任度,大大地降低了参与者之间的沟通成本和交易风险。然而想要成为1898的发起人却并非那么容易,发起人推荐的申请者必须通过执委会表决后方可准入。先入者在熟人推荐和执委会表决环节都会选择那些对自己和圈子更有价值的人加入,这两方面保证了进入圈子的人都是优质资源,也保证了圈子内部的互动价值与合作质量。

在运营上,1898咖啡馆还具有独特的会员"股东"化设计,即按照发起人的出资额返还等额的消费卡,在内部承认其股东的身份,且各自持有的股份完全平均,只由几位股东注册公司运营咖啡馆,其他股东的股份由注册股东代持。由此,发起人既是投资者又是消费者,还是传播者,也保证了每个发起人都是平等的,大大调动了发起人的参与积极性和主人翁精神。另外,1898咖啡馆还有许多有趣有效的玩法,例如股东值班制,咖啡馆要求每位股东每年要在咖啡馆值一天班,上午当服务员端茶送水体验,下午约朋友来聚会聊天。

在组织模式上,1898咖啡馆实施简单而独特的双层管理架构。第一层由执委会、监事会和秘书处组成,以服务股东为核心任务。第二层则由专职的职业经理人团队组成,以咖啡馆经营为核心任务,向执委会负责。在这一模式中,既兼顾了咖啡馆的经营,同时也使得股东们可以腾出更多时间做自己的核心业务。

在1898咖啡馆运营的一年之内共举办了超过300场的创新、创业相关活动,多位咖啡馆发起人以及校友通过这个平台大为受益,或是习得知识,或是获得融资,或是结识人脉,或是达成合作。更重要的是,通过这种全新的众筹模式,延伸出了更多的众筹组织,如金融客咖啡、若水合投、佳美口腔儿童口腔医院等等。

与之相反,并不是所有的咖啡馆都能像1898一样成功,比如HER

Coffee咖啡店,经营还不到一年就濒临了倒闭。这是一家由66位来自各行各业的海归人士每人投资两万元在北京郊外SOHO东区设立的。然而这66位发起人都有自己的本职工作,平时工作繁忙,无暇打理咖啡店。更重要的是,她们往往无从打理。由于参与众筹项目人数众多,在咖啡馆的运营后渐渐产生了权力分散、运营与管理混乱等问题,从而导致了咖啡馆发生了亏损。咖啡馆的负责人认为导致HER Coffee咖啡店亏损的原因还有店铺租金太高且因为没有烟道不能做饭提供简餐,限制了咖啡馆的发展,但这些问题本应该是发起人在店铺开业之前考虑到的。

思考讨论题

1. 通过对比以上两个结局不同的案例,试分析众筹咖啡店应注意哪些问题?

2. 结合案例分析股东结构对公司经营的重要性。

本 章 小 结

【重点回顾】

1. 股权式众筹(Equity Crowdfunding)是指项目在众筹平台上以入股的形式进行融资,另一种解释就是"股权式众筹是私募股权互联网化"。2014年12月18日,中国证券业协会网站公布了《私募股权众筹融资管理办法(试行)(征求意见稿)》。该征求意见稿就股权式众筹监管的一系列问题进行了初步的界定,包括股权式众筹非公开发行的性质、股权式众筹平台的定位、投资者的界定和保护、融资者的义务等。

2. 在传统风险投资模式下,创业者的融资渠道有限,往往处于相对弱势的地位,大多只有被选择权而无选择权,股权众筹与风险投资、传统私募股权筹资、股票市场筹资之间存在诸多异同点。

3. 我国资本市场从1990年至2014年,经过20多年的发展,资本市场已逐渐形成场内市场和场外市场两部分。其中场内市场的主板(含中小板)、创业板(俗称二板)和场外市场的全国中小企业股份转让系统(俗称新三板)、区域性股权交易市场共同组成了我国多层次资本市场体系。

4. 股权式众筹在国内发展非常迅速,随着京东、阿里、平安等互联网大佬的加入,股权式众筹行业更是迎来了井喷式发展,主要分为两大主流模式:一方面是以人人投、众筹客为代表的生活领域实体店铺连锁股权式众筹,另一方面是以京东、天使汇这样的高科技创业项目的股权式众筹。

5. 股权式众筹在我国化身为凭证式、会籍式、天使式三大类表现形式。

会籍式众筹具有圈子的性质,一般都是通过熟人融资,不成为股东;凭证式投资者则成为被投资企业的股东,两者均带有公益性质;天使式则有明确的财务回报要求。

【复习思考】

1. 股权式众筹在国内的发展迅速,政府和股权众筹平台都采用了许多方法来保护投资人利益,除了现有的方法你认为还有什么措施能保护投资人利益?

2. Seedrs 和 Crowdcube 的区别有哪些?你认为谁更有发展潜力?

3. 股权式众筹和新三板如何进行有效结合实现投资人退出?请查找有关资料后思考回答。

【延伸阅读】

1. 钟娟娟,潘旭华.国外股权众筹监管对我国的启示[J].法制博览,2015(9).

2. 李雪静.众筹融资模式的发展探析[J].上海金融学院学报,2013(6).

第四章　奖励式众筹

2013年最令人瞩目的自媒体事件——《罗辑思维》发布了史上"最无理"的付费会员制：普通会员，会费200元；铁杆会员，会费1200元，时间为两年。这一高调的众筹结果是，会员指标半天内售罄，成功筹资160万元。《罗辑思维》用奖励式众筹模式改变了媒体形态，体现了粉丝经济的巨大价值。在"粉丝"的运营上，与商品交易一样，众筹绝大多数是讲回报的，要么是经济回报，要么是精神回报。奖励式众筹也有自己的交换法则，投资方出钱出力，相应地，筹资方以等额或超额的东西回报你的贡献。

第一节　奖励式众筹概述

奖励式众筹从2007年开始活跃并强势发展成为目前最流行的众筹方式。这一众筹模式优先向公众展示智能硬件、艺术作品、私人梦想等产品，为优秀创业计划提供展示机会，让大众投资人了解各种创意产品。只要发起人充分展示自己的知识、能力和优势，就能为自己的创业想法获得一笔可观的资金支持。

一、奖励式众筹的基本情况

奖励式众筹，强调的是"众"，对于项目发起人来说，在产品的研发、生产、销售等环节都能达到"众人拾柴火焰高"的效果，对于支持者来说，可以获得超值的商品或荣誉感，并能激发支持者的兴趣和资助行动。为此，奖励式众筹的项目异常火爆，成功概率也很高。

(一) 定义及功能

1. 定义及回报方式

奖励式众筹(Reward-Based Crowd Funding)也叫回报众筹、产品众筹或预售式众筹,指项目支持人对于项目给予一定的资金或者其他资源上的支持,项目方回馈给投资者以相应回报作为奖励。这种奖励必须是非现金或非股权式的,大多为实物回报或者服务承诺,常用表现形式是以低于市场价的优惠优先购买新产品。有时这种回报仅是一种象征,也可能是由某投资人来提供:如会员资格、参与项目而得到的印有标志的 T 恤等。

奖励式众筹对于回报方式的限制源于两种理由:第一,非现金的回报方式避免所有权纠纷。奖励式众筹与股票交易不同,尽管投资者享受了项目产生的产品,但是项目的所有权应该完全属于项目发起者,该项目未来可能产生的收益应完全属于项目发起者;第二,非现金和非股权的报酬能够回避国家金融监管机构的审查,因为实物的回报方式与金融投资回报有明显的差别。项目不回报现金或股权,使得投资项目更像是一种购买行为,而不像投资行为,从而避免"非法集资"之嫌。

2. 特点及功能

奖励式众筹具有风险小、投资门槛低、回报特殊的特点,其在支持商品生产、活动举办上发挥了重要的作用,使得投资者能够以较低价格提前得到尚未量产的产品或参与正在筹划中的活动。而对于筹资者来说,奖励式众筹具有以下功能[①]:

(1) 发现创意:众筹处于产业链的最前端,可以最快速的发现和发掘有潜力的产品项目。

(2) 需求验证:通过用户的资金支持情况来验证项目是否符合市场需求,以期大大降低项目失败风险。

(3) 粉丝获取:提供天然的路演平台,即向大众演示产品、推介理念,从而帮助发起人获得产品的第一批忠实粉丝。

(4) 融资背书:众筹后的数据结果,将为项目获得进一步融资提供最强有力的说明。

(5) 融资合作:众筹网站也会根据项目筹资表现的数据,提供借贷、孵化或投资等金融服务。

---

① http://blog.sina.com.cn/s/blog_5937f90e0102v4hp.html.

因此,虽然奖励式众筹是融资方式的一种,但其核心诉求并不是直接的融资,确切地说它是一个"筹人、筹智、筹资、筹道、筹未来"的过程。

(二) 发展现状

众筹起源于国外,在美国,以 Kickstarter 为代表的众筹网站成为了创新的发源地。而众筹自进入中国以来,在短短的几年内,经历了快速的发展,取得了令人瞩目的成绩。

1. 美国众筹:发展成熟,仍需改进

自由女神像在建造过程中的融资模式被认为是奖励式众筹模式的雏形,到了 2009 年,这一众筹模式开始在国外迅猛发展。美国凭借全民创新意识和政府的大力支持,发展成为"世界第一众筹国家"。截止 2014 年,美国已拥有 450 家活跃的众筹网站,其中,奖励式众筹平台发展最为活跃,年复合增长率高达 524%,并孕育了三大知名奖励式众筹网站。

Kickstarter:最大、最知名的网站。Kickstarter 成立于美国纽约,是全球最大、最知名的众筹平台。在 2014 年中,超过 2 万多个项目在Kickstarter上获得了约 330 万人的参与和支持,募集资金达 10 亿美元,平均每分钟就能筹集到 1000 美元[①]。Kickstarter 众筹平台运作了很多优秀项目,Pebble 智能手表筹集到千万美元,创下众筹融资之最。

Indiegogo:所筹集资金直接分配给创始人。Indiegogo 最初专注于电影类项目,现已发展成为接受各类项目的众筹平台。有别于其他平台,Indiegogo 不对网站上发布的项目进行审查,支持者承诺支付的资金直接分配给项目创始人。若项目没有达到预定筹集目标,则由项目发起人决定是否退还已筹集的资金。

ZIIBRA:音乐的众筹平台。ZIIBRA 总部设在华盛顿州西雅图,它允许艺术家上传近期将要发布的作品并进行预售。参与其中的人数越多,则售价越低,此举旨在激励用户共享他们所买的唱片,并支持艺术家进行创作。

从筹资者角度看,奖励式众筹平台既是筹资平台,也是宣传平台。而投资者参与众筹的目的则不仅仅是为了得到产品,还有满足好奇心的目的。完善奖励式众筹平台的突破口应该立足于如何满足参与者的动机,同时使潜在参与者的顾虑最小化。

(1) 投资者的顾虑。如何应对支持者对"回报是否按时支付""筹资者身

[①] 数据来源于 Kickstarter 官网。

份的真假""回报产品的可靠性"等顾虑是奖励式众筹面临的难题。Kickstarter 和 Indiegogo 这两家平台均声明:当项目无法按时支付回报时,他们不负责任。这就意味着当成功筹资的项目延期或跑路,投资者的合法权益难以得到有效保护。

(2)筹资者的顾虑。很多奖励式众筹项目存在发起者经验不足、盲目乐观等问题。发起者大多缺乏经验,在产品质量、投放市场的方式、产品的推广宣传等方面缺乏运作能力。发起者对预期始终良好,而实际的情况是超过 60% 的项目不能足额完成融资。Kickstarter 2012 年的一项研究显示,其平台上的科技与设计领域 75% 的项目不能按期兑付回报。

2. 国内众筹:发展迅速,问题突出

随着"点名时间"网站的问世,奖励式众筹开始登上中国的舞台,凭借其投资门槛低,项目回报特殊的优势在国内众筹领域迅速兴起,如今已初具规模。

(1)平台类型分化。奖励式众筹具有综合性和垂直性两类平台,前者讲究产品的综合性和多样化,后者偏重于一类产品,注重平台的深度和专业性。目前,综合性平台以众筹网和追梦网为典型;垂直性平台有乐童音乐(2012 年开始,垂直于音乐领域)、点名时间(国内众筹先驱,早期偏文艺,现在逐渐去众筹化,垂直于智能硬件首发)等。

(2)超募概率较高。据《2015 年中国众筹行业半年报》统计,截止 2015 年 6 月底,我国拥有奖励式众筹平台 67 家,上线项目达 9830 余项,参与人数超过 400 万,项目成功率超过 60%(图 4.1)。从项目筹资情况来看,只有奖励式众筹项目的募集金额超过预期,捐赠式众筹项目的募资金额只达到预期金额的一半,而股权式众筹项目已募集金额离预期目标相去甚远。

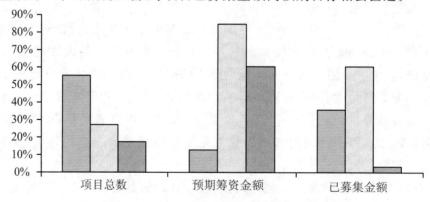

图 4.1 2015 年三种类型众筹指标对比情况

注:从左到右依次是奖励式、股权式和捐赠式众筹

（3）电商网站实力雄厚。除了独立网站经营众筹项目外，各大电商网站，如京东、淘宝也纷纷试水众筹领域，凭借广泛的人力资源和雄厚的资金实力形成了强劲的发展态势。

由表4.1可以看出，2014年度奖励式众筹项目TOP10中，排名第一的是京东众筹的智能温控器项目，总共筹资近1246万元人民币；排名第五的Smart Plug 2项目（筹资额达到540万元）和排名第十的魔力贴项目（筹资额达到333万元）属于点名时间；众筹网只有一个项目（全息手机）排在TOP10，共筹资376万元。而其余七项均属于京东众筹，并且包揽了前四名，筹资额度总和上亿元。可以看到，京东众筹作为综合类平台，实力雄厚，市场吸引力强，堪称业内龙头。

表4.1 2014年中国综合类奖励式众筹项目TOP10

项目来源	项目名称	项目类型	筹资金额（万元）
京东众筹	悟空i8智能温控器	智能硬件	1246
京东众筹	凑份子得房子11元1.1折	其他	1221
京东众筹	海尔空气魔方	智能硬件	1195
京东众筹	"三个爸爸"孕妇儿童空气净化器	智能硬件	1123
点名时间	Smart Plug 2：小k2代全能插座	智能硬件	540
京东众筹	萤石互联网运动摄像机S1	智能硬件	511
京东众筹	吻路由，一吻就连上	智能硬件	430
众筹网	Takee 1全息手机	智能硬件	376
京东众筹	小蛋智能空气净化器	智能硬件	351
点名时间	魔力贴magic Touch-全球最小的智能按摩贴	智能硬件	333

注：根据2014年12月31日前融资结束并成功的项目计入排名

虽然发展速度较快，但奖励式众筹在中国还处于模仿阶段，尚未形成具有中国特色、适应国内环境的发展模式，呈现出以下三方面的问题。

（1）盲目照搬国外经验

Kickstarter的成立源于创始人Perry Chen音乐梦想的碰壁。于是，国内的不少众筹组织者和筹资者盲目模仿Kickstarter的立足点和运营模式，试图以一段精彩的故事来吸引投资者的目光。然而，中美消费观念的巨大差别使得这种做法难以成功：美国消费者注重自我感受，对于新鲜的实物有强烈的尝试欲望，他们对于各种偏门的创意，无论是音乐、电影还是智能硬件都具有极大的兴趣，只要新意十足，即使产品还不够成熟，他们都愿意尝试和参与;而中国消费者由于经济水平和传统观念的束缚更注重产品的适用性和可行性,在众筹平台上获得成功的大多是居家实用的智能硬件,很少涉及文化和精神类的产品。

另一方面,美国的JOBS法案是第一部涉及众筹模式的法律文件,其对奖励式众筹的整个筹资过程都给出了详细的法律依据。而中国在这方面还是空白,并且对知识产权的保护很不到位,因此很多依靠独特创意的项目难逃被山寨的厄运,大大降低了项目的成功率。

(2) 扭曲奖励式众筹的初始功能

现在的众筹项目几乎成了"团购+预售"的代名词,国内的平台商和筹资者都把众筹平台当成了筹资的好地方,其实不然。众筹解决不了缺钱的问题,即使筹措到一定的资金,跟投入生产所需要的运营成本相比也是杯水车薪。以智能硬件众筹项目为例,受到跳票[①]现状、信用环境问题、用户消费习惯的影响,基本上走向了预售的道路。

对于创业者来说,众筹的最重要目的是获得种子用户,他们的意见、反馈会帮助产品的优化和完善,种子用户对新事物的接受度较高,对创业者更加包容,也愿意等待一个不完善的产品的逐渐改良——这正是众筹网站与团购预售的其别之一。可惜的是,以京东为首的大电商们都把众筹网站当成了预售平台,而并没有发挥其测试市场、宣传概念和吸引投资者的作用。

(3) 大电商试水挤压独立网站

从图4.2可以看出,追梦网、点名时间等独立门户网站,在京东和淘宝的挤压之下,融资规模占行业比均低于10%,大电商处于绝对优势地位。他们的试水无疑会影响整个行业的规则和走势,甚至造成马太效应,穷者更穷,富者更富。此外,京东众筹以智能硬件等科技产品为主,它在国内的强势发展将给"文化创意、清新文艺"的小网站(乐童音乐、追梦网)带来沉重打击,抢走了大量的关注度与流通量无疑会使小网站们难以运营。

(三) 融资模式

在运营过程中,根据回报方式及类型的不同,奖励式众筹产生了两种融

[①] 原本为金融用语,指因为支票账户内没有钱,银行无法兑现支票,遂把此空头支票寄还给支票持有人的行为。这里,无法在原定发售日推出的产品都可说是跳了票,有"延期发行"的意思。

资模式。

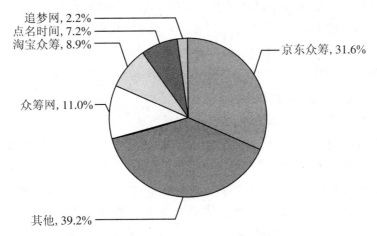

图 4.2　2014 年中国奖励式众筹行业融资规模占比

1. 奖励型众筹

项目的发起人在筹集款项时,应允投资者一个象征性的奖励作为回报,用具有吸引力的的创意或是自身的名气来吸引投资者投资。例如给予投资人 VIP 资格、签名海报、某种个人承诺或在产品上标注支持者的名单等。

2. 预售型众筹

项目发起人通过在线发布新产品或服务信息,对该产品或服务有兴趣的投资者可以事先订购或支付,从而完成众筹融资。该模式的优点是可以在一定程度上替代传统的市场调研并进行有效的市场需求分析,这不仅降低了前期的宣传成本,也使公司对产品的市场需求度有了一定的掌握。

预售型众筹案例:"快男"电影筹得 500 万。

"快乐男声"是湖南卫视的歌手选秀类节目,在 2013 年 9 月 27 号"快乐男声"决战当天,天娱传媒与众筹网宣布了一个"赌约",这就是影视类众筹迄今为止规模最大的一次——20 天内融资 500 万元拍摄"快男"纪录片。距离项目截止时间还有整整 24 个小时的时候,目标已达成,共有 2.8 万名支持者参与。其实,天娱是在用"预售"的方式测试电影的人气:考虑到"快男粉丝"的购买力,筹款等级定得并不高——60 元即可获得电影票和首映式入场券各一张,依此类推,最高级别是 1200 元,获得两种票各 200 张。这刚好与普通电影票对等,有点像是门票预售的概念。天娱传媒品牌中心经理赵晖表示,我们想要了解到底有多少观众愿意提前为影片购票。合作过程中,众筹网搜集、提供了大量出资人年龄、性别、地域的数字,让我们了解到"粉丝"的构成情况,这对影片后期的宣传发展是有帮助的。譬如:筹款最多的北京和广州肯定是要最早做首映礼,试映的场次也要多一些。

"快乐男声"电影的众筹项目,不仅是国内互联网金融与商业娱乐的首次成功跨界联姻,而且首次推出了"粉丝经济"模式。而众筹网站与"快男"电影的合作,说明商业娱乐产业完全可以利用传统生态领域中已建立的"粉丝"基础,投靠互联网,尝试多样化的融资模式。天娱传媒用预售测试人气,可以提前了解观众对电影的兴趣程度。

预销售的实质就是以消费者为中心,在将产品推向市场之前和在产品推介到市场的过程中,高度关注消费者的反馈和意见,从而对产品进行改进,最大限度地满足消费者的需求。最为重要的一点是,这些改进都是在产品问世之前,所以大大提高了产品的成功率和市场占有率。

奖励式众筹与团购预购有相通之处,但并不是同一种融资模式。团购预购是奖励式众筹的内容之一,并不是全部内容。二者都通过网上发布项目吸引参与者的支持,规定了参与人数及项目成功的要求,但相较而言,奖励式众筹在产品还未成型前就开始募集资金,因此消费者的等待时间更长,得益于此,商家可以获得真实有效的试产反馈,最大限度地满足消费者的个性化需求。具体比较见表4.2。

表4.2 奖励式众筹与团购活动的比较

	相同点	不同点	着重点	目的
奖励式众筹平台运营模式	1. 都通过在网上发布活动或项目来吸引大众参与者的支持。 2. 明确规定了所需支持者的人数(或金额)下限和截止日期。 3. 在规定期限内达到或超过预设的目标人数(或金额)下限时,活动方可生效,否则资金将被返还给项目支持者	1. 多了一些等待,就像团购加预定,支持者不能支付后立即获得发起者提供的回报。 2. 消费者的消费资金大幅前移,可提高产品生产和销售的效率,可以获得目前无法在市场上购买到的新产品。 3. 可获得真实有效的试产反馈,最大限度地满足消费者的个性化需求,降低产品的风险并减少资源浪费	预售环节	销售环节
团购网站		支付完成,卖家就可以安排发货,买家在一周内就可以收货	募集运营资金;测试需求	提高销售业绩

(四) 分布领域

奖励式众筹在一定程度上解决了工业社会标准化生产所带来的个性不足的问题,其产品和服务可以满足少数有特殊需求的人,是创新和梦想的聚集地。由于进入门槛较低,很多具有创意和梦想的人选择将项目发布在奖励式众筹平台上,项目涉及领域广泛。就国内外的情况来看,海外网站更注重研发、测试阶段的产品,国内网站则更注重生产结束、尚未进入大宗销售的产品。

1. 国内偏好实用型产品

图4.3给出了它在我国总体的活动分布情况。整体来看,奖励式众筹在各个领域的应用比较平均,社会事件类、电影和表演类各占18%,商业和企业类占16%,音乐和唱片类占11%,时尚类占8%。最受欢迎的5种众筹活动包括社会事件类、商业和企业类、电影和表演类、音乐和唱片类、能源和环境类,其中除能源和环境类之外,均广泛采用奖励式众筹。

由于国内的创新能力还比较低,目前出现的众筹项目多有模仿和山寨,真正新锐的创新产品凤毛麟角,与之相适应的现象是国内众筹支持者的水准普遍较低。中国大众学会家庭理财只是近几年的事,由于缺乏理论支撑和实践,大众的投资理念表现出两个极端:一方面非常投机,另一方面又极度厌恶风险。这导致投资人不太愿意拿出资金支持一些创新的理念和产品,而倾向于把钱投资在自认为的更"靠谱"的事情上。

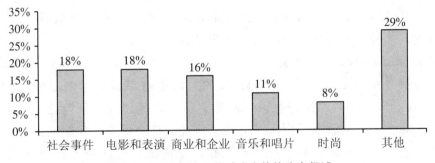

图 4.3 2014 年我国奖励式众筹的分布领域

2. 国外创意类产品备受青睐

在国外,奖励式众筹一般集中在智能应用及软件领域。例如,2014年上半年非常流行智能穿戴设备,于是几乎每一个众筹网站都在做类似于智能手表的众筹;而在 Entrepreneur① 独家发布的 2014 年众筹公司 100 强列表中,多达 39 家公司的分类属于"游戏"(包括普通游戏、视频游戏和桌面游戏),占比近 40%。软件开发领域有相对较多的交易在线上完成,而且开发者也更习惯于通过社交媒体发布他们的开发进度。

(五) 风险及防控

相较于其他几类众筹模式而言,奖励式众筹是法律风险最小的众筹模式。但是如果运作不够规范,则会使筹资方和投资方都面临风险。

1. 投资方:集资诈骗风险

奖励式众筹一方面体现消费,另一方面又兼具投资的性质,即合同里还有附条件返利条款。其中的附条件返利条款一般约定,如果投资人所消费的产品或服务的销售额达到一定数量,筹资人将向投资者返还一定的利润。但是这种利润不能是现金的形式,而只能表现为产品、服务或代表产品、服务的购物券等。基于这种性质,奖励式众筹投资方面临的主要是基于契约关系的民事法律风险,较少涉及刑事法律和行政法律风险。当然,若筹资人编造虚假项目,故意骗取资金则会诱导投资者陷入集资诈骗的风险。

最大限度地降低集资诈骗风险应注意不要触碰以下几条法律红线:

第一条:严格审查项目发布人的信息、相关产品或创意的成熟度,避免虚假信息的发布。

第二条:对募集资金严格监管,保证回报产品按约履行。

第三条:众筹平台不要为项目发起人提供担保责任。

如果奖励式众筹能够做到以上几个方面,严格恪守法律红线,则其完全可以避开非法集资类刑事或行政类法律风险。

2. 筹资方:知识产权风险

筹资方在专注于产品宣传和开发的同时更需要提高对产品的保护意识,放松对自己专利的保护意识可能是奖励式众筹最大的风险之一。把项目发布到平台上就给了别人模仿甚至抄袭的机会。即使发起人的创意独一无二也可能因被剽窃而一无所获。相对于传统渠道的公关营销,线上众筹需要发布更多的信息量才能吸引到潜在的投资者,因而也就给了投机取巧之士更多可趁之机。

对于比较独特的创意,建议考虑注册临时性专利,短期有效且不受到实

---

① 参见 http://www.entrepreneur.com/.

质性审查,然后再进行下一步计划;此外,发起人的实施速度要快。迅速推进,快速迭代,是吻合互联网时代产品思路的不二法则。这里的快速迭代,也包括在设计回报时,回报项目应该可以迅速兑现,以实现自身的口碑。对于跨度周期很长的项目,可以分解为数期项目分步完成。

二、奖励式众筹的运作

(一) 运作原理

奖励式众筹是预购加团购再加附条件返利的众筹模式,整个运作过程由项目发起人(筹资人)开始(图4.4)。首先,发起人要把筹资项目的内容发布到网站上,每个项目必须在预设的时间内获得至少目标金额的投资,否则会被下架并且不能获得任何资金;而投资者会选择自己感兴趣的项目,并投资力所能及的现金。项目成功后,网站将监督发起人执行项目,并确保在项目完成后能够按照约定向投资者们发放奖励,这就是奖励式众筹的运作原理。

就项目的募集期限而言,现在较为流行的是1~60天,通常,一个项目的募集资金会设定在30天左右。就典型的项目来说,一个理念成熟的募集项目会设定一个可以达到的目标,并且得到投资人30%左右的投资,这就是"30%资金点"的规则。经济学中有一个名词叫"羊群效应",它是指市场上存在那些没有形成自己的预期或没有获得一手信息的投资者,他们将根据别人的行为来改变自己的行为。理论上羊群效应会加剧市场波动,并成为领头羊行为能否获得成功的关键。而在众筹活动中,启动资金是保证募集资金成功的一个重要因素。实践经验表明,30%的资金点可以很好地鼓励其他潜在投资者的兴趣和筹资冲动,从而促使募集成功。

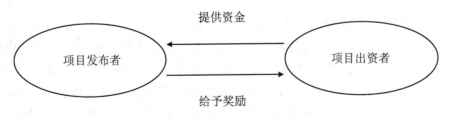

图4.4 奖励式众筹的运作原理

（二）成功经验

奖励式众筹平台孵化了众多成功项目，但失败的项目也不在少数。总结成功经验来看：一个好的项目固然是关键因素，但是事在人为，要成功筹集到项目预期的款项就需要在事前、事中和事后都做好充分的工作。

1. 项目发起前：慎重选择众筹模式

奖励式众筹平台不仅提供了筹集资金的渠道，同时也背负着公关营销、向大众传递产品和创意的使命。随着众筹平台的不断发展，抱有这种想法的企业家越来越多，但是，其中有太多人把众筹平台当作"一切问题的答案"了，很少有人思考选择众筹平台要注意些什么。

（1）适用性问题。并不是所有项目都适合放到众筹平台上去筹措资金。例如：第一，众筹项目大多直接面向消费者，以唤醒消费者的兴趣和热情来吸引投资，因此，对于面向企业的、去个性化的 B2B① 模式产品就不适合奖励式众筹这种募资形式；第二，资金需求量过大的项目不能完全依赖众筹融资。Pebble 手表的成功毕竟只是个例，超过 10 万元的项目应该更多考虑传统渠道的资金来源；第三，研发周期太长的项目不适合众筹，那些支持众筹项目的投资者多半是希望在短期内能看到实际成果的。

（2）机会成本问题。大多数众筹平台只会在项目达到或超过预期募集资金额时才会给予项目发起人资金使用权。越来越多的企业家抱着营销和测试市场需求的目的发起项目申请，以此降低自己的心理预期，但同时也忽略了项目的质量，由此增加了项目失败的可能，这其中的机会成本不应被忽略。

（3）宣传问题。古语"酒香不怕巷子深"在今天已经不那么适用了，前期的准备是一个奖励式众筹项目成功与否的关键，项目发起人应该设计好文案、视频、图片、宣传文稿等必要的营销工具，一旦发布就要迅速达成项目结果。

2. 项目发起时：专注产品本身

对于奖励式众筹项目的发起人来说，他们最容易犯两个错误：一个是计划不足，一个是实际产品无法达到支持者的预期。很多发起人都低估了在奖励式众筹项目中做计划的工作量以及实体运作中所需要的资源。如果一家公司通过预售开始了产品的生产，但却在开发进程中把资金耗尽导致无

---

① B2B 即 Business－to－Business，指企业间通过网络交换、传递信息，以此开展商业活动。

法交付产品,这是非常危险的情况,这将严重损害发起人的声誉和年轻的团队。

要想获得营销方面的成功,发起人不仅需要对类似项目做好前期调研,而且要让项目内容一目了然,用过去的销售数据或市场调研数据预测项目的前景,为投资人提供具有吸引力的奖励。以 Pebble 智能手表为例,为了吸引更多投资者的参与,以 Eric 为首的 Pebble 团队决定专注于开发手表。在项目筹资页面特意提到了为参与融资的投资者提供原型机,并可以提前为他们提供私人定制的服务,这使得人们思考手表上各种应用的可能性,众筹平台给 Pebble 搭建的不仅仅是一个销售平台,而是构建了一个社交群,并通过这个社交平台吸引到了众多天使投资者的关注。

3. 项目发起后:保持活跃勿松懈

很多项目的失败并不是因为项目本身不够精彩,而是由于发起人过早松懈,错失了扩大项目宣传影响力的最佳时期。以下几点是发起人在项目上线后需要注意的关键。

(1)建立一个强健的反馈环[①]。进行良好的支持者预期管理的最好方式就是不停地和他们进行对话,主动要求他们给出反馈意见,并把这种反馈机制融入到业务流程里面。发起人不能让支持者仅仅停留在"喜欢你的点子,讨厌项目的产品"这种浅层的关系上,而是需要有能力在事后明确指出为什么想法发生了变更、如何倾听支持者的意见以及如此行事的原因。通过这种机制,人们对于自己获得的产品是如何被制造出来的会有感同身受的体会,也就更理解发起人遇到的困难和付出的努力。

(2)保持公司的持续运营。实际中,很多创始人都会由于各种能力的不足而停止公司的运营。但对于面向大众的众筹项目而言,这么做的后果是很难承受的。团队配置是否合理、运营流程和配套的基础设施是否足以支持目标产品的交付、产品是否具备实质性的竞争优势等都对众筹项目的成败有着至关重要的影响。

(3)把支持者当作客户。发起人的一种普遍心态就是因为支持者把资金投给项目而把他们当作自己的粉丝,实质上,奖励式众筹项目的支持者在行为模式上更像是普通客户,他们的思考模式也异于创始人或普通投资者,他们预计自己会在截止日拿到产品的成品。虽然提供了资金帮助,但他们并不能帮助解决延期交付或其他问题。

---

① 参见 http://it.sohu.com/20140817/n403513798.html.

（4）做好产品定价。由于奖励式众筹项目的支持者在行为上更像普通消费者，因此发起人需要为他们和自己制定出一个都能认同的价格。如果发起人的目标是可持续性的，那么定价就必须覆盖掉包括生产、物流、售后在内的全部成本。有些人会采用不计成本的方式进行众筹，希望以此获得潜在顾客和风险投资者的注意。但这是一种既不负责也不具有可持续性的做法，如果定价不是从一开始就很透明的话可能会在未来引发巨大争议。

（5）和有经验的人沟通。与已经开展过众筹项目的发起人进行充分的交流，他们会提供顾客预期管理、顾客沟通和计划实际执行阶段的经验，分享知识、扬长避短有助于练就出与众不同的创始人。

三、奖励式众筹在中国的发展

上文从各个方面对奖励式众筹进行了介绍，可以了解到，这一众筹模式在中国已经形成了一定的规模，运作风险小且分布领域广泛。在互联网金融日新月异的今天，奖励式众筹将借力迎来更完善和更全面的发展。在此过程中，我们不仅需要解决问题，更要发挥潜力。

（一）全力解决发展问题

1. 众筹平台的角度

首先，最应该解决的当然是众筹项目成功率低且容易跳票的情况，要提高大众的信任度并努力优化项目的质量和整体的信用环境。除了筹资者自身的努力外，众筹网站要充分发挥其筛选、核准和监督管理的作用：淘汰难以评估性能的产品，不断改进开发的工艺，启动量产化的供应链，预售期结束立刻发货，用这四点去降低产品的跳票率。

其次，众筹的三个主体——筹资者、投资者和众筹平台，应该对"众筹"的概念有更准确地把握，对国外的成功经验要取其精华去其糟粕。结合中国的实际国情和社会环境，深刻理解众筹平台的最大意义是测试市场反应，收获理想的热度，发展种子用户而不是简单地筹集资金。目前，我国大多数众筹平台都仅处于初始阶段，我们首先要解决的是潜在用户数量小、产品忠诚度不高的困境。而开发运营众筹网站的关键是用户定位、开发和维护，要以市场为导向，以用户的价值为目标，而非直接照搬国外相关网站的成功经验。

最后，强化众筹的社交功能。这需要从三个方面把握：（1）众筹的初衷是在项目足以吸引人的情况下,通过社会众人的资金支持,帮助实现个人愿望,而这正是社交属性的体现;(2)基于朋友圈的强势社交环境提高项目的信任度,避免产品跳票、缺乏诚信的现象,优化整个众筹圈的信用环境;(3)社交平台上的项目具有较强的社会性、示范作用和传播度。项目发起人可以通过一个众筹项目结识一群志同道合、兴趣爱好接近的人,而项目一旦成功,其传播性和轰动性将借助群体的力量得到更优化的体现,使得类似项目具有可复制性。未来,众筹的社交化应该是大势。

2. 政府的角度

在宏观方面,政府应该更加重视奖励式众筹对解决中小企业融资难问题的重要意义,建立健全立法执法,对众筹各环节可能出现的问题进行细致规范。为了助力奖励式众筹的发展,国家应该努力营造出适合行业发展的市场氛围。

(1)重视发展意义

2013年10月份世界银行发布众筹潜力报告指出,中国将成为世界上众筹发展最具潜力的地区。估计到2025年,中国家庭将拥有500亿美元的资金可支配于众筹平台,这一数字占到世界上发展中国家可支配在众筹平台的50%以上。中国众筹的发展潜力是广阔的,尤其是针对创业型企业融资难的问题,奖励式众筹不失为一种途径。此外,奖励式众筹对扩大就业、推动经济增长、增加国民收入具有重要意义。

(2)营造发展环境

美国奖励式众筹的快速发展,得益于美国良好的众筹发展环境。尽管我国众筹的发展潜力被世界看好,但作为一个典型的发展中国家,我国众筹的环境还不太成熟,奖励式众筹尚处在起步阶段,当前的众筹融资规模还比较小,还有许多需要完善的地方。奖励式众筹在中国是新生事物,发展时间比较短,需要政策的扶持。一方面,我国对奖励式众筹应该持有一种适度开放的态度,鼓励其创新;另一方面,我国需要进一步完善社会信用体系建设,保护其创新。

(3)加强监督审核

强化项目审核和监督是美国奖励式众筹持续发展的重要手段。我国应该设立监管众筹平台的专业部门,加强对项目的审核能力建设,通过多种渠道对筹资者发起的项目进行严格的审核,保证项目的真实性,防止筹资者欺诈投资者。

（二）全面发挥发展潜力

尽管有众多众筹项目都遭遇了失败,但众筹模式仍是未来的重要方向。随着运营模式的进一步成熟,法律监管的全方位严密,奖励式众筹模式很可能会在未来成为初创者获得资本注入的主要来源之一。目前,商业社区对众筹模式的接受速度非常快,很多传统风险投资者都对股权式和奖励式模式下完成众筹的初创项目进行了后续投资,这说明部分项目的发展前景具有相当的吸引力。

发展中国家因为自身发展原因必将成为众筹的蓝海。就中国而言,奖励式众筹主要集中在特定领域(如艺术类和活动类)内,尚未渗透到技术性众筹中去,这与早期发达国家的发展情况相似。而这类低风险低投入的众筹可以成为一种有效的演示工具,使得更多的企业利用该模式进行产品的研发和推广,更多的投资者用这种生动的方式参与到项目活动中来。此外,从长远来看,四大优势将进一步助力奖励式众筹在中国的发展。

1. 巨大的人口基数

由于众筹的资金筹集方式相较于传统融资方式更加分散,因此巨大的人口基数除了能提供足够的资金支持外,还能通过参与者的数量来减轻单个参与者的众筹额度,从而大大减低投资者的风险。

2. 更有效的投资手段

我国金融体系相对不完善,融资手段匮乏,使得小微企业普遍面临着融资难和融资贵的问题。而众筹可以提供一种高效、透明且直达的服务,它让资本快速流动到需要资本的地方,最大化资本的运作效率。

3. 更高的投资收益

投资对经济增长的贡献不言而喻,作为一种有效的金融工具,奖励式众筹能够和其他众筹方式一起,更有效地帮助本国人提高投资效益。

4. 侨民众筹

中国巨大的侨民规模将助力奖励式众筹的进一步发展。Homestrings(投资平台)已经证明,网络捐助平台可以引导侨民投资转回国内,由于他们通常拥有高于本国的收入,由侨民所带来的众筹将是一股不可小觑的力量。

现在,众筹模式的真正推动力来自于众筹可以通过数字网络更有效地完成资金池的募集。随着越来越多人的加入,众筹模式将会变得越来越普及。奖励式众筹模式不仅允许人们以投资人或者早期用户的角色介入一个项目,它还为全新的产品和服务创造了更大的资本获得空间。而今,奖励式众筹模式已经形成了强有力的趋势,未来它将获得巨大的发展。

第二节　国外奖励式众筹的经典模式

国外奖励式众筹平台有两个很重要的代表——成立于2007年的Indiegogo和2009年的Kickstarter。相较而言,前者开放性更强,后者对项目的要求更高。作为奖励式众筹平台的领头羊,Indiegogo和Kickstarter的融资模式成为其他平台借鉴甚至模仿的对象。

一、Kickstarter

Kickstarter(图4.5)这个做投资的网站,区别于一般VC、PE的大型投资公司,它并不是为网站自己提供资金,而是为筹资人和投资人搭建桥梁,鼓励创新项目的开发。目前,Kickstarter只允许美国、英国和加拿大的用户在平台上发起筹资项目,但项目投资者可以来自世界177个国家,全球覆盖率达到90%。

(一)平台介绍

1. 发展起源

Kickstarter于2009年4月在美国纽约成立,是一个专为具有创意方案的企业筹资的众筹网站平台。网站创意来自于其中一位华裔创始人Perry Chen,他的正式职业是期货交易员,但因为热爱艺术,开办了一家画廊,还时常参与主办一些音乐会。2002年,他因为资金问题被迫取消了一场筹划中的在新奥尔良爵士音乐节上举办的音乐会,这让他意识到资金对初创者的重要性,进而就开始酝酿建立起一个募集资金的网站。在Yancey Strickler和Charles Adler这两位联合创始人的共同筹划下,2009年4月Kickstarter终于上线了。网站经历最初两年的不温不火,在2011年迎来了暴涨。而在2012年,Kickstarter总融资项目是3.2亿美元,投资人数达220万人,成功项目有1.8万多个,平均每分钟资助者会捐出606.76美元;2014年参与人数达到330万人,2.2万个项目获得成功,募资总额达到3.62亿美元。

凭借出色的表现,时代周刊评Kickstarter为2010年最佳发明之一;

2011年,授予该网站年度最佳网站称号。

图 4.5　Kickstarter

2. 发展目标

Kickstarter自成立以来一直奉行同一个目标:"To help bring creative projects to life"。Kickstarter致力于支持和激励创新性、创造性、创意性的活动,并以目标的完成情况来衡量公司的效益,而非盈利情况。公司通过网络平台面对公众募集小额资金,让有创造力的人有可能获得他们所需要的资金,以便实现他们的梦想。

Kickstarter提供了"有创意、有想法,但缺乏资金"与"有资金,也愿意捐款支持好创意"的平台。Kickstarter认为,一个好的创意,通过适当的沟通,是可以快速地广为流传的;同时,集结众人的力量来汇集资金与精神上的鼓励,可以让发起人更实际也更有勇气去实践自己的好想法。目前,Kickstarter的团队共有118人,其中有一半人的工作与产品直接相关,负责设计、编码等事宜;另一半人则负责社区工作,为发起人和投资者搭建桥梁、解答疑惑。

在创新理念的支撑下,Kickstarter广泛吸纳13个类别的创意性活动,包括:艺术、漫画、舞蹈、设计、时尚、影视、食物、音乐、游戏、摄影、出版、技术和喜剧,从这13大类中又衍生出了36个小类。上线项目大多与艺术有关,并且倾向于新奇的硬件筹资,其中音乐类成功项目最多,游戏类筹到的钱最多。在Kickstarter上筹资成功的项目有很多展现出了骄人的成绩:2012年,全世界首屈一指的独立制片圣丹斯电影节上有10%的电影都是在Kickstarter上拿到钱的,最终有19部入选,4部拿到了大奖;此外,获得奥斯卡提名的《新巴格达事件》已经是Kickstarter上第二部拿到奥斯卡提名的电影。

3. 发展优势

Kickstarter并不是第一个做众筹的网站,同样的融资模式下Kickstarter

用独特的方式来突出自己。

（1）严格的项目质量理念。发布在网站上的项目会事先经过 Kickstarter 人员全方位地评估，审核和筛选，以提高项目在网站上的成功率，Kickstarter 严格的质量理念弥补了低门槛所致的项目泛滥的问题。现在在网站上发布的项目都独具风格，浑水摸鱼者甚少。

（2）完整的筹资方案。网站为每一位项目筹资人提供了全方位的介绍创意产品的方案，从视频到创意阐述，再到设计原型等。这一套方案使得筹资人能够清晰地表达出自己的产品理念，能够通过网络平台实现与投资人的有效沟通。

（3）All or Nothing 机制。网站要求每一个项目筹资人预先设定他预计的筹资金额和筹资时间，若在筹资时间之内达到项目预定筹募金额，则可以提取出全部资金；但如果筹资失败，会返还资助人的全部资金。这样的机制能让每个项目都能在生命期内保持一定的活力，由优胜劣汰的用户选择来决定每个项目的前景。

4. 优秀项目

Kickstarter 为创新项目创造发展机遇，为处于资本挣扎边缘的创业者提供了前所未有的机会。他们不再需要去寻找投资商、企业、工会或者非盈利组织，而是直接面对感兴趣的公众。在全球众筹融资最高的 30 个项目中，最高的接近 5000 万美元，在超过 200 万美元的项目中，Kickstarter 占了 26 个。表 4.3 梳理出了 KickStarter 成立至今最成功的十大项目。

表 4.3　KickStarter 上最成功的十大项目

产品名称	产品功能	筹资金额（万美元）
Pebble Time	手表	1343
Coolest Cooler	便携式冷藏箱	1328
Pebble 智能手表	手表	1027
Exploding Kittens	桌游	878
Ouya	游戏	860
Pono music	音乐播放器	623
The Veronica Mars movie project	电影	570
Reading Rainbow	电视节目	540
Torment: Tides of Numenera	CRPG 游戏	418
Project Eternity	RPG 游戏	399

表中项目多涉及文化、艺术、科技创意领域,而在 Kickstarter 上筹资成功的项目中,以该三类为主题的项目融资成功率最高,这也成为网站的核心竞争力。

(二) 融资模式分析

1. 平台优势

从项目筹资人角度,人们为什么愿意在这样一个平台上发布自己的创意想法?

(1) 申请自由度高。目前在 Kickstarter 上发布项目的大多都是一些属于个人创意的中小型项目,这一类的创意想法可能无法得到专业投资者的研究调查继而获得创业资金,而 Kickstarter 提供了一个向公众展示自己创意并且筹集资金的平台,筹资人只需在网站上发布自己的创意项目,不需要投行等的繁琐包装。Kickstarter 所赋予筹资人的极大自由度,使得中小型项目筹募资金成为可能。

(2) 获得项目改进意见。在 Kickstarter 上展示项目筹集资金的过程中,健全和开放的用户反馈平台能够集思广益,得到许多产品潜在用户和投资者的指点和建议,这对于尚未投入市场的产品来说是收集改进方法的重要渠道。

(3) 预期市场。通过事先在网络上发布自己的产品信息,可以收集较为真实的市场反应,在投入市场之前获得宝贵的产品经验,对市场有较为真实的预期也是诸多筹资人愿意在 Kickstarter 上发布项目的原因。

从投资者角度,人们为什么愿意资助 Kickstarter 平台上的项目?

(1) 市场主导。"将用户转变为资助人"这种理念使用户能够决定他们想要的产品是什么样的,能够通过意见和建议来导向产品的形成和生产,将用户需求与设计人员直接牢固地连接到一起。

(2) 投资回报。与广义的投资回报不同,Kickstarter 上的投资回报一般可能是一张明信片,最终产品可能是一件纪念 T 恤,而并不是强调回报率的金钱回报,而这些往往更能打动投资者继续对网站上的项目进行投入。

(3) 学习机会。投资人中不乏新项目的潜在发起人,对于他们来说,资助 Kickstarter 平台上的项目是一个学习别人项目实现过程的不可多得的机会。投资者和项目发起者在网站上的角色转换也是 Kickstarter 上的一大亮点,大家在同样的平台上相互帮助、互相学习。

2. 融资流程

作为一个众筹平台，任何符合要求的人都可以在 Kickstarter 上向某个项目捐赠指定数目的资金，网站只收取很低的佣金，门槛低到了不能再低。

在 Kickstarter 上发布项目的流程一般按照图 4.6 所示。首先，发起人要填写对项目及团队的介绍，让大众了解到项目的内容和意义；接下来，Kickstarter 会进行项目的审核，并对发起人的身份信息及项目类型进行验证，如果通过审核，项目将有资格进行公开开放并进入筹资过程。而对项目感兴趣的投资者就可以量力而行选择投资金额，不同的金额自然对应着不同的回报；最后，项目发起人是否有资格使用筹集到的资金取决于预设的筹资额是否达到。按照众筹的一般规则，在 Kickstarter 上发布的项目拥有1～60天的募集时间，且募集资金达到或超过预设目标时才能拿到募集款项，否则就要全额退还给投资者，这就是"all or nothing"（全部或者零）的规则。

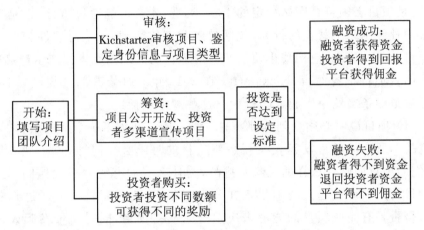

图 4.6 KickStarter 奖励式众筹运作流程

3. 盈利模式

Kickstarter 平台的融资模式中涉及四个主体——项目发起人（资金需求者）、Kickstarter 融资平台、项目投资者（出资人）、Amazon 公司。这四个交易主体间的相互关系如图 4.7 所示。Kickstarter 为项目发起人提供融资平台，同时也给投资人提供了项目的信息。项目上线时候，投资者对感兴趣的项目进行投资，并将资金汇入第三方支付平台 Amazon 公司。若项目融资成功，Kickstarter 平台将对 Amazon 公司发出付款指令，资金汇入项目发起人的账户，同时收取 5% 的手续费；反之，若融资失败，Amazon 公司将把资金全额返还给投资者，项目宣布以失败而告终。

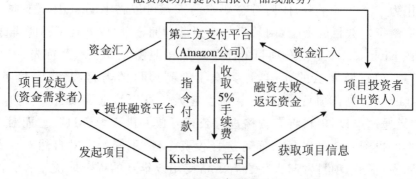

图 4.7 交易主体间的关系

4. 管理规则

项目发起人要服从网站的管理模式,在申请项目时要遵循以下三大原则:一是项目必须符合网站规定的 13 个类别,才有可能通过审核;二是发起人必须杜绝网站上禁止的行为,包括慈善和宣传活动;三是对硬件和产品设计项目的额外要求,包括禁止使用照片般逼真的效果图和模拟演示产品等。

而就项目本身而言,Kickstarter 在 2012 年 9 月修改部分规则,期望以更加规范的条文约束发起人的行为。这些规定包括:

(1) 项目说明必须谈到"风险和挑战"。网站增加了一个新的条目"风险和挑战",所有的项目发起人在开始新项目的时候必须回答如下一些问题:"我们的项目面临什么样的风险和挑战,为什么我们有能力战胜他们?"这样做的目的是强调发起人的项目正在开发过程中,投资者就可以通过判断发起人是否具有完成项目的能力来决定是否支持项目,同时衡量发起人是否开放和诚实地面对他们将要面对的挑战这两个角度来决定是否进行投资。

(2) 新硬件和产品设计项目指导意见。新的产品开发对项目发起人来说非常复杂,而对支持者来说特别有吸引力,所以对硬件和产品设计增加额外的指导意见[①]。同时,网站还增加了对硬件和设计项目的指导要求:禁止对同一个产品提供不同数量的奖励;硬件和设计产品必须仅仅提供一个产品或者一个合理的打包产品(比如有些产品需要成对使用,或者几个搭配使用)。这是因为开发新硬件产品是非常复杂的过程,而提供大量的产品数量

---

① 这些意见包括:禁止进行产品的模拟演示,即项目不能演示未来这个产品可能会成为什么样,而只能展示他们现在的开发状态;禁止进行产品的渲染和模拟外观设计,必须只能显示现有的产品原型的照片,产品必须以它们现在的样子展示出来。

可能会误导支持者,产生一种产品已经整装待发和完成度极高的错觉。

(三) 成功原因分析

越走越远的 Kickstarter 不仅拥有相对固定的用户群体和影响力,在众筹界乃至整个投资行业也都建立起了自己的品牌口碑和优势。目前,除了美国、加拿大、英国,Kickstarter 计划在澳大利亚、新西兰推出服务,同时扩展亚太地区市场。虽然还没公布确切的推出时间,但"Kickstarter 学校"活动的推广已经在进行之中,该项目的出发点是指导当地创业者,并了解当地人更感兴趣的项目类型。那么,KickStarter 获得成功得益于哪些因素呢?

1. 适应了时代发展的需要

后危机时代,尽管美国采取了较为宽松的货币政策,但对于中小企业而言,特别是处于初创阶段的企业来说,融资难是其需要解决的首要问题。金融危机前,美国银行业的净利息之差分别是 3.31% 和 3.29%,然而金融危机之后,供不应求的贷款供给使这一比例逐步上升,并维持在较高水平。位于竞争环境中的中小企业则由于破产比率高、信息不对称等原因成为了美国信贷的牺牲品。在融资环境急剧恶劣的情况下,一种顺应时代发展、适合中小企业的融资方式应运而生,奖励式众筹作为一种公众小额集资方式的出现无疑活跃了美国的资本市场,给美国人民带来了新的希望。

2. 美国法律监管规范化

尽管面临着众多的质疑和问题,但从解决失业等公共事业的角度来看,众筹利大于弊。2012 年 4 月 5 日,奥巴马签署 JOBS 法案,使其正式成为法律。随着法案的通过,众筹以更加多样化和规范化的形式在美国得到良好运行和发展。从保护投资者的角度,法案又分别对众筹的发行人和提供相关服务的中介机构提出相关明确而详细的规定,为众筹的正确发展提供了更多的保障。正是这种预见性的制度规范,Kickstarter 才能够顺应时代在美国良好发展。

3. 充分的预估和融资等级划分

一个项目融资成功的决定因素是完成预先设定的融资额度,那么在项目发布之前融资人就要确切地了解项目所需的最低融资额,同时要考虑到融资时长以及不同的出资数会获得的不同回报,在这几个方面中最重要的就是融资人把捐助额分为哪几个等级会更吸引捐助者。Kickstarter 的众多成功项目验证了 50 美元是一个最容易吸引捐助者和获得捐助数最多的等级。低融资额、低投资额是众筹网络融资模式的最大特点,而充分的项目资金预估和融资等级划分是一个众筹融资项目成功的决定因素。

4. 媒体的高度关注

Kickstarter作为美国最大的众筹平台从建立之初就一直存在于网络及媒体的视野之中,并且每当网站到达一个新的高度时,就会有众多媒体为其宣传。此外,关于网站上项目的介绍也常常是媒体的宣传内容,原因是项目融资人会灵活地根据媒体的偏好向他们介绍自己项目的价值之所在,为他们提供新闻素材。这种主动与媒体进行沟通的方式,不仅能够让公众更好地了解该项目,而且能够更多地宣传项目和产品,为其融资提供更好的条件。

(四)发展问题分析

最近,Kickstarter对网站规则进行了修改,目的是为了解决用户对项目质量的诟病。在大众投资者眼中,Kickstarter也存在不少问题。

第一,项目炫酷的宣传视频几乎与电视直销无异。目前,投资人对于Kickstarter上面项目的了解几乎都来自于发起人录制的3~4分钟的视频,而随着Kickstarter上的项目概念越吹越大,从开始的简单物联网传感器项目、手机或iPad配件,逐渐扩散到了数字家庭系统、游戏主机、催梦机、社交手表等大型的复杂应用上,投资人在电脑前,仅凭制作者精心花费精力准备数周乃至数月的充斥特效和专业参数的视频来决定是否投资,这无疑是一种不公平。

第二,创意者与买单者存在严重的信息不对称。做的是一台便宜的3D打印机,买单的是从未接触过3D打印的设计师;做了一个号称能帮你快速入眠的设备,而买单的人却可能从未听说过还有助眠机器这种东西。大量的缺乏靠谱的疑似"伪科学"的产品在Kickstarter上找到了热土,没有经过官方或正统检测机构的检验,就轻易地撬开了用户的口袋,这是因为买单的大众在听故事的过程中,难以鉴定创意者的人是否有能力将其实现,或具备专业的知识。相比之下,在传统的产品开发方式中,不具备能力的人根本没法走到募资阶段。

第三,售后和服务费用无明确说明。用户在实体店中购买的很多电子产品之所以比想象的贵,一个重要的原因是它们包含了售后和服务的费用,但是对于Kickstarter上面的产品来说,几乎鲜有产品能够提供关于售后和服务的承诺,这对于投资人来说显然是不公平的。

第四,平台性产品刻意忽略对生态环境的风险评估。即使Kickstarter

成功打造出最高配置的游戏机或机顶盒,或者是智能家庭网关,也并不意味着能够说服一堆高质量开发者或应用开发商来打造足够的生态环境,即使是 HP,也没办法为它的 WebOS 争取到足够的开发者。

随着大众对众筹模式的熟悉,更多的用户会由关注 Kickstarter 实现梦想的能力,到关注平台项目的质量。如何改善目前存在的问题成为 Kickstarter 面临的重要课题。

二、Indiegogo

Indiegogo 成立于 2007 年,是仅次于 Kickstarter 的第二大奖励式众筹融资平台。通过汇聚来自世界各地人们的资金,提供给那些优秀的艺术事业或者初创小公司。过去两年,Indiegogo 获得高速增长,它的募集资金来源遍布全球 190 个国家,众筹资金增长了 10 倍。在 2014 年 1 月,Indiegogo 成功进行 B 轮融资 4000 万美元,相比 2012 年 A 轮 1500 万美元的融资,增长了近 167%。

(一) 平台介绍

1. 发展起源

当众筹的概念初露端倪时,Indiegogo 现任首席开发官 Danae Ringelmann 在 2001 年就有了社会化融资的想法。融资难、融资慢的问题困扰了众多创业者和中小企业,由于所有的金融资产分配地决定权掌握在某些个人手中,而他们最终却阻碍资金的自由流动,融资就被这道决策门槛所阻碍,要解决这个问题就要分散决策权。2006 年,Danae 退出金融界,转而投入到改善融资困境的尝试中。起初,Danae 的构想是成立一家为电影和戏剧筹资的公司,而公司的联合创始人 Slava Rubin 和前任首席运营官 Eric Schell 认为互联网的方式更具有挑战性。eBay、You Tube 和 Twitter 已经让交易、视听和言论去中心化了,因此,人们相信互联网也能够让融资去中心化。

2007 年,Indiegogo 的测试版正式推出了,这之后,"融资普及化"(democratize finance)成了 Danae 在公开场合提及最多的术语。短短两年内,Indiegogo 已经吸引到包括维珍集团创始人理查德·布兰森(Richard Branson)、谷歌商业发展副总裁梅根·史密斯(Megan Smith)、Paypal 联合创始人马克思·莱夫臣(Max Levchin),以及 eBay 前 COO 梅纳德·韦伯

（Maynard Webb）等重量级投资人。

2. 发展目标

Indiegogo的成立是为了"帮助个人、团体和非营利性组织在线融资，让他们的优秀想法变成现实"，平台呼吁"对你而言有意义的事情，现在就行动起来"（图4.8）。在这一理念的支撑下，Indiegogo为各领域项目提供上线机会，包括科技、电影、小型商业、社交、音乐、教育、设计、环境、健康及广播/视频等，而这些项目归纳起来就是三类：创业/发明、创意/艺术、其他个人梦想/社会项目。

图4.8 Indiegogo

3. 发展优势

作为最早的也是最大的全球型众筹网站，Indiegogo为任何地域、任何有需求的人提供融资平台。Indiegogo形成了具有自身特色的发展优势，帮助它在竞争日益激烈的今天拥有一席之地。

（1）项目零审核。Indiegogo不会对欲发起融资的项目进行严苛地审查以决定哪些可以上线而哪些不具备资格，这使得创业者们可以随时在平台上发布项目实施融资计划。同时，Indiegogo给新产品提供一个展示的舞台，让它们寻找改进的方法：一方面检验产品的报价是否为大众接受，另一方面检验产品功能是否受欢迎。

（2）全球联网。Indiegogo具有广博的包容性，不仅对项目没有束缚而且对筹资人所在国家也没有限制。来自世界各地的人都可以申请账号进行融资或投资操作。目前，Indiegogo已经吸引和聚集了超过了196个国家的10万个项目，缔造了无数成功的案例。

（3）用户至上。在Indiegogo的工作团队中有一部分人专门对潜在的项目发起人负责。他们会在第一时间解答用户关于众筹的问题，并给出专业的建议，让用户切身感受到来自Indiegogo平台的帮助。

（4）用移动众筹做全球生意。2014年初，Indiegogo在B轮融得4000万美元用以加速国家扩张。同年7月，Indiegogo上线了首款IOS应用，这不仅是Web体验向移动端的迁移，更是贯彻了"移动优先"的原则，在手机、平板等移动设备上打造更定制化、更优质的体验。从此，投资者客户端不仅可以自主搜索喜欢的项目，系统还会提供个性化的推荐；而融资者客户端则被赋予几乎全权管理筹资活动的权力：实时查看捐助额、评论、发布信息与照片等。

4. 优秀项目

开始,电影和戏剧是 Indiegogo 的主力军,平台曾帮助电影《Dear White People》和《Life Itself》拿到资金,这两部电影最终在圣丹斯电影节上大放异彩。而在过去几年,智能硬件快速崛起,最初专注于电影和戏剧的 Indiegogo,也开始扩展其生态系统,更多地关注硬件众筹项目,培育了 Misfit Shine、Canary 和 Ubuntu Edge 等明星产品。其中,Canary 融资 1281 万美元,虽然未达到预期目标但也创下了吉尼斯世界纪录,成为众筹项目中融资最多的项目。

表 4.4 梳理了在 Indiegogo 平台获得成功的部分优秀项目,这些项目来自于各个领域,体现了 Indiegogo 广博的包容性。而在平台上线项目中,不少社区公益类项目获得了成功:资助生病儿童、音乐人,帮老人改善生活、照料动物等。这些公益项目的成功得益于 Indiegogo 平台的高度容纳性和透明性。

表 4.4 Indiegogo 各领域的优秀项目

项目	类别	融资金额(美元)	超募率
Misfit Shine	智能硬件	846675	847%
Generousity fundraise	社区公益	78586	158%
Life Itself	电影	153875	103%
MVMT watch	时尚	219898	1466%
Peanut butter	食品	69518	107%
Smosh Dominates	游戏	258517	104%
The Kings	音乐	149483	428%
Code. org	教育	5016372	101%
RocketJump	广播	898144	120%

(二) Kickstater 和 Indiegogo 的比较分析

Indiegogo 的融资模式和 Kickstarter 大体类似,其中的区别体现在一些规则的限定上;而 Indiegogo 的成功一方面受益于其有别于 Kickstarter 的市场定位,另一方面也受限于此。

1. 在融资模式方面的区别

(1) 在盈利模式方面,Kickstarter 对成功项目收取 5% 的手续费,而

Indiegogo只收取4%。

（2）Kickstarter对项目实施"全部或零"的规则，而Indiegogo的募集者可以自行设定募集战略："全部或零"模式或者"灵活资金模式"。后者指融资在规定的时间只要获得初始数目的部分金额，项目就可以进行，但费用将上升到融资额的9%，同时，所有承诺给支持者的奖励必须百分之百兑现，这也被称为"弹性计划（flexible project）"。Indiegogo通过向达不到目标的项目收取更多手续费的方式来鼓励项目发起者吸引投资人：如果在规定时间获得至少等于初始数目的钱款，那么项目拥有者只需向官方缴纳4%的手续费，否则这个比例将窜至9%。而Kickstarter则采取"一刀切"的方式，即任何无法在有效时间内达到目标的项目必须把钱全额退还给支持者，这使得Kickstarter的用户压力倍增，但也因此排除了很多质量较低的项目，从而提高了Kickstarter的项目成功率。

（3）Kickstarter用一个募集项目管理模式。准备在Kickstarter上融资的项目必须通过其管理模式的审核，有一些类型的募集项目会被Kickstarter的管理项目自动拒绝；而Indiegogo把项目好坏、是否具有潜质的决定权交给了大众，从这个角度看，Indiegogo更纯粹地还原了众筹的概念。

2. 在市场定位方面的区别

（1）Kickstarter与Indiegogo分别在质量和数量上占据着优势，从运营和项目种类上看也各有千秋。Indiegogo所完成的项目数量是Kickstarter的1.3倍，其中不乏十分有意义的项目，例如特斯拉博物馆（130万美元）和为受学生欺凌的校车监护人筹集善款的Karen Klein计划（约70万美元）。可最受欢迎的众筹项目，如Pebble智能手表、Veronica Mars电影和Ouya游戏主机等大多在Kickstarter上出现。并且，根据The Verge对于公开数据的分析，Indiegogo平台上大约14万个项目的完成率（指达到或超出预期筹款目标）只有区区9.3%。作为对比，Kickstarter的数字却高达44%。

（2）对于市场的开放程度也有所不同。目前，Kickstarter只在美国、加拿大和英国开放，Indiegogo则服务于200多个国家。Indiegogo欢迎任何人的任何想法，因此充满了一些稀奇古怪的项目：帮助车被偷走的邻居、为学校足球队买队服或者为一对夫妇支付新生儿的生活费等。因此，有人把相对封闭、挑剔和只做精品的Kickstarter比作众筹领域的苹果，而Indiegogo则是来者不拒的安卓。

（3）关于数据透明度问题，Indiegogo不会把已完成项目的百分比计算出来，他们认为，即使项目没有达到既定目标也有可能成功——这就是弹性项目概念。相反的，Kickstarter每天会更新大量的公开数据供大众参考，Kickstarter公布的海量数据甚至催生了Kickstarter咨询师这个行业。

总的来说，眼下的Indiegogo还只能在众筹领域扮演老二的角色，而随着Kickstarter越来越苛刻的条件，未来可能会有越来越多的人选择Indiegogo作为实现梦想的平台。但在数据透明度没有得到保障的情况下，Indiegogo能走多远还是个未知数。

第三节　国内奖励式众筹的经典模式

奖励式众筹融资在国外成功的示范效应促使国内同类型网站相继涌现。目前，国内正常运营的众筹网站已达30余家。其中，以2011年7月上线的点名时间和2013年2月上线的众筹网最为著名。

一、点名时间

这是我国首家将奖励式众筹模式引入中国的互联网众筹平台。成立三年后平台进行了业务转型，专注于限时预售。

（一）平台介绍

1. 发展历程

点名时间是中国第一个发起和支持创意项目的平台，由曾在Yahoo任职的张佑、曾在新浪任技术顾问的蒋显斌和曾就职于波士顿咨询公司的何峰三人共同创建（图4.9）。作为中国最早的一批众筹网站的代表，点名时间在2011年7月正式上线，公司总部设立在北京市朝阳区，自此将类似于Kickstarter的奖励式众筹模式引入中国。

网站创立初期对上线项目的种类具有较高的包容性，只要有足够的创意和可行性，无论是出版、影视、音乐、

图4.9　点名时间

设计、科技,还是公益、个人行为等项目都可以在点名时间上发布。运营到2012年初,网站积累的半年运营数据显示,点名时间整体项目的支持率、转化率超过很多了电商平台,项目筹集资金开始突破50万元。2013年6月,点名时间首场线下活动"点名时间10×10智能消费品众筹创新大会"在北京举行,自此开启点名时间线下"10×10"系列活动,活动旨在帮助硬件团队了解市场需求,掌握未来趋势,在业界已经建立起一定的口碑。2014年起,每场超过2000人规模的"点名时间10×10大会",已经成为智能硬件圈不容错过的重要大型会议。

2. 业务转型

自2012年起,点名时间开始深入智能硬件产业链之中,到上海、杭州、深圳实地深入市场与产业链中,了解创新产品的制造和创新过程中遇到的问题。发现原来国内有很多人不想再做代工和贴牌等OEM/ODM的模式,想创立自己的品牌。于是点名时间在2013年初开始,正式将重心和方向放在智能硬件领域,2013年底开始不再接受非智能硬件类的项目。2014年8月,点名时间正式宣布转型为限时预售平台,未来将专注做智能硬件的首发模式,同时要做智能硬件的预售电商,成为中国最早也是最深入了解智能硬件专业领域的平台。

截止2014年上半年,有37014人参与点名时间平台上项目的投资,成功募集资金项目138个,总共募集资金1293.51万元,在国内所有垂直类众筹平台中三项指标(参与人数、项目成功率、募集资金)都为第一。

3. 发展理念

网站的三位创始人在总结自身经历、分析众筹的发展特征之后,将"支持创新的力量"作为网站的发展理念。如今,虽然中国已经开始从代工走向创新的道路,但在"大众创业,万众创新"的时代背景下,创新力的发挥并不全面和显著。这并不是因为国内不具有创新力,而是在创新的过程中存在太多问题和阻碍。点名时间作为中国智能硬件创新的推手,致力于帮助硬件团队降低创新的门槛,为他们整合多方资源,并快速地得到市场和渠道的认可,以此来支持这股创新的力量。

4. 优秀项目

秉着"支持创新的力量"这样的发展理念,点名时间在2013~2014两年时间内帮助促成了一批优秀项目的成功。

2013年4月:网络人气漫画家熊顿在点名时间发起"《滚蛋吧!肿瘤君》新书预售",让点名时间走进大众视野。2015年,翻拍的电影版获得了较高的票房成绩和口碑,前期众筹活动的预热和宣传效果功不可没。

2013年8月1日:点名时间首个破百万项目《大鱼·海棠》筹资成功,以158万的成绩拿下点名时间2013年单个项目最高筹资金额的桂冠(图4.10)。20余天之后,点名时间上第二个破百万的项目《十万个冷笑话》以137万元筹资成功,和《大鱼·海棠》一起创下了点名时间单月收获两个破百万项目的记录。

图4.10 《大鱼·海棠》

《大鱼·海棠》是彼岸天(北京)文化有限公司制作的第一部动画电影。影片创意源自于《庄子·逍遥游》中的"北冥有鱼,其名为鲲,鲲之大,不知其几千里也。"由于从创意到制作历时六年之久,该片被百万翘首期盼上映的粉丝称为"神坑",截至2015年底,影中的上映日期仍未确定。

《十万个冷笑话》是一部连载于"有妖气原创漫画梦工厂"的国产漫画,在原作者寒舞和有妖气原创漫画梦工厂的努力下被翻拍成动漫电影,国内知名声优山新和宝木中阳等也参与了电影的配音工作(图4.11)。该片由一系列吐槽短篇组成,短篇之间目前看似没关系,但关系又非常微妙,语言也十分符合网民需求,被誉为"中国版的日和"。目前已连载的篇章有葫芦娃篇、世界末日篇、哪吒篇、光之国篇,以及一系列杂篇:见鬼篇、亚基篇、柯哗篇等。

2013年10月16日:点名时间首个超级项目"bong智能手环"正式上线。该智能手环具有全自动识别游泳和睡眠的功能,支持全自动感应。

2014年1月16日:点名时间超级项目"Cuptime智能水杯"以135万的众筹成绩,成为首个破百万的超级项目。

2014年2月26日:点名时间最高筹资金额被"Smart Plug智能插座"以175万元刷新。这款插座集手机远程控制、WIFI信号增强、专业级定时、手机充电保护和万用转换插头等功能于一身,受到了投资者的热捧。

图 4.11 《十万个冷笑话》

(二)融资模式分析

1. 融资流程

点名时间的项目发起人通过互联网寻求的不仅仅是资金支持,还寻求精神上的鼓励。利用点名时间进行项目融资时,融资者要经历以下几个过程(图 4.12):

(1)登录并注册

登陆点名时间网站并注册成功后,了解并同意点名时间的项目准则与规范,之后可以在网站上选择立即发起项目。

(2)填写项目说明

项目说明包括项目类别(时尚科技、创意设计以及或文艺生活)、项目名称、发起地点、项目简介、封面图片、宣传视频以及详细描述等。需要强调的是,项目发起人必须如实、具体填写项目的进展和风险、需要支持的原因以及项目的承诺与后期的回报,这对项目成功与否意义重大。

(3)设置相关回报

项目发起人根据投资者的出资金额设立不同的奖励。目前,点名时间设计了三个以上回报类别。

(4)项目状态

在项目状态栏中主要是准备提交审核,包括填写用户的真实姓名和联系方式,即项目发起人需要经过实名认证。项目筹资前,点名时间会做基本的审核,确认项目内容完整以及可执行性。有些项目可能无法达到预期,项目发起人需要在风险说明里注明是否退款或提供其他补偿。筹资项目必须在发起人预设的时间内达到或超过目标金额才算成功。没有达到目标的项目,支持款项将全额退回给所有支持者。如果审核不过,点名时间会通过预留的邮箱通知项目发起人以及项目未通过审核的原因。基本流程如图 4.12 所示。

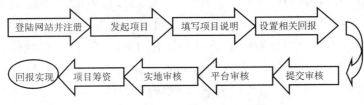

图 4.12　点名时间融资流程图

总结来说,在点名时间上进行项目融资要经历项目的提交、审核、上线准备和正式上线几个步骤。项目上线后,点名时间将协助硬件团队对接渠道、媒体、投资人及供应链等多方资源。而发布亮眼的硬件项目,将会吸引渠道商进行大量采购,依据过去的经验,在点名时间上的一个支持者,等于渠道采购的 100 个订单。因此,点名时间能够帮助硬件团队有效评估未来量产上市的出货量,为未来正式渠道铺货做更好的准备。

2. 盈利模式

在 2013 年 7 月 4 日网站两周年纪念日上,点名时间推动三项重大改革,即开放策略、0 佣金、联合重量级企业一同支持中国的创新,这不仅是点名时间的发展战略,更是其盈利战略。

针对开放策略,点名时间选取老资历的支持者作为核心用户,赋予他们相关的权利,使得他们有一定资格决定一个项目是否适合上线、是否适合上首页,并且还参与到项目的审核、沟通和推荐中来。

成立之初,点名时间会对项目收取筹资总额的 10% 作为佣金。对此,不少项目发起人都心怀抱怨,他们希望能完全、充分地利用筹资金额。而对于 0 佣金改革的初衷,CEO 张佑表示:对于所有创业团队而言,每一个百分比的资金都是至关重要的资源,因此点名时间决定把每一笔珍贵的资金都交由创业者们使用。有人认为,这样做使网站丧失了收入来源,不过点名时间认为,佣金根本就不是众筹的主要盈利模式,让更多优秀的项目汇聚到点名时间上来,保留并逐渐扩大市场规模,真正建立起连接通道作用,积累一定的用户和流量才是最重要的。

点名时间希望与100家企业合作,每家企业资助100万,从而获得1个亿的支持力量,以给中国的创业者关键的资金支持。目前,点名时间已经与小米和视觉中国达成合作,这两家公司各资助100万元,共同支持国内创意产业的发展。

在2014年初,经纬中国和英特尔又向点名时间提供了数百万美元的投资。这在国内众筹行业是非常难得的,无疑是对点名时间在智能硬件生态链上所扮演的角色和作用的充分认可。国内的众筹网站越来越多,市场也越来越细分,但能获得巨额投资的目前只有点名时间,关注智能硬件是其背后重要的原因。一个月之后,点名时间正式宣布联盟京东参与加速智能硬件创新的"JD+计划"。作为创新者联盟计划,"JD+计划"希望将所有关于"时尚、智能、个性化的"的创新者联合在一起,通过销售、营销、技术等方面的盟友的相互支持,让创新者的产品最大化地实现社会价值。

3. 管理规则

目前,国内的信用体系还不够完善,成为制约众筹发展的瓶颈。为了建立起人与人之间足够的信任,点名时间做了一些规定。

(1)对项目发起人和项目进行备案及审核。这是为了充分了解项目发起人的信息,监督项目文案内容的合法性和可操作性。

(2)要求项目发起人设置目标金额和时间期限。这样,一个众筹项目的成功与否就有了判断的依据。点名时间对众筹项目目标金额设立的下限为1000元人民币,不设上限。

(3)项目发起人承诺的回报不能是资金上的收益,也不能是股权或债券,而必须是某种实物或媒体内容。这样,支持者的参与行为就更像是一种购买行为而不是投资行为,也就从根本上规避了非法集资之嫌。

(三)成功原因分析

点名时间被称作"梦想众筹",并非因为平台上有国内最优秀的众筹项目,事实上,点名时间本不是为众筹而诞生的,但是它汇聚了众多梦想家的梦想和创作家们的作品,并号召大家通过众筹方式帮助他们实现构想,其成功源于它为大众创业者创造的巨大价值。

1. 为创新产品积累第一批潜在用户

每一个新产品都需要第一批先驱者的试用。少了这群人,新产品就没有口碑,就无法在大众群体扩散。科技产品爱好者甚至是专业人士都聚集在点名时间,因为他们最关注国内外最新的智能产品资讯。在点名时间发布产品可以最快速地接触到这些"意见领袖",而他们的意见和反馈将对产品的改善起到重要的作用。

2. 获得市场反馈与测试

硬件不像软件,发现 bug 可以快速迭代,硬件一旦出货就得确保 100%的正常运作,否则任何一个组件发生问题,都会面临严重的信用危机。点名时间帮助硬件团队将公测版产品交给愿意协助测试并给予意见反馈的专业用户。通过众筹模式,测试产品定位,看看大家是否需要;测试产品的包装,看看用户是否理解;测试产品定价,看看大家是否买单;测试产品使用,看看是否发现任何无法预期的问题。点名时间帮你在正式大批量生产之前,做最后的把关验证。

3. 快速对接全球销售渠道

点名时间和国内外超过 500 家销售渠道建立战略联盟,销售范围遍及美国、加拿大、澳大利亚、俄罗斯、日本、欧洲以及东南亚。通过点名时间,硬件创业团队可以在最短的时间快速对接全世界的渠道,将产品推往全世界的市场。

4. 获得国内外投资机构关注,解决后期资金需求

点名时间上有超过 150 个投资经理在寻找好的硬件团队,无论项目发起人需要天使资金还是 A 轮资金,只要项目有意义和价值,国内外顶级投资机构都会给你一个实现梦想的机会。

5. 获得代工供应链资源

点名时间与超过 100 家元器件采购及代工厂合作,帮助硬件团队挑选出最优质的厂家,解决硬件团队在寻找供应链上经验不足、找不到匹配的代工厂,无法及时生产交货的痛点。

6. 获得全面的媒体资源

点名时间与近 200 家线上线下媒体记者合作,帮硬件团队与优质媒体对接。通过点名时间,硬件团队可以接触到最合适的媒体,进行采访曝光,最大限度地扩散信息。

(四)发展问题分析

点名时间的大获成功无疑受到 Kickstarter 的启发。但是,点名时间的盈利模式和发展模式都还处于摸索和逐步完善的阶段,在运营过程中难免产生一系列的问题。

案例:《大鱼·海棠》的成功与缺憾。

国产动画电影《大鱼·海棠》是点名时间的经典案例,项目类别是文艺生活。《大鱼·海棠》共设了12个不同档次的筹资额以及与之相对应的报酬。2013年6月17日,《大鱼·海棠》正式启动筹资,在短短一个半月的时间共吸引3594人参与投资。截至2013年8月1日已成功筹集到了158万元,在预定时间内超过了预定金额120万元。筹资成功后,项目发起人私信通知投资人修改快递信息完成回赠报酬。但在筹资成功后,该项目的相关话题中提到:"10元/人的项目档次中注明的报酬是成为官方微信公众平台的VIP会员,不定期会收到《大鱼·海棠》最新的制作进展、电影剧情、剧照、甚至原画等不向非VIP会员公开的内容,并且可以通过微信VIP端口向我们梦想团队提出建议,保证优先考虑采纳,并尽力回复问题,同时电影及相关活动会优先邀请。"仔细解读这段报酬设置不难发现没有什么实质性的回报。200元/人的报酬项目中有一项是《大鱼·海棠》的电影票一张,注明的是项目成功结束后90天内发放,后来项目发起人又解释说电影票是只能等到电影上映才能发放的内容。此外还出现了投资人收到的回报是空信封的情况。

通过对《大鱼·海棠》的筹资过程进行分析,不难发现点名时间在设计流程上存在的不足之处,并且衍射出了其他方面的问题,具体表现在以下几个方面:

1. 融资规模有限,筹资成功率不高

(1)点名时间作为一种新型互联网金融模式的平台还未得到普及,社会公众对这种融资模式的认识还不足,一般大家对新生事物总会持一种观望态度,而不急于进行投资,导致参与投资的人员不足,难以募集到大额资金。

(2)从我国金融市场整体对金钱的追逐上看,无法圈钱就很难打动投资者。众筹的回报方式一般是发起人按照规定设置除资金和股权之外的回报,实物或者是某种资格,而一般的理性投资者更多的关注点则在获得的真实收益上,从而不会进行这类投资,导致发起人的融资规模不足。因此众筹只能在一些周期较短的创意类项目里实施,无法推广到更多的小微企业层面。

截止到2013年8月,点名时间共收到7000多个项目,但仅有900多个项目成功上线,成功率不足13%。

2. 缺乏融资者约束机制，投资者权益难以保护

融资者欺诈行为可以发生在实现融资目标之前和之后。在实现融资目标之前，虽然点名时间对项目进行了评估，并通过在互联网上向公众展示以接受检验，但仍然出现了一些融资者在创意项目中造假的现象。融资之后，点名时间也不对项目能否按时完成，甚至项目能否完成负责。项目的融资者在法律上有义务实现承诺，如果未能实现承诺，点名时间对投资者也没有任何退款机制。虽然目前在点名时间上融资者挪用资金的情况还比较少见，但不能按期向投资者提供所承诺的产品却较为常见。

3. 知识产权容易被窃取，项目发起人难以维护

对于项目发起人而言，如果过于详细地将自己的创意或者项目在众筹网站上表述，有可能会导致自己的智力成果被人剽窃。在发起人以文字、图片和视频等形式描述和展现自己的创意及梦想筹措资金的期间，不免有些资金充足的投机者从众筹平台上获取这些信息，然后将产品生产出来并进行销售；但是，如果为了维护自己的智力成果而只是对创意或者项目进行简单表述的话，则有可能导致融资计划的失败，使得发起人陷入两难的境地。这样，发起人的合法权益将得不到有效的保护。

点名时间可以尝试开发企业用户，用项目发起人的创意去弥补企业研发能力的不足。在展示过程中，对于真正有意向的投资者才提供项目的详细资料，这样能够更好地保护项目发起人的创意，防止被剽窃。而如果项目的出资人变成企业，企业凭借市场运作经验以及其他方面的资源可以更好地帮助项目发起人，项目也就更容易获得成功。这样，点名时间在赚取更多利润的同时，也可以规避非法集资的政策风险。

二、众筹网

众筹网是目前国内最具影响力和最专业的众筹平台，其 Logo 是"众"形，类似两个人红黑相间、互补互联，代表众筹网是一家聚众人之力、为众人服务的众筹平台理念（图 4.13）。凭借其线上、线下的整合能力，众筹网正力图开拓更加丰富的合作方式，为更多梦想家创造实践的平台。

（一）平台介绍

1. 发展历程

众筹网是网信金融集团旗下的众筹模式网站，成立于 2012 年底，并于次年2月份正式上线。由盛佳、孙宏生、柯斌、周欣、陈仲华负责运营。目前,众筹网已发展成为国内唯一可以提供募资、投资、孵化、运营一站式服务为一体的众筹网站,提供包括智能硬件、娱乐演艺、影视图书、公益服务及苏州站、河南站在内的10大频道和2个地方站,基本上涵盖了众筹领域的各个方面。在短短两年多的时间里,已经发起了包括科技、艺术、设计、音乐、影视、出版、明星、动漫、公益等在内的4000多个众筹项目,其发起的10个足球众筹项目全部获得了成功,验证了体育项目在众筹领域的广阔前景。众筹模式与体育结缘,说明众筹模式已经开始走向大众化,并愈发显示出强劲的生命力。截至2015年11月底,众筹网已帮助11551个项目筹集资金,获得63万余人的支持,累计筹资约1.5亿元。

众筹网是一家综合性的众筹网络平台,最基本的众筹模式是捐赠式和奖励式。众筹网一直在努力,不断在创新,直至发展成为今天的规模和影响力,下文梳理了众筹网发展过程中的重大事件。

2012年6月起开展为期半年多的计划会,针对众筹网的建立做前期的筹备。

2013年2月众筹网上线;9月"众筹制造"上线;10月,众筹网联合淘梦网、乐童音乐、追梦网、先锋微电影、好梦网等几家垂直类众筹网站共同发布了"众筹开放平台",这是一个众筹行业开放化合作与资源共建共享的线上平台,可有效整合项目资源,促进市场资源共享;11月众筹国际团队成立,同时上线了"金融众筹"板块,并且联合乐童音乐设立100万元的原创音乐支持基金,用于支持原创音乐人发起音乐相关项目,完成音乐梦想,并在后期设立了100万元小型现场演出基金,首期主要用于支持"声演坊"引进国外优秀民谣乐队及在全国开展400余场演出。

图4.13　众筹网

同年12月,众筹网举办首次出资人交流大会和发起人交流大会,给众筹平台连接的两个群体以充分交流经验和思想的机会。同时,众筹网母公司网信金融斥资1亿元开设全球首家"众筹大学",邀请业界资深专家就"众筹模式下的创业与投资"主题对学员进行了深入培训和交流。优秀学员不仅可以获得网信金融提供的就业机会,更有可能获得亿元创业资金的支持。随后,股权众筹平台"原始会"登陆众筹开放平台,使每个人都可以投资感兴趣的项目,获得初创公司的股权,分享它的成长,同时帮助初创企业解决融资难的问题。

2014年1月,众筹网在美国旧金山成立办事处,开启了在美国的业务拓展。这也是国内众筹类企业首次在美国设立分站;3月,众筹网与乐视网达成合作,将乐视网的足球世界杯营销与众筹模式相结合,围绕用户需求,全面发力世界杯互动产品;5月,中国网信金融集团携旗下众筹网、原始会在北京国贸大酒店举办2014全球众筹大会;6月,众筹网凭借在互联网金融领域的突出表现获得了业内外人士的高度认可,斩获2014年度十大金融极客产品奖。

同年7月,众筹网推出基于手机移动客户端的"轻众筹"板块,开启了轻量化的即发即筹的"轻众筹"时代;8月,众筹网举行"众筹革新农业——众筹网农业众筹上线"发布会,宣布进军农业众筹领域,并与汇源集团、三康安食、沱沱工社等达成战略协议,同时联合小米推出"小米 MiWiFi 众筹网创想计划",旨在服务智能家居创业者;到了9月,众筹网的代表性吸引了媒体的注意,央视财经频道《中国财经报道》在最新的一期节目《众筹之惑》中,以网信金融集团旗下的众筹网为例,对时下热门的互联网金融的其中一种模式"众筹"进行了报道。媒体的报道或许在一定程度上扩大了众筹网的影响力,全球首款全息手机 takee1 登陆众筹网之后,仅花费不到13分钟就成功筹集到100万元资金。截止当天18点,所有众筹档名额均满,总计筹资376万元,超募376%,支持者超过800人。

目前,网站已上线众筹网、众筹制造、开放平台、众筹国际、金融众筹五大板块。2015年,股权众筹板块也已上线。

2. 发展理念

众筹网致力于支持和激励创新性、创造性和创意性活动。通过在平台上发布梦想、创意和创业计划,借助网络平台面对公众集资,众筹网帮助创业者实现梦想,让有创造力的人可能获得他们所需要的资金,以便使他们的梦想有可能实现。

众筹网的宗旨是鼓励具有创新思维的创业者,让他们把自己的想法讲出来,帮助他们实现自己的梦想。中国不乏创意的项目,只是缺乏关注创意项目的人群与启动资金；众筹网的理念是不会让创意胎死腹中，相信创意可以改变世界。

3. 优秀项目

在众筹网的支持和帮助下，各个领域的优秀项目脱颖而出。

众筹电影："快男"电影，参与人数近3万人，创众筹网投资者数量记录。

众筹演艺：那英演唱会，成为全球首创艺人经纪众筹。

众筹科技：inWatch智能腕表，"众筹+科技产品"模式的孵化。

众筹出版：《社交红利》，1个月加印3次，销量达5万本。

众筹金融："爱情保险"项目筹资627万余元，创众筹网筹资额记录。

众筹杂志：《清华金融评论》，出版众筹领域的又一次拓展性尝试。

众筹体育：足球众筹，让草根享受专业球星待遇。

众筹演出：国内首部由众筹网站参与主办的音乐剧《爱上邓丽君》上演，开创了国内音乐剧行业全新的商业模式。

截至2015年4月底，众筹网成功项目数约8000个，参与项目的众筹人数达28万人，募集总金额超9000万元。

（二）融资模式分析

1. 融资流程

第一，使用众筹网账号或合作账号登录众筹网，没有账号的用户需要注册。首次登陆成功后要上传头像并完善个人信息，这是众筹网对项目发起人"实名制"的要求。

第二，正式发布项目前，建议仔细阅读网站刊登的"如何发布一个好的项目"一文，它可能会对你的宣传设计有一定的启发。接下来就可以填写项目的基本信息并上传不超过5MB的产品缩略图，并填写发起人的真实姓名及联系方式，方便项目经理与发起人取得联系。

第三，填写项目具体信息，在"关于我""我想要做什么""为什么我需要你的支持""我的承诺与回报"各板块填写详细说明。然后就要设置筹资金额，建议设置3个以上的回报，增加回报档位，提供与项目本身相关的切实回报，并上传回报图片，帮助项目更快获得成功，最后上传项目视频，让投资人更快了解众筹项目及发起人。

第四，项目发起成功后就进入了审核后台，项目初审合格后将由众筹网项目经理与发起人联系并全程辅导发起人完善项目信息及回报机制，随后项目进入终审阶段。终审合格后，项目上线，项目经理将会继续协助发起人推广项目。

2. 盈利模式

和点名时间一样,众筹网也是不收取手续费的。其CEO孙宏生表示,长期来看,佣金不可能作为网站的主要盈利模式,它可能成为利润的一个来源。但是不同的行业有不同的盈利模式,对于众筹这个新模式来说,盈利空间更多地体现在未来的潜力上。众筹可以和很多的行业合作,并且能看到未来获得收益的一些方面,这些都可以更深入地挖掘,但也需要不断地探索。众筹的想象力很大,可以向各个领域延伸。众筹网相信,在众筹模式的框架下,几乎所有的互联网金融模式都可以装进去。

(三) 成功原因分析

众筹网的基本功能就是将社会资本和各种创意进行对接,帮助有理想、有创意的人推广项目思路,快速筹集资金以便项目的实施。成立两年多以来,众筹网体现了一定的能力和价值,并帮助平台取得不断地进步。

1. 尝试建立新型信用体系

在筹资的过程中,资金安全有保障才能赢得网民的信任,互联网公司的信用问题更容易受到质疑,而众筹平台的信用更是项目投资人利益的必要保障。众筹的基础是"众",要有很多人的参与;其核心是"信",不同个体间的互相信任才是众筹的保障。众筹网的优势是依托金融集团——网信金融建立的,和其他众筹网站相比,它有强大的资金实力和较强的抵御风险能力。同时,联合创业担保集团也为众筹网提供资金担保,可以为创业者提供投资、借贷等各种基于股权或债权的服务和一系列增值服务。

在雄厚的资金背景支持下,众筹网把视野打开,面向更大的市场从长计议。结合自身优势打造服务体系,首先考虑的不是盈利问题而是如何扩大规模。众筹网通过资金打基础,不断通过孵化明星项目来宣传推广品牌,提高影响力。2013年11月,众筹网投入1亿元资金打造行业整合的"众筹开放平台"来扶持更多的明星项目。众筹网提供了不同级别和种类的服务,不论上线项目是几元到几千元,还是几万元到几百万元,甚至成千万上亿元的项目,都能在众筹网上得到相应的服务和帮助。

2. 网络时代提供跨界多元服务

一般而言,众筹网站的首要目标应该是帮助项目筹钱,然而众筹网认为,众筹的思想体现的是利用大众的力量、创意、智慧来解决资金、人才等各类商业难题,融入到商业活动的整个过程中,而不是仅仅停留在筹集资金的层面上;而对于一些众筹项目而言,筹钱也不是唯一目的,甚至不是主要目的,一些涉及科技、文艺领域的众筹项目主要是为了验证市场需求,获取潜在用户,增加传播机会。

我国目前的创新环境还不够丰富,国内好的创意项目并不多,为了突破创新洼地的桎梏,众筹网决定主动出击,寻找创新创意玩家。在运行机制上,众筹网打破了传统、简单的"项目发起到项目支持"的二元结构,做了更多的平台服务,引入第三方资源,进行深度资源整合。因此,众筹网才能够从单一的筹款平台发展成为项目和产品的预售平台、用户获取平台、品牌推广平台,最终成为综合性的服务商。众筹网与 ODM[①]、OBM[②]、媒体、销售渠道等合作,以便给创业者提供更多的服务,帮助创业者对接。为了让更多更好的创意呈现出来,众筹网还开发了基于手机的"轻众筹"APP,把众筹从一个专业发布规范化的形态转为像在手机上刷微博一样轻便的方式,对手机上发布的项目采用先发后审的流程,把裁判权交给大众去做。

三、典型平台对我国奖励式众筹融资发展的启示

点名时间和众筹网代表了中国大部分网络融资网站的建设情况,出现的问题也大都相似。总结起来,这些典型众筹平台对我国奖励式众筹的发展有一定的启示。

(一)跟踪项目进展,成立信用档案

虽然奖励式众筹平台在项目正式上线前就对其进行了严格地审查,但还是不能避免筹资欺诈现象的发生。由于个人大多在银行留有信用记录,建议众筹平台对信用等级较高的融资者通过初期登记注册等流程发布自己的筹资项目,之后对项目进行包括平台和实地等一系列考核。在项目审核通过后,就要对融资人提交的项目进行深度策划和包装。由于各种项目完全是融资人个人想实现的梦想,若想筹集资金实现梦想,必须与回报挂钩。项目筹资成功后,筹资款统一转入一个资金托管交易平台,此平台根据事先

---

① ODM,即"Original Design Manufacture"的缩写,指一家厂商根据另一家厂商的规格和要求,设计和生产产品。受委托方拥有设计能力和技术水平,基于授权合同生产产品。

② OBM,即"Original Brand Manufacturer"的缩写,指专门接受其他企业定牌生产的要求进行生产,而从不创立自己的品牌。

协议约定的分批付款期限向融资人支付融资款,并对项目资金的执行进行监督,在项目过程中持续披露相关项目进度信息和资金使用信息。在项目完成后,最关键的就是投资人投资的回报实现,在这里需要奖励式众筹筹资模式的所有主体都参与其中,网站融资平台评估融资者的项目成果,并根据回报协议的约定回馈投资者,投资者实现回报后对融资人的信用进行评价,以此建立个人融资者和中小企业的信用档案,使整个筹资过程实现良性循环。

(二) 根据出资金额,划分回报等级

对于奖励式平台中体现的融资规模有限且筹资成功率不高的问题,很大一部分原因是因为其缺乏一个吸引投资者进行投资的回报收益。而什么样的投资会让投资者满意,则可以借鉴美国的融资等级划分体系,即根据项目资金的预估,具体把投资者投资的规模和收益回报联系起来,投资越多,则占融资额的比例越多,其可以获得的收益回报也越多,以此来吸引投资者进行回报则可以在需要的时间内达到自己的融资规模。但需要解决的问题是,什么样的融资等级能够吸引到最多的捐助数量?美国50美元或者65美元的实践数据可能在中国并不适用,而这正是需要众筹平台进行试验并指导筹资者的一个关键点。只有确定好融资关键点才能提高筹资成功率,更好帮助筹资者实现其众筹目的。

(三) 借鉴美国经验,建立法律监管

面对中国众筹融资平台缺乏对融资者欺诈行为的约束机制,难以保护投资者相关权益的问题,可借鉴美国众筹发展过程中的经验,结合我国法律体系建立相关的法律监管体系。美国成功发布的JOBS法案,在保护投资者利益等方面都做出了比较详尽的规定,而正是这种相对预见性的制度规范,不仅使众筹的发展合法化,并且使其赢得了更多美国人民的信任,让其在正确的道路上发展。所以当类似点名时间、众筹网这类众筹网站在中国网络融资这条路上迎难而上时,我们一方面要借鉴国外的成功案例,另一方面也要结合中国自身的资本市场发展状况,尽快建立不仅适合奖励式众筹模式,而且适应所有众筹模式发展的法律监管环境。

四、案例分析

"三个爸爸"如何创造中国第一个千万级众筹

一台空气净化器,以互联网方式杀入传统净化器行业,再造神话,火遍创业圈。2014年9月22号在京东上线众筹,半小时就筹集50万元,两个小时100万元,十个小时200万元,30天众筹1100万元,成为中国首个千万级众筹项目。

创业之初,三位创始人就聚焦了消费群体。据了解,儿童呼吸系统发育不完善,污染过滤能力仅为成人的十分之一左右,需要特别保护。创始人希望这款净化器能像爸爸一样,能默默地守护孩子呼吸健康并提出"我爱你,呼吸为证!"的口号。这让人觉得有温度感,很容易让人联想到有爱的"爸爸们"为孩子亲手打造的净化器。这使得产品主要购买人群是富有爱心的"爸爸和准爸爸们",用户人群则是沉浸在"爱心"中的儿童和孕妇。

产品面世之前,三位创始人做了大量的调查。调查的700多个父母被拉到微信群里,不断向他们提问题并让用户跟用户直接聊。对用户反映的问题整理后,他们总结了净化器使用的65个痛点,然后选择了其中的12个痛点,用净化器来解决。为了防止静电过滤产生的臭氧对孩子神经系统造成损害,三个爸爸采用了滤网过滤的净化方式。滤网中的滤芯是美国3M公司9999级HEPA滤材,滤芯厚达27厘米,是普通净化器的6倍左右。涉及滤芯更换问题,三个爸爸采用云端计算技术,产品能够根据使用环境和使用时长综合计算滤芯寿命,当容尘量达到饱和程度后,会自动提醒用户更换滤芯。三个爸爸还开发了手机APP功能,能够随时随地通过APP遥控净化器,并实时查看室内PM2.5指数和VOC浓度。

在产品研发、生产、试用阶段,需要积累基本的粉丝团。在初期的时候,戴赛鹰三人在调查阶段就积累100多个对他们非常热诚的父母粉丝团。在活动粉丝团中,他们共征询50位爱心检测员,每人发一套检测设备,让他们到处去检测PM2.5和甲醛,这使得他们保持良好的互动关系,并最终获得全部订单。

为了提升品牌影响力,戴赛鹰就很好地利用前一段时间央视对净化器行业进行了曝光事件进行宣传。在权威机构检测了十大品牌净化器并发现这些净化器除甲醛效果都非常差之后,戴赛鹰将他们的净化器送到这家机构做检测,专家说从未见过除甲醛效果这么好的净化器。他们马上做成一个病毒式的视频到处推广,这为他们在短期内聚集了大量人气。

一个事件能帮你实现梦想,而且还很好玩,大家才会参与进来。怎么样让大家来参与和转发呢?创始人戴赛鹰就想到在优酷的话题辩论社做一个现场辩论的办法,并且承诺若是辩论失败就会有相应的礼品赠送。正是利用了消费者看热闹和贪小便宜的心理,他为自己带来更多的粉丝,在节目结束后,他的粉丝已超过 800 万。分享才能产生效益。去年北京马拉松期间,戴赛鹰就让合伙人宋亚南背着净化器上街跑,把这个净化器和防毒面具的照片放到互联网上去传。通过这些方式,"三个爸爸"给潜在的用户带来了良好的互动和参与度;参与度强了就能让用户参与到自己的品牌建设上来,将更有益于自身的发展壮大。

思考讨论题:

1. 结合案例分析如何定位产品的目标客户?
2. 谈谈如何在短期内使一款产品能吸引大家的注意力以及提升自身的分享程度?

本 章 小 结

【重点回顾】

1. 奖励式众筹以其低风险和特殊回报两大优势发展成为我国目前最受欢迎的众筹融资模式,并衍生出了综合性和垂直性的两类平台,前者讲究产品的综合性和多样化,后者偏重于一类产品。

2. 奖励式众筹给予投资者的回报是非现金或股权式的,通常是某种产品或某项特权,从而避免了非法集资之嫌。

3. 奖励式众筹在我国的发展还存在很多问题亟待完善,但巨大的发展潜力也不容忽视。

4. Kickstarter 和 Indiegogo 是奖励式众筹的代表性平台,前者汇聚了众多优秀项目,后者更加开放,发展势头不容小觑。

5. 点名时间和众筹网是我国奖励式众筹的典型平台,虽然还处在模仿阶段,但也已大大带动了创业者的创业激情,扩大了投资者的投资范围。快速、有效地解决二者在运营过程中产生的问题对于营造良好的奖励式众筹发展环境大有裨益。

【复习思考】

1. 归纳总结奖励式众筹的特点、风险、优势和前景。

2. 点名时间和众筹网的区别有哪些？面对大电商的挤压，你对独立性众筹平台的发展有哪些建议？

3. 在"万众创新"的时代背景下，众筹行业如何把握发展契机？

【延伸阅读】

1. 于延磊，潘旭华. 国内外众筹发展的对比分析. 电子商业杂志，2015(1).

2. 肖本华. 美国众筹融资模式的发展及对我国的启示. 南方金融，2013(1).

第五章　债权式众筹

如果你阅读过其他众筹资料,你可能会发现相较于"债权式众筹"的字眼,"P2P网络借贷"的字眼貌似出现得更多,那么它们是一个意思吗?

P2P网络借贷是债权式众筹的主要表现形式。如今P2P行业发展格外突出,有从众筹行业脱颖而出自立门户的趋势,许多科普读物将P2P网络借贷单独作为一个主体进行介绍,因而本章将通过对P2P网络借贷进行详细介绍来描述债权式众筹。

互联网金融的大背景下,我国出现了人人贷、陆金所、拍拍贷等多家债权式众筹平台,在此之前很多人完全不懂什么是债权式众筹,而短短两三年内它便成为互联网金融的宠儿,由一颗幼苗疯狂成长成一棵参天大树。

第一节　债权式众筹概述

债权众筹在我国的发展最主要是受到互联网金融的影响,无论是2012年的遍地发芽、2013年的野蛮生长,还是2014年的疯狂洗牌,都印证着这个行业的兴衰轨迹。债权式众筹平台的洗牌,淘汰了一部分平台也造就了一部分平台,我们人类是适者生存,债权众筹平台亦是如此。

一、债权式众筹的基本情况

债权众筹的产生,源于人与人之间对资金的诉求,最圆满的结局是双赢的供需关系。而互联网的发展,既加快了信息的传播速度,也为债权众筹行业带来了新的契机,增加了新的玩法,呈现百花齐放的态势。债权众筹中的网贷系统也由简单的借贷功能,开始更加完善,推送最新的资讯信息,同时提供投资者交流的空间。可见债权众筹网贷系统的不断改进不仅是顺应行业的发展,更多的是为了满足投资者平台的需求。

(一) 债权式众筹的定义和特点

作为众筹模式之一的债权式众筹(Lending-Based Crowd-Funding)也叫借贷型众筹或贷款型众筹,是指投资者对项目或公司进行投资,获得其一定比例的债权,未来获取利息收益并收回本金。

1. 债权式众筹与股权式众筹

债权式众筹和股权众筹的区别在于:

(1) 回报期望不同。股权众筹预期投资回报率很高,但投资者必须能够识别出不会在创业早期倒闭的初创企业,因为大多数情况下一个新公司会在五年内倒闭,而这样的投资决策难度非常高。当初创公司倒闭时,这意味着此笔股权众筹投资的回报是零。而债权众筹则较为稳健,平台有自己的安全保障措施,有一定的风险管理体系,对于普通投资者更为适合。

(2) 回报形式不同。简单来说,股权众筹是凑钱做项目,最后大家分股份,可以根据股票当前市值计算能得到的回报,即股价;而债权众筹最后分的是债权,在取回本金基础上获得债权利息的回报,即本金+利息。

粗放地看,我们可以用一个简单的等式来描述二者:

股权众筹=高风险+高回报

债权筹=低风险+回报

2. 债权式众筹与 P2P 网络借贷

(1) P2P 网络借贷属于债权式众筹。它由多位投资人对 P2P 平台上的借款项目进行投资,按投资比例获得债权,未来获取利息收益并收回本金。由于 P2P 在全球已经异常火爆,甚至有媒体报道 P2P 已经导致部分非洲国家的银行业务凋零,所以业界通常将 P2P 单独列出。

P2P[①] 网络借贷(以下简称 P2P 网贷)指个体和个体之间通过互联网平台实现的直接借贷,依托于互联网,收集借款人、出借人信息、评估借款人的抵押物或质押物,并依托网络平台,对每笔资金的需求进行配对,并收取中介服务费。P2P 平台可以有效解决小微企业、个体工商贷款困难的问题,有助于借款人和出借人在互联网平台上直接成交、点对点借贷,而节约了诸如商业银行等金融中介机构的运作成本,成为互联网金融脱媒化的典型代表。

---

① P2P 即 Peer to Peer,意思是"个人对个人",是一种个人对个人的借款形式。

广义的 P2P 网贷还包括 P2B[①]和 P2C[②]。

(2) P2P 网贷是债权式众筹的主要表现形式。P2P 网贷是广义众筹的一种形式,亦称为债权式众筹。P2P 与其他类型众筹的区别在于回报方式不同:P2P 是指个人对个人的借贷,属于借贷关系,以利息收益为主;众筹主要以产品、媒体或者股权收益为主。但今日债权式众筹主要采取了 P2P 网络借贷的形式进行资金筹集,P2P 网贷已经是债权式众筹的主要表现形式,于是业界通常视 P2P 网贷为债权式众筹。

3. 债权式众筹的特点

债权式众筹的优点有:

(1) 门槛低、资金运转快,投资理财手续便捷。传统的金融机构信贷投放成本高、效率低、目标不精准、无法批量获得客户,严重影响其从事小微企业信贷业务的积极性。小微企业融资和个体经营消费贷款是一个蓝海[③]市场,但目前大多数金融机构没有投入足够的资金和精力去布局。另一方面,我国专业财富管理机构少、资产证券化水平低,受最低投资额限制等,新崛起的中产阶级与富裕阶层也需要债权众筹平台来实现收益更高的理财需求,而现在投资者可以利用业余的时间和闲置的资金在债权众筹平台获得收益。资金大小没有限制,可根据投资人个人经济情况来进行投资。而借款人也不需要经过类似银行的繁琐手续就能得到资金周转。

(2) 风险可控,对本金有保障。债权众筹平台每个借款人需要支付三笔费用:一是对投资人承诺的利息费用;二是向债权众筹平台支付借款通道管理费,通道管理费也是网贷平台的盈利来源;三是服务费,这部分资金进入平台本金保障计划的风险准备金账户中。而债权众筹平台只是为借款人和投资人提供资金流转的中介服务机构,资金最终会通过第三方支付公司来实现充值、提现,既没有吸储也没有借贷。同样,债权众筹平台也会对借款人有严格的风控管理,而且平台负责为每笔投资做本金保障,当借款人投资的借款出现严重逾期时(逾期超过30天),债权借贷公司将从风险准备金账户中向放款人垫付此笔借款未归还的剩余出借本金或本息。

---

① P2B 即 Person to Business,是一种个人对(非金融机构)企业的借借款形式。

② P2C 也是个人对企业、公司的一种借款形式,大体和 P2B 相同,主要的区别在于 P2C 面向的企业主要是中小微企业,并不限制是否是金融机构。

③ 蓝海代表当今还不存在的产业,也就是未知的市场空间;相对应的,红海代表现今存在的所有产业,也就是我们已知的市场空间。

(3) 收益可观。通常银行存款的年化率在3％左右,理财产品收益率最高也在5％左右,而债权式众筹平台的年化率则更高。贷款利率的浮动范围采取了目前债权借贷公司的通行做法:借贷公司为了避免有高利贷嫌疑,名义利率普遍都会控制在同期银行基准利率的4倍之内。这几个优点表明债券式众筹平台的发展趋势是很可观的,也会有更多的人加入到这个行业中来。随着经济的发展和法律的规范,平台的优势也会进一步扩大和明朗化。

债权式众筹的缺点有:

(1) 无抵押,高利率,高风险。与传统贷款方式相比,债权众筹完全是无抵押贷款。并且,央行一再明确:年复合利率超过银行利率4倍不受法律保护,而有些网贷平台宣传的利率超过了4倍,因此具有高风险性。

(2) 信用风险。债权众筹平台固有资本较小,无法承担大额的担保,一旦出现大额贷款问题,很难得到解决。而且有些借款者也是出于行骗的目的进行贷款,有些贷款平台创建者的目的也并不单纯,携款潜逃的案例屡有发生。

(3) 缺乏有效监管手段。由于债权众筹是一种新型的融资手段,央行和银监会尚无明确的法律、法规指导该众筹模式下的网贷。对于网贷,监管层主要是持中性态度,不违规也不认可。但随着网贷的盛行,相信有关措施会及时得到制定和实施。

(二) 国外债权式众筹的发展状况

债权众筹模式的雏形,是英国人理查德·杜瓦(Richard Duvall)、詹姆斯·亚历山大(James Alexander)、萨拉·马休斯(Sarah Matthews)和大卫·尼克尔森(Dave Nicholson)4位年轻人共同创造的。2005年3月,他们创办的全球第一家P2P网贷平台Zopa在伦敦上线运营。如今Zopa的业务已扩至意大利、美国和日本,平均每天线上的投资额达200多万英镑。Zopa是"可达成协议的空间(Zone of Possible Agreement)"的缩写。在Zopa网站上,投资者可列出金额、利率和想要借出款项的时间,借款者根据用途、金额搜索适合的贷款产品,而Zopa则向借贷双方收取一定的手续费,而非赚取利息。

Zopa模式推出后得到市场的热烈响应,2006~2013年,年度交易额增长接近20倍,增长率长期保持在50％以上。在此榜样的带动之下,世界各地均相继成立了P2P网贷平台,发展各有千秋,也给我国的债权众筹行业带来了很多值得借鉴的经验。下面是世界各国的债权众筹行业发展情况。

1. 美国债权众筹的发展情况

美国债权众筹行业一直被视为业界典范,行业活跃度高、运行规范、法律、法规相对健全。如今,Lending Club 和 Prosper 两家目前共计占据美国债权众筹市场 96% 以上的份额。

(1) 经典平台——Prosper 和 Lending Club

Prosper,建立于 2006 年 2 月,被称为"美国第一家 P2P 借贷平台。"自成立以来,先后得到了专业投资机构 Accel Partners、Benchmark Capital、Fidelity Ventures、Omidyar Network 及 MeritechCapital 共计超过 2000 万美元的风险投资。Prosper 发展历程较为坎坷,成立平台没多久就出现关于其经营模式的争议,并在 2008 年被美国证券交易委员会勒令关闭,2009 年才开始重新运营。同时在运营模式上,Prosper 也随之出现较大的变动,它开始允许借贷双方自行设置贷款利息。而在 2010 年,他们又对策略进行了大的调整,即可以自动设置所有的贷款利率。依据 Prosper 网站公开的数据,截至 2014 年 10 月底,目前累计注册会员超过 150 万人,公司贷款量 4.07 亿美元,平均逾期率为 1%~2%。

Lending Club,建立于 2007 年。作为一家盈利性平台,它占据了国内 75% 的市场份额,当前规模算是美国第一大 P2P 平台。本章节将会在后面详细介绍该网贷平台,发展历程不再赘述。最新的数据是该公司于 2014 年初获得谷歌 1.5 亿美元的投资,并已于 2014 年 12 月 12 日在美国纽约证券交易所(New York Stock Exchange,NYSE)上市,成为第一家在纽约证券交易所上市的 P2P 平台,市值在 80 亿美元左右。依据 Lending Club 网站公开的数据,截至 2014 年 9 月底,平台累计贷款量 62.05 亿美元。

(2) 盈利模式

以 Lending Club 和 Prosper 为代表的美国债权众筹平台的收入来源主要由两部分构成:一是交易费收入,即平台公司根据实际情况收取的贷款息差;二是向借方和贷方收取的服务费收入,即平台公司按照贷款金额的一定比例分别向投资人和借款人收取的服务费。需要说明的是,对于有限合伙形式投资的机构投资者,平台公司要额外收取管理费。

(3) 行业监管

美国在监管问题上从不含糊,其债权众筹行业之所以可以走在世界前沿,与其不断研究行业问题和制定法律法规有很大关系,在监管之路上美国也费了很大工夫琢磨行业规律,避免埋藏下较大的经济隐患。总而言之,美国将债权众筹纳入现有的法律框架中,有一套较为完善的法律法规体系,让主要负责监管的政府管理起来有凭有据,同时对行业施以道德约束和社会惩罚机制。

2. 英国债权众筹的发展情况

(1) 行业现状

世界上第一家 P2P 网贷平台 Zopa 诞生于英国,这与英国当时较为成熟的金融环境有关,给债权众筹行业提供了成长的土壤,随后发展到美国、德国和其他国家,覆盖了传统银行疏漏的借款人,提供了高效便捷的贷款。根据 Lend Academy 在 LendIT2014 全球网贷行业峰会公布的报告,目前英国有约 30 家 P2P 平台,Zopa、RateSetter 和 Funding Circle 这三家平台共计占英国 P2P 平台市场规模的 95%。依据英国 P2P 金融协会(P2PFA)公开的数据,2014 年上半年英国 P2P 市场网贷规模达到 5 亿英镑,逾期率不到 1%。而从 2014 年 10 月英国财政部发布的秋季报告可以看出,政府可能引入新的对债权众筹减免的税收政策,且允许投资人用平台中取得的盈利抵消坏账。如此可见英国债权众筹行业得到进一步支持和鼓励,规模和增速将可预见式增长,行业发展一片大好光景。

(2) 经典平台——Zopa、RateSetter 和 Funding Circle

Zopa 成立于 2005 年 3 月,广为人知的 P2P 网贷经典平台,更是全球首个 P2P 网贷平台。截至 2014 年底,平台注册会员有 70 万人。Zopa 发展过程中,先后得到了包括 Benchmark Capital、Bessemer Venture Partners、Wellington Partners Venture Capital、DFJ 合伙人 Tim Draper、罗兰家族及罗斯柴尔德家族等多家重要投资者累计 2000 万美元的注资,也实现了业务的跨国发展,美国、意大利和日本已纳入 Zopa 的业务范围。Zopa 建立了平台的安全保护基金,基金条款约定,贷款逾期时基金有代为垫付投资人本息的义务,以及向借款人追偿债务的权利。本章将在后面详细介绍 Zopa 这一经典平台。

RateSetter 成立于 2010 年 10 月。截至 2014 年底,注册会员累计共 64 万人,目前它是英国最大的一家 P2P 平台。RateSetter 建立了平台的偿债基金担保模式,以保证投资人本息安全。此外运营模式上,平台上的每个投资人都有权根据个人的风险偏好自主选择合适的投资对象,合理规避个人损失。

Funding Circle 成立于 2010 年。截至 2014 年 12 月底,该网站公开的数据显示平台成交量达到 2 万英镑。管理模式上 Funding Circle 不同于 Zopa、Ratesetter 建立自身安全基金的措施,它采取的是借款人关联方担保机制。借款人的关联方比如企业董事或者重要持股人提供连带责任担保或者进行资产抵押,借款人无法还钱时,抵押物将会被变现,用来偿还投资者的本息,或重要关联方代为偿付本息。该模式将风险部分转移到借方用户,同时也起到了约束借款人的作用,规范借款行为。

（3）盈利模式

英美的债权众筹平台在盈利模式上没有太大差别,都是由实际情况中贷款息差带来的交易费、源自借贷双方上交的服务费收入、平台运营收取的管理费。并且英国有相当完善的个人信用评分制度,通过依靠个人信用评分系统与其他风险控制手段一同降低违约风险。

（4）行业监管

在监管模式上,英国的债权众筹行业和美国状况也差不多,同样是拥有了比较成熟的法律法规体系,主要是政府监管模式,加上基于道德约束和惩罚机制的行业自律。值得一提的是,英国的征信体系发展得也较为成熟。信用风险是债权众筹行业比较重要的风险问题,通过个人信用评分系统与其他风险控制手段可以降低网贷违约风险,这对我国有很重要的借鉴意义。

3. 其他国家债权众筹的发展情况

在亚洲地区的债权众筹领域里,日本算经验较为丰富且规模化、规范化发展的一个国家。截至2014年,日本国内有5个盈利性债权众筹平台,分别是 Aqush、Crowd Bank、Crowd Credit、Maneo 及 SBI。欧洲国家中,德国的债权众筹行业规模不大,Auxmoney 与 Smava 两家平台构成了德国债权众筹的主要市场。2013年3月,Auxmoney 获得由 Index Ventures 和 Union Square Ventures 提供的1200万美元风险投资。澳大利亚债权众筹的代表平台是2012年8月成立的 SocietyOne,它是澳大利亚第一个正规成立的 P2P 借贷平台,同时运作一个附属的贷款管理平台 ClearMatch,支持在线贷款流程的运作。南非的债权众筹平台代表是 RainFin,该平台于2014年3月与非洲地区的巴克莱银行达成投资合作协议。印度的第六大城市海德拉巴成立了该国第一家债权众筹平台 i-Lend.in,从2010年起正式开展借贷业务。

不同国家债权众筹行业的发展情况各不相同,基本情况如表 5.1 所示。

表 5.1 不同国家债权众筹行业的发展情况

国家	平台	发展特点
日本	Aqush、Crowd Bank、Crowd Credit、Maneo 及 SBI	(1) 平台发展没有英美成熟,发展速度也较为缓慢,根本原因是日本银行贷款没有给借款人设置太大阻力; (2) 平台借贷双方不能直接接触; (3) 平台收入为服务费、交易费用
德国	Auxmoney、Smava	两个平台都采取将信用风险转移出去的做法。Auxmoney 完全不承担借贷风险,全部让投资人自己承担;Smava 略微承担了一定风险,建立担保资金池
澳大利亚	SocietyOne	(1) 平台同时运作附属的贷款管理平台,设立信用评级系统,控制信用风险; (2) 借贷双方没有直接接触; (3) 澳大利亚政府于 2014 年 3 月开始征信改革,推动债权众筹行业发展
南非	RainFin	该平台与代表传统金融的银行机构之间开创了合作共存的新模式,有效利用了银行在贷款领域的独特优势,获取自身不具备的经验和资源,同时发扬了债权众筹平台高运作效率、低运营成本的优点
印度	i-Lend.in	印度的金融市场还不够成熟,国内恶劣的信用环境长期没有得到改善,债权众筹行业目前来看发展仍然没有很大的起色,发展规模和速度都不容乐观

(三) 国内债权式众筹的发展状况

在我国,最早的债权众筹出现于 2006 年。在其后的几年间,国内的债权众筹平台还是凤毛麟角,鲜有创业人士涉足其中。直到 2010 年,网贷平台才被许多创业人士看中,开始陆续出现了一些试水者。2011 年,债权众筹进入快速发展期,一批网贷平台踊跃上线。2012 年我国债权众筹进入了爆发期,网贷平台如雨后春笋成立,比较活跃的有 400 家左右。进入 2013 年,债权众筹更是蓬勃发展,以每天 1~2 家平台上线的速度快速增长,平台数量大幅度增长所带来的资金供需失衡等现象开始逐步显现。

1. 注册资本

2013 年底全国网贷平台中注册资金在 5000 万元(含)以上的有 36 家。截至 2014 年底,增加到 54 家,其中 22 家于 2014 年建成。注册资金最高的为陆金所,达到 8.3667 亿元。

2. 平台数量

据不完全统计,2014 年年底债权众筹运营平台已达 1575 家,相对 2013

年的爆发式增长,今年由于问题平台不断涌现(仅12月问题平台数量达92家),正常运营的债权众筹平台增长速度有所减缓,绝对增量已经超过2013年(图5.1)。

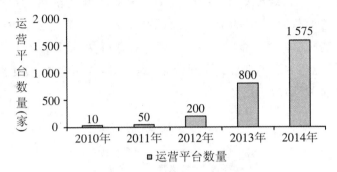

图5.1 各年网贷运营平台数量

3. 地域分布

平台数量与地区的经济发展及民间借贷活跃程度有直接关系。目前,这些运营平台主要分布在经济发达或者民间借贷活跃的地区。广东以349家平台位居首位,浙江、北京、山东、上海、江苏次之,前六位省份累计平台数量占全国总平台数量的71.30%。

4. 行业分布

2014年以来,银行、国资、上市公司、风投资本不断涌入网贷行业,加速网贷行业布局。据不完全统计,网贷行业获得风投青睐的平台多达29家,上市公司、国资国企入股的平台均为17家,银行背景平台达12家。目前这些平台并没有迅速做大,行业仍以民营系平台为主(图5.2)。

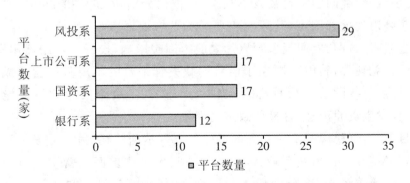

图5.2 各背景网贷平台数量

5. 舆情关注

根据网贷之家的舆情系统QQ群热词调查反映,进入QQ群统计的网贷平台共有近1283家,对其QQ群聊天内容进行归纳,删除部分分析意义不大的话题,可以总结出如下网贷2015年度QQ群舆情热词(图5.3)。投资者对于投资债权众筹中的流程以及网贷平台的运营活动较为关心,包括注册、红包、奖励、体验等等,其占整个网贷QQ群热词榜的主要内容。同时我们可以看到热词榜中出现了提现困难、跑路等,投资者在QQ群这一渠道对于问题平台关注度较高。

图 5.3　2015年度网贷之家QQ群舆情热词榜

6. 问题平台

相对于2013年问题平台多数是诈骗、跑路平台,2014年"诈骗、跑路"类和"提现困难"类问题平台数量不相上下,占比分别达46%和44%。平台之所以频频出现提现困难,其原因主要分为两方面:外因包括经济疲软,借款人资金紧张,逾期、展期现象频繁加之股市回暖影响,投资人纷纷撤出资金,平台无力兑现;而其内因则在于监管的缺失和平台的不规范运营造成的流动性风险,一些网贷平台拆标现象较为严重,加上资金实力和风控能力较弱,一旦发生负面消息,容易导致挤兑现象。

目前,运营稳健的平台一方面接受各方资本的洗礼,另一方面加强创新力度,开发新产品、拓展新业务,行业巨头逐渐显现。而运营不规范的平台正在接受严峻考验,逐渐脱离竞争行列,新一轮倒闭潮流势必加速这一流程,优化债权众筹运营大环境。今后,债权众筹行业快速发展的势头预计将会延续下去。

二、债权式众筹的运作

（一）债权众筹平台的盈利方式

国内外的诸多债权众筹平台基本都依赖于向借贷双方收取借款管理费、利息管理费及其他增值服务费作为收入，其中借款管理费占收入比最大，一般情况下约达到平台运营总收入的70%以上。虽然目前国内的相关行业监管细则并未出台，但债权众筹行业已经划出绝对不可触犯的底线，严禁平台建立自己的资金池，吸收公众存款非法集资，扰乱金融市场。债权众筹运营公司必须遵循平台本分，明确自己可以操作的业务范围，发挥其应有的信息提供和撮合平台的功能，因此通过资金池获取利润的方法是行不通的。不过，债权众筹行业中的大多数平台在实际操作中并未公开其收入、成本情况以及资金使用流向等信息，这就表示存在隐蔽的手段变相赚取利差的可能性，在不考虑垫付资金用于偿还不良贷款的情况下，行业的毛利率十分可观，有时可能高达20%以上。

（二）债权众筹的模式分类

债权众筹至少包含了三个参与方：借款人、平台和投资人。国外的平台大多从网络上直接获取借款人和投资人，直接对借贷双方进行撮合，不承担过多的中间业务，模式比较简单。国内的债权众筹行业规则根据具体国情、地域特色和平台自身优势，对债权众筹的各个环节予以细化，形成了多种多样的债权众筹模式。

在行业中被广泛采用的业务模式主要包括纯线上、债权转让、担保/抵押、O2O、P2B模式和混合模式（表5.2）。

1. 纯线上模式

这是一种纯线上纯信用的网络借贷，贷款申请、投标、风险审核、贷款发放都在线上进行，企业只是提供一个双方撮合的平台。

2. 债权转让模式

债权转让模式指借贷双方直接签订债权债务合同，第三方平台先放款给资金需求者，再将债权转让给投资者。

3. 担保/抵押模式

该模式或者引进第三方担保公司对每笔借款进行担保，或者要求借款人提供一定的资产进行抵押,因而其发放的不再是信用贷款。

4. O2O 模式

O2O,即 Online to Offline/ Offline to Online,翻译成汉语就是"从线上到线下"或"从线下到线上",简单的理解就是打通线上与线下,将线上的流量转化为线下的消费,或者反过来把线下的消费者引流到线上来。

5. P2B 模式

P2B,即 Person to Business,是一种个人对(非金融机构)企业的借款形式。企业在平台上发布借款融资的需求,有空闲资金和投资意愿的投资人向借款企业投资,到期时企业还本付息、投资人收本拿息。

6. 混合模式

有的平台既通过线上渠道开发借款人,也通过线下渠道开发,既撮合信用借款也撮合担保借款,这些平台被称为混合模式。

表 5.2　债权众筹的主要模式

类　型	特　　点	典型例子
纯线上模式	(1) 渠道集中于网络、电话形式; (2) 多为信用借款,借款额度小; (3) 注重数据审核技术; (4) 平台承担风险较小	拍拍贷
债权转让模式	(1) 有专业放贷人作为中介环节; (2) 信息不够透明; (3) 形式多为理财产品; (4) 有构建资金池嫌疑	宜信
担保/抵押模式	(1) 引进第三方担保或要求抵押; (2) 投资者风险较低; (3) 贷款流程较长,速度慢	陆金所(担保公司提供担保)、开鑫贷(有担保资质的小贷公司提供担保)和互利网(房地产抵押)
O2O 模式	(1) 平台与借款人开发机构分工合作; (2) 容易风险控制流程,风险较高	互利网、向上 360、钱庄网
P2B 模式	(1) 个人向企业借款的模式; (2) 单笔借贷金额高; (3) 担保公司提供担保; (4) 平台风险承受力要求更高	爱投资、积木盒子
混合模式	借款端、产品端和投资端的划分并非泾渭分明	人人贷

(三) 债权众筹的行业问题

随着市场规模的急剧扩大,债权众筹行业的竞争日趋激烈,相关风险亦在不断集聚,一个典型表现就是可统计的债权众筹平台出现经营困难、倒闭或者跑路的事件越来越多。在不可抵挡的平台倒闭潮中,除了一些本身就以欺骗、自融(平台主要为自身或关联方融资)、假融(平台虚构借款人,取得资金后再拿出去放贷)为目的的诈骗性平台外,因忽视金融规律、经营不善而导致问题的平台数目显著增加,其原因大致可以归结如下:

1. 本身技术不过关

债权众筹平台经营者并不具备足够高的业务操作能力,为了赢利盲目扩大业务量,急于求成,幻想不切实际的运作方式,造成过多的坏账,最终运营不下去而倒闭。

2. 人员管理不善

许多经营者开通债权众筹平台后,为能源源不断地获取资金,疏于审核借款人,把人情交际直接用于债权开发,盲目相信熟人"信用",抵押、担保流于形式,出现大面积的坏账在所难免。

3. 私自构建资金池,资金流动缺乏安全保障

规范运营的债权众筹平台不应该出现资金池,但许多平台不按规定私自决定构建资金池。短期借款积少成多变成长期借款,每一个借款都是环环相扣地形成一个资金链条,只要有一个环节出现问题,就会导致整个链条出现问题。

4. 进行高风险的循环借贷

同一个借贷可以采用各种方式再次借贷出去,提高借款利率来赚取差价,一个借贷被衍生成几个借贷,实际情况是平台并没有那么多的资金,这些钱是架空的。还有一种情况是平台没有尽责尽职地调查自己的客户,给一些投机心强的客户以可乘之机,拿到自家资金后又跑去别家平台放贷,又是拉长了借款链条,加剧了收回资金的难度。

5. 不切实际地设计高风险的金融产品

债权众筹作为一种小额融资方式,本服务于正常的个人消费或个体工商户、小微企业的日常经营或资金流转。但是一些平台自命不凡,眼高手低,不负责任地开发了高风险的金融产品借款项目,进行证券、期货等金融产品的投机操作,借款人容易违约,引起平台经营困难,乃至倒闭。

6. 资金回收困难

我国的信用环境较差,借款人违约不还钱的成本低,但是出借人想要回资金的话成本高。加之各地对债权众筹的正规操作认识不一,通过法律途径进行催收的难度较高,如果遇到资金收回不了的情况,平台也只好自认倒霉了。

三、债权式众筹在中国的发展

目前债权众筹在中国的发展轨道已经逐渐清晰,有规律可循,行业未来监管细则慢慢出台,整个行业正逐渐步上健康发展的正轨,但仍需要各债权众筹平台严格规范自身行为,营造良好的行业氛围。

(一)未来展望

1. 债权众筹监管细则轮廓渐清

随着技术革新,互联网金融的发展如火如荼,关于互联网金融发展的指导意见也即将出台,监管层对于互联网金融保持了较为宽松和包容的态度,监管原则也是"适度监管、分类监管、协同监管、创新监管",从风险防控的目的出发,明确红线、坚守底线、铸好高压线。虽然债权众筹行业翘首以盼的监管细则仍未落地,但银监会对债权众筹的监管思路日益明晰,主要有几点明令禁止的内容,即自担保、自融、资金池、非法吸存、洗钱等。债权众筹未来的发展将是保持优质平台继续高歌猛进,违规操作以及经营不善的平台则加快被淘汰。

2. 债权众筹市场仍在蒸蒸日上

当前债权众筹行业市场赢得多方投资者青睐,不断有平台获得风投,同时拥有较强背景的平台也频频上线。目前的市场行情反映出两个势态:第一,年年增加的资本投入包含了对债权众筹平台上市的期望,显示出加强与上市公司融合的趋势,这种趋势或表明平台已开始谋划铺设上市之路,不过行业监管细则尚未出台,债权众筹行业平台上市之路目测不会平坦;第二,某些产品细分的特色平台获得了更多投资方青睐,伴随着互联网与更多其他行业的结合带来优化升级的好处,行业前景形势大好,预测这些细分的领域将有较高的估值,会吸引更多资本继续参与债权众筹行业,通过有远见的投资分得一杯羹。

3. 债权众筹市场受股市走强影响较大

第一,债权众筹作为股票投资的可替代物,股市走强容易导致一些平台资金流出加大,进而出现资金流紧张的现象。这种由于资金短期大量抽离导致平台资金流紧张的现象是债权众筹行业面临的风险,投资人需警惕平台人气持续下降、利率突然提升、资金净流入长期为负等异常的数据波动。第二,很多平台借股市走牛大力开拓股票配资①业务,使得平台能够以较低风险留住客户,且达到业务拓展的目的。若配资红线设置完善,平台业务风险相对较低,但随着大金融市场对资金杠杆的约束,配资业务或将面临较大的政策风险。

4. 债权众筹行业加速进入洗牌期

第一,债权众筹行业的问题平台形势更加严峻,问题平台数近期依旧在增长。暴露出来的问题平台数量不断创新高,这也反映出行业在淘汰自融、资金池、拆标及风控较差平台,积极自我净化,自我批判。与此同时,诸多平台在技术和管理上加强革新,引进先进的风险信用分析和管理技术,旨在提升平台的风控能力,节约可以省去的人工审阅成本,提升贷款审批效率。第二,不仅是掌握平台生杀大权的洗牌,也是贷款市场格局变动的洗牌。对投资人而言,随着平台数量的增多,平台吸取客户的成本已然加大,不少平台将线上营销转向线下,与各生活类门店合作等;对借款人而言,随着 P2N②担保合作方风波不断,使得平台更愿意选择自己开发业务,且更加细化市场的业务领域,如专注于车贷、房贷、学生贷、消费金融等。未来会有更多平台与各大商业体合作,充分利用其浏览行为数据、购物消费数据、支付数据等,构建多维度数据,以便更好地进行风控与业务拓展。

(二) 政策建议

概括地说,就是关注"政策,市场,竞争,信用"四个大方向。

1. 注意国家政策导向

人们对于债权众筹行业的监管呼声随着倒闭平台的增加而持续高涨,

---

① 股票配资业务是一种随着金融市场的发展应运而生的操作:股票市场上资金持有者和资金需求者通过一定的模式结合起来,共同发展,逐渐就形成了股票配资这个新型的融资模式。

② P2N 模式是指以实体店商业体为核心,基于 O2O 模式(Online to Offline)的创新商业模式,即"实体到网络(Physical to Network)","个人到网络(Personal to Network)"的含义。

债权众筹行业的监管将归属银监会,相关的政策条文正在制定之中。在此形势之下,某些早已经营不善的平台可能会垂死挣扎一番,上演"最后的疯狂",这就需要大家擦亮眼睛,以防上当受骗。同时,一旦监管政策确定,一些不符合条件的债权众筹平台可能会被清退,很可能会给这些平台的投资人造成恐慌情绪,加速借贷平台大面积倒闭的现象。平台也要学会稳住大局,引导投资者要控制好情绪。

2. 继续关注债权众筹行业的成长

债权众筹的发展时日尚短,缺乏市场周期考验,我国也需要时常借鉴国外的经验做法。目前,我国经济的下行趋势明显,经济增速放缓,若此趋势对债权众筹平台的借款人产生严重影响,存量贷款(尤其是长期贷款)将承受严重压力,有可能暴发大面积违约。

3. 营造合理良序的竞争氛围

债权众筹平台数量急剧增加,虽然平台有很多,但面对的是同一批借款人。为了争取客户,平台可能会急功近利,冒险经营操作,放松贷款审核,导致借款人的重复借贷。各家借贷平台应该对该风险问题达成共识,互相良性竞争,营造一个健康经营的行业环境。

4. 努力防范信用问题

信用问题是长期问题,一时半会无法解决,但不意味着平台就无为而治,不做出应对反应。各家平台还是要重视信用问题,不能怀侥幸心理,用新资金填补旧账,拆东墙补西墙,最后覆水难收。还是要正常经营,不能贪图短期利益,图速度不图质量,忽视坏账的产生,最后平台运营不下去就此倒闭。

第二节 国外债权式众筹的经典模式

一、Zopa

Zopa 的英文全拼为 Zone of Possible Agreement,中文意思为"可达成协议的空间",Zopa 平台的运营公司是英国 Zopa 网上互助借贷公司(图 5.4)。之所以将 Zopa 作为第一个案例来介绍,是因为它是全球第一家真正意义上的 P2P 网络借贷平台，早在 2005 年 3 月该平台就在英国的伦敦正式上线了。它的成功模式开辟了贷款市场新的疆土，引领了一批合理借鉴债权众筹模式的后继者，打破了传统金融的贷款垄断僵局，给借款人和投资人提供新的机遇。在这之前，Zopa 的几位创立人曾共同发起成立了英国最大的网上银行——Egg 银行（www.egg.com）。也因为这段宝贵的经营经历，使他们积累了大量如何在虚拟世界构建贷款模式的经验，并从中发觉了网络借贷存在的巨大商机，转而又联合开发了 Zopa 债权众筹平台，事实证明他们是正确的。

图 5.4 Zopa

（一）平台介绍

1. 建立背景

Zopa 由 7 位高材生联合创建而成：毕业于牛津大学的吉尔斯·安德鲁（Giles·Andrews）是 Zopa 现任 CEO，其余 6 位理查德·杜瓦尔（Richard·Duvall）等人均为英国 Egg 网络银行高管。可以说，Zopa 是由 Egg 银行的原班人马创立的，这些人当中有出色的企业战略经理、经验丰富的 IT 经理、网络系统创新经理，人才济济，并且都对互联网有超乎常人的执着。

不同于美国有几千多家商业银行百花齐放的现象，英国作为银行业相当集中的国家，其金融市场长期被传统金融垄断，其 5 家大型银行几乎垄断了整个行业。伴随着这种垄断性，个人与企业向银行贷款的难度增加了，由于缺乏竞争性和产品创新，贷款速度慢、贷款种类太少、贷款手续冗长、店大欺客等各种服务缺陷暴露，银行体制已存在多种问题却不解决，使得人们对于银行贷款业务的服务越来越不满。就像吉尔斯说的，银行已经有点忘了他们为什么存在了。

2. 设计理念

Zopa 的创立者们一直在思考通过网络平台开发新型借贷模式的可行性，没过多久，BondMarket（债券市场）和 eBay 这两个名词激发了他们的灵感。债券市场为公司提供融资渠道；而 eBay 是当时最大的交易市场，注重的是个人与个人间的沟通和交易。鉴于个人贷款市场缺少一种连接需求资金的个人与投资者的中介，吉尔斯打算参考债券市场提供渠道的方式和

ebay开办个人业务的模式,在2005年3月,融二者优点于一体的Zopa于英国伦敦成立,债权众筹行业的帷幕就此展开。

3. 发展历史

Zopa的发展历程也并非一帆风顺,作为"第一个吃螃蟹"的人,Zopa也在探索行业模式、适应经济发展变化、遵循政府导向的道路上不断摸索尝试。Zopa成立后,以新颖的运营模式获得人们的广泛关注,注册会员大幅递增,借贷款总额也一路飙升。2007年Zopa分公司在美国成立,但由于受金融危机波及,不幸于2008年10月关闭。2011年,Zopa终于起死回生,与英国的两家大型P2P借贷公司Funding Circle和Ratesetter共同成立并加入英国P2P金融协会。2012年,Jacob Rothschild(英国老牌银行家族)对Zopa投资,同时英政府也向其发放9万英镑助其运营、发放贷款。

4. 业绩成果

Zopa在2007年分别获得了Banker Award的"最佳在线项目"奖和Webby Award的"最佳金融支付网站"奖。此外,自2010年起,Zopa连续4年获得英国最受信赖的个人信贷机构奖(Most Trusted Personal Loan Provider);2010年获得开放商业奖(Open Business Award),一同竞争此奖的还有BBC、BT和eBay等实力型公司;还获得英国最好P2P借贷公司,Smarta100等十余项奖项。截至2014年初,Zopa公司已经获得了Benchmark、Bessemer Venture Partners以及Arrowgrass Capital Partners等投行和基金四轮共计8160万美元的投资。Zopa模式取得如此不菲的成绩,得益于在金融市场上充分展示其模式的活力和实力,在贷款市场上争取到一席之地,金融行业逐步认可并促进债权众筹模式的发展。

(二)运营方式

Zopa开创了P2P网贷的新型贷款模式,此后借鉴Zopa理念的各种债权众筹公司如雨后春笋般地出现:2005年10月,美国Kiva成立;2006年,美国Prosper成立;2007年,美国LendingClub成立;2010年,英国Ratesetter成立。作为P2P网贷行业的鼻祖,Zopa的运营理念一直在引领后辈新秀的建立发展,其运营模式也不断地被新平台运用到所在的金融环境,并根据实际情况调整和创新。

1. 服务对象和要求

表5.3是Zopa对其服务对象的分类描述和借贷要求。

表 5.3　Zopa 对服务对象的借贷要求

服务对象	借贷要求
所有客户	年龄 18 岁以上的英国居民；在英国有居住 3 年以上的经历，并有相关证明（可由银行或其余地方出示）；在英国的信用评级公司有信用记录
投资者	只能投资属于自己的钱；拥有英国政府认可的《消费者借贷许可证》的人不能投资，小型借贷机构不能投资
借款者	必须有一份正式工作，待业者无法申请贷款；借款者可以将借款用于任何私人消费，比如购车、房屋装修、付税等；但是对于将借款用于发展事业的借款者有其他关于营业方面的附加要求

2. 借贷过程

Zopa 运营模式下最显著的特点是：投资者的回报率和借款者的借款利率均由 Zopa 制定。

Zopa 最开始让投资者做主自行决定利率，一路发展调整战略，而今变成完全由 Zopa 做主指定利率。此外，Zopa 仅仅作为提供债权众筹业务的网络平台，而并不提供借款者与投资者的直接联系；Zopa 平台不予透露借款者的个人信息，只负责将投资者提供的资金借出去。具体的借款业务流程如下：

（1）潜在借款者通过 Zopa 平台提供的"贷款计算器"查看有可能申请到的预期贷款利率，如果还算满意平台计算器所给利率的话，直接在网站上注册，按要求填写贷款申请并上传。

（2）Zopa 收到借款申请并审阅，根据潜在借款者所提供信息"量身制定"其最终借款利率，潜在借款者被告知预期的贷款利率，接受的话即可正式成为 Zopa 平台的借款者，继续等待贷款流程走完，借款成功。

（3）截止 2014 年初，Zopa 提供 5 年期的贷款利率为 4.9%。投资者选择预计的投资期限，然后将钱汇入 Zopa 平台开设的账户。

（4）Zopa 平台收到投资者的投资申请，将投资者资金分成 N 份，每份价值 10 英镑，借给不同借款者，待到借款者被分到足够的借款金额，Zopa 再将钱汇给借款者。

（5）Zopa 负责回收借款者的每月还款，并汇入投资者的 Zopa 账户中，投资者既可以继续投资，也可以将钱从账户中取出。

通过这五步操作借贷就完成了。在此解释说明一点，Zopa 之所以将投资者资金分成 N 份 10 英镑借出，主要是为了分散贷款风险，但如果投资者金额超过 2000 英镑的话，那么他的钱最多只能被分到 200 个不同借款者手中。表 5.4 为 Zopa 其他贷款详情。

表 5.4　Zopa 其他借贷款详情

Zopa		
借款者	借款金额	1000~20000 英镑
	年限	2、3、4、5 年
	还款方式	按月偿还本息
	提前还贷	随时可以,不收取手续费
投资者	投资金额	10 英镑~无上限
	投资年限	短期 3 年;长期 5 年
	中途停止投资	按照资金多少来定手续费

3. 信用评级

Equifax 是与 Zopa 合作的第三方信用评级机构,Zopa 平台将比照 Equifax 提供的该融资者的个人信用报告,再对该融资者进行一个综合的信用评定,给出最终的信用评级结果。

Zopa 平台的信用等级从高到低为分为 A*、A、B、C 四个等级,即便是最低的 C 级信用水平也要比一般群众的高,因此个人信用历史较差的人是无法在 Zopa 平台借到款的。借款人在获得评级后便获得贷款申请资格,就可在 Zopa 平台录入借款金额、用途和最高承受的借款利率等条件,提交平台生成借款意向条目,此时意味着借款人的借款申请已经成功通过,只需等待资金筹集就好。Zopa 平台会依据信用评级将各个借款用户安排进入相应等级的细分市场,并列示在借款列表中,等待投资人浏览借款列表,自行选择投资项目。

4. 投资方式

想通过 Zopa 平台进行小额投资的放贷者也要先注册成为会员,并提交一定的个人信息。放贷者有两种方式进行投资选择:一是上面借款申请中提到的方法,投资人可以自由浏览平台网站公布的借款信息,根据平台细分的风险等级,从借款列表中自主选择一个满意的投资项目。二是选择自定义的贷款金额和利率,在平台提交投资项目需要满足的条件,如自己可以投资的资金金额和期望满足的资金回报率,让平台系统帮助筛选匹配合适的放贷对象。

(三) 盈利方式

Zopa 平台在借款人和贷款人中间充当中间人,为他们提供信用认证、资金转账、负责法律文件以及雇佣代理机构为贷款人追讨欠款等服务。Zopa不汇集资金,不自己放贷,这就形成了与传统银行金融机构显著不同的经营模式,这样也不会太过危及银行的地位,给自己生存和发展的空间。

总而言之,Zopa的营业收入主要来源于中介服务和交易管理费。运作成功一笔交易,Zopa将依据资金额度、借贷时间等分别向借款人和放贷人收取一定比例的服务费,以此来实现一定的盈利。平台收取放贷人的费率为放贷总金额的1%。

(四) 风险管理

风险管理其实就是Zopa想办法降低贷款人的风险,保证放出去的钱可以收回来,保护放贷人的资金安全,基本方法可以从以下几方面入手:

1. 只贷款给信用最良好的人

Zopa通过对客户实名认证、第三方审核信用信息、认定信用等级、强制按月偿还借款以及签署法律合同等方式,以降低其违约率。Zopa网站公布的自2010年以来的坏账率仅为0.19%,这比同期银行贷款的违约率还要低。

2. 执行风险分散原则

Zopa平台执行"不把鸡蛋放在同一个篮子里"的风险分散原则。根据贷款资金投向的分散程度,贷款人针对某个特定借款人的贷款金额最低为10英镑,最高为25000英镑。将每笔贷款划分成最小份额为10英镑再参与交易,并保证每笔借款至少有200名贷款人参与。

3. 设立保障基金

Zopa平台设立了一个最终保障基金,借款人可以申请还款保障保险,在借款人真的出现无法偿还贷款时,确保贷款人的资金和利息由保障基金归还。

4. 加强行业共同监管

Zopa是P2PFA行业协会的创始成员之一,该组织的主要作用是规范行业标准和建立行业资信,其监管职责于2014年4月起执行。

同时,Zopa平台在数据信息公开方面开了个先河,因此有必要对其做法进行一下概述,以作为分析国内平台的一个参考。平台网站上提供了该公司的发展历史、管理层人员、资金来源等信息,还适时地发布贷款人和借款人的相关数据,以及平均利率、坏账率诸多统计数据,这有助于提高网站信息透明度。通过其发布的一些数据,我们可以知道最新的注册人数、历史借贷交易总额,还有部分人口特征统计数据,从网站上也了解到前三名的贷款用途分别为购买汽车、还清信用卡和住房条件改善。

(五)成功经验

1. 坚持开放和透明的基本原则

作为世界债权众筹行业的鼻祖和始终的典范,Zopa 在业界里的"大哥"地位一直没有动摇,它的成功之道是流传业界同行的美谈。Zopa 的发起者之一、也是执行总裁的 Giles Andrew 说,Zopa 力求做到最大透明化,P2P 贷款的基本原则是确保平台的贷款是开放和透明的。Zopa 另一个创始人之一 Phillip Riese 也在 2013 年北京互联网金融全球峰会上表示了相同观点,世界水平的风险管理和完全公开透明是债权众筹成功最重要的两个要素。

2. 赢得消费者信任

金融崩盘引发了人们对有关全球金融业系统问题深刻而合理的担忧,所以全球监管机构对未来可能对系统造成冲击的担心是有理由的。然而,债权众筹就是在这种紧张的环境下不断发展和进步的。事实上,至少是在英国,业内人士主张更正式的监管。而大多数英国的债权众筹领导人和美国的差不多,都是高度透明化的执行者,允许任何人查看贷款与预期收益,个体可以根据类似条款投资大型机构。Giles 说高街银行(主要是指在英国的商业大街上遍布的银行,提供便民服务,也被称为"零售银行",这类银行允许的贷款额度就比较小)正在遭受着由于丧失消费者信任而造成的损失。事实是,主流银行几乎无时无刻地在找回其在 2007~2008 年丧失的信任。消费者越来越认为债权众筹为其提供了一个更明智、更透明的选择。这是一个透明化的方式。

3. 准确市场定位

无论是美国、欧洲大陆、英国,还是把眼光回到中国,债权众筹行业都是一个快速增长、飞速发展的行业。无论在哪个国家,目前债权众筹行业在整个社会总信贷占比中都是一个非常微小的份额。今天这些 P2P 公司在以 100%、200%和 300%的复合增长率在增长,并以低于 5%的低增长率攫取市场份额,这个行业有着巨大的市场潜力。社会经济得到了增长,因为债权众筹公司资助的这些出资人通常都是从商业银行取得贷款的个人和小微企业家。这些原则在全世界范围内都适用。因此希望借鉴 Zopa 公司的成功经验,指引中国正在探索成长之路的各个平台获得更好的发展。

（六）发展前景

1. 英国政府支持新兴产业

随着债权众筹逐渐被主流市场所接受，Zopa 成为英国第一家交易额超过 10 亿英镑的 P2P 借贷平台（相当于 15.64 亿美元）。2015 年，交易额已经超过 2014 年整年的交易额。2015 年的全年交易额有望超过 5.5 亿美元，这将会是 2014 年的 2 倍。在英国的债权众筹市场中，Zopa 占了其中 1/4 的市场份额。在美国，金融机构中的资金正在快速地转投入这个大市场中。英国政府是这一新兴产业的支持者，为借款者提供更好的服务和为储蓄者提供更高的回报是他们的管理方针。

2. 更多金融机构加入其中

在英国，金融机构的投资者最近开始注意到直接借贷这一市场，这样的方式会为他们提供更高的回报。随着越来越多金融机构的加入，整个市场也将迎来越来越高的增长率。自从 2004 年下半年 Zopa 开始进入直接借贷这一领域到今天，Zopa 已经成为公认的领军企业。

3. 增强自身信誉，赢得更多客户

根据 Zopa 公司的统计，随着业务额的逐年增长，如今已有了超过 20 万的客户量。仅仅是 2015 年 6 月，Zopa 就有 122% 的增长，超过了其他的竞争者。Zopa 公司认为如此快速的增长是因为更好的服务和传统银行自信的缺少。通过统计数据，说明超过一半的英国人不信任银行，这也加强了其作为 P2P 平台在英国和欧洲的领先地位。

Zopa 的创始人 Giles Sndrews 这样评论："业务的增长表明 Zopa 为客户带去了真正的利益。Zopa 是一家值得信任的企业，为超过 20 万想要借款或想要投资的客户提供服务。我们很高兴能够为广大客户提供 10 亿美元的资金，也希望在未来的一年里继续提供更多的服务。我也很骄傲 Zopa 能够成为英国人信任的主流产业。"

4. 不断创新和反思经营方法

Zopa 还计划投资 Uber 和 Metro Bank 公司。此外，Zopa 有自己独特的《十年客户借款记录和风险管理》，这样的数据分析使得公司能够更好地创新和反思。可以预见，Zopa 将继续作为债权众筹的先导者，不断创新经营方法，优化服务细节，继续做大做强做好。

二、Lending Club

作为旧金山的一家债权众筹公司，Lending Club 成立于 2006 年（图 5.5）。它是第一家注册为按照美国证券交易委员会（Securities and Exchange Commission，简称 SEC）的安全标准向个人提供贷款的借贷公司。

图 5.5　Lending Club

（一）发展历程

Lending Club 最初出现在 Facebook 的第一批应用里，随后于 2007 年 8 月从 Norwest Venture Partners 和 Canaan Partners 募集到了 1 千万美元的 A 轮融资，自此 Lending Club 彻底转变成为一个债权众筹公司。

2008 年上半年，Lending Club 曾因一系列资质和授权事宜，其中最为主要的是与 SEC 的认定与声明，使其从真正意义上发展成为了一个银行和交易平台，这个过程一直持续到 2008 年 10 月。把贷款等归属关系以及贷款继续转卖等交易形式正式纳入其运营模式，这也是对投资者最大的权益保障，即便发生严重债务危机，甚至 Lending Club 破产或者倒闭，贷出的款项也会继续得到美国政府的资金保障。10 月 14 日，Lending Club 恢复了新的投资者的注册手续，走向了一个全面发展之路。

2011 年秋季，Lending Club 总部从加州的桑尼维尔和雷德伍德城移至旧金山市中心。

2012 年，Renaud Laplanche 担任公司 CEO 和董事会主席，当时有 80 人员工的规模，日均 150 万美元的贷款额，从成立以来，已经达成了 6 亿美元的总贷款额度。

2012 年 11 月，总贷款额度超过 10 亿美元大关，同期，Lending Club 达到现金流的流入大于流出，实现盈利。

2014 年 3 月 27 日，开始提供小企业贷款业务，初期提供 1、2、3、5 年期的小企业贷款，目前贷款额度为 1.5 万美元至 10 万美元，额度上限最终将可能会提高到 30 万美元。

2014年4月初,Lending Club以现金加股票交易的方式,总计1.4亿美元收购了一家名为Springstone Financial的传统贷款公司。该公司主要为需要医疗手术的人们提供医疗融资服务,以及为经过认证的私立学校教育费提供贷款类融资服务。

2014年4月,Lending Club完成最后一笔股权融资,估值涨至37.6亿美元,注资购买股票的公司包括黑石公司、RowePrice集团、Sands资本公司以及威灵顿管理公司,交易规模是主要竞争对手Prosper的四倍。

2014年8月27日,债权众筹的领导者、传统银行体系的颠覆人Lending Club,正式向SEC提交了招股文件,拟募集5亿美元。

2014年底,Lending Club上市。

(二)运营方式

1. 服务对象

Lending Club贷款的主要对象是有着良好信用记录的人群,他们是金融齿轮赖以运转的主要推动力,虽然贷款者也要缴纳相应的贷款利息,但是这个位数的利率远比那些信用卡公司所要求的利息要低得多。投资者在这里可以按照信用积分和风险指数来分类浏览各种贷款者和贷款项目,Lending Club为投资者定制和开发了具有金融行业标准的风险控制的交易平台,投资者所缴纳的手续费基本在1‰~4‰,截至2013年3月这部分收入达到了550万美元。

(1)借款者

借贷者在Lending Club的网站里可以填写好个人信息和相应的预贷款额,一般都是在1000美元到35000美元的范围之内的小额贷款。Lending Club作为平台和服务提供商,会根据这些贷款申请者的信用记录、预贷款额度以及还款能力等多种因素来对其进行贷款风险级别的认定,随后会更进一步根据其贷款额确定相应的利率和手续费等。一般的贷款都是三年期,五年期也可以申请,但是对应着高一点的还款利率。

(2)投资者

投资者在网站上可以根据各种贷款项的信息和Lending Club对其进行的各种信用和风险方面的评估进行浏览和搜索。还款利率是Lending Club制定的,投资者无法进行调整,但是投资者可以自行决定投资数额。一个投资者可以同时对多个贷款人提供贷款,每笔投资最少25美元,这给投资者很大的灵活度,类似于股票等金融产品的投资组合,但是风险更可控。投资者的收入全部来自贷款利率，在 Lending Club 的平台上，目前利率最小为 6.03%，最大为 27.49%，这取决于借款者的信用记录和目前的还款能力，以及贷款意向等。

2. 平台收入

Lending Club 的利润主要来自对贷款人收取的手续费和对投资者的管理费，前者会因为贷款者个人条件的不同而有所起伏，一般为贷款总额的 1.1%～5%；后者则是统一对投资者收取 1% 的管理费。

（三）成功经验

1. 定位高信用等级贷款人群

为了有效降低违约风险，Lending Club 现在主要把目标放在那些高信用等级的贷款人群上，有 90% 的贷款申请被驳回，并将潜在风险高的贷款者所对应的还款利率提得较高。总的来说，只有 FICO 信用积分[①]高于 660 的申请者才能有资质在这里申请贷款。

截至 2013 年 3 月底，Lending Club 的贷款者用户，平均 FICO 信用积分为 706，他们负债收入比（除房屋贷款之外）为 16%，人均 14 年以上的信用记录，个人人均年收入为 70491 美元，其中 12855 美元是用来进行信用支出和还款的；投资者方面，总投资额达到 15 亿美元，由此产生的总利息为 1.28 亿美元，默认的贷款初始利率为 4%，年均净利润率为 9.64%。

月度表现方面，2013 年 2 月，Lending Club 产生了 1.2 亿美元的贷款量，使得其总贷款量增至 14 亿美元。这个业绩使得 Lending Club 在个人对个人的贷款市场里独占鳌头。

2. 核心是帮助借贷双方减小开支

与传统借贷机构最大的不同是，Lending Club 利用网络技术打造的这个交易平台，直接连接了个人投资者和个人借贷者。通过此种方式，缩短了资金流通的细节，尤其是绕过了传统的大银行等金融机构，使得资金流和管理更直接、更透明，从而减少了资金链两端人群的支出，让投资者和借贷者都能得到更多实惠、更多快捷。对于投资者来说，可以获得更好的回报；而对于借贷者来说，则可以获得相对较低的贷款利率。

在 2008 年全球金融危机和之后的缩减信用贷款的大形势下，Lending

---

① FICO 信用积分是由美国个人消费信用评估公司开发出的一种个人信用评级法，已经得到社会广泛接受。

Club 使得债权众筹模式悄然兴起。在一般不超过 3.5 万美元的普遍的贷款项目中,绝大多数用户用这些贷款来进行个人生活方面的使用,比如举办婚礼、买车等,这其中有 72% 的贷款量是用来信用卡还款的,因为一般情况下,信用卡的利息比 Lending Club 的还款利率要低,而且期限短。因此,低利率的信用贷款被缩减后,人们转而开始关注债权式众筹。

(四) 竞争对比

在债权众筹市场里,基本上每一家公司都是利用互联网技术来连接借贷者和投资者。每个平台各有不同的市场策略、盈利模式和受众人群(表 5.5)。这里将 Lending Club 和最主要的两家竞争对手做一对比,它们分别是起源于英国最老牌的 Zopa 和同样在美国但是更小更灵活的 Prosper。

表 5.5 Zopa、Prosper 和 Lending Club 的对比分析

	Zopa	Prosper	Lending Club
创立时间	2005 年成立	2006 年成立	2006 年在 Facebook 的首批应用中出现,2007 年融资后定位为更加严谨的金融服务公司
盈利模式	对投资者收取每年 0.5% 的管理费;对借贷者收取 0~190 英镑的固定费用	对投资者收取每年 1% 的管理费;对借贷者收取一次性的 0.5%~4.5% 的手续费	对贷款人收取手续费,费用会因为贷款者个人条件的不同而有所起伏,一般为贷款总额的 1.1%~5%;对投资者统一收取 1% 的管理费
牌照	英国金融服务管理局资质认证	美国证券交易委员会资质认证	美国证券交易委员会资质认证
融资	种子基金首轮融资 100 万美元,目前全部共融资 3390 万美元。C 轮融资,正在进行风险投资中	种子基金首轮融资 750 万美元(4/1/0.5);结束了 E 轮融资之后,目前私募介入;总融资额为 9490 万美元	种子基金首轮融资 1000 万美元;目前准备 IPO 上市;刚刚完成一轮 1.25 亿美元的融资
总发起贷款量	29 亿英镑(截止到 2013 年 3 月);目前每个月的贷款量为 1000 万英镑	4.47 万美元	14 亿美元
借款人年利率	5.1% 起	6.38% 起	5.59% 起
回报率	15%~30%(年)	5.5%~13.29%(季度)	6.03%~27.49%(年)

续表

	Zopa	Prosper	Lending Club
特色	成立之初就被英国媒体将其置于与eBay（贸易）和BetFair（博彩）等知名的P2P平台相当的地位。在金融危机和伦敦奥运会之后，英国金融家雅各布·罗斯柴尔德于2012年12月展开了对Zopa平台的投资，同时，英国政府也宣布其有计划以用户的身份加入Zopa作为投资者推进Zopa的业务	Prosper的盈利模式相对灵活，部分介入二级市场，并且为各种级别的用户都提供了极为灵活的交易平台，对于普通借贷者和投资者都很容易上手	特别重视用户的信用记录，平均只有10%的申请通过信用记录审核。这是其能吸引到很多大的投资用户，并且风险控制和利润都取得长足进步的主要原因。其管理层的背景及其雄厚，多位金融和政界传奇人物，从其首轮融资即得到1000万美元的融资便可见其规模

（五）发展前景

1. 强大资金保障推动稳健发展

Lending Club 从创立之初就表现出其与普通初创公司的不同，在种子资金的融资阶段，A 轮融资就融到了 1000 万美元，而普通的科技初创企业一般只能获得 100 万美元量级的投资；而 Lending Club 在这些投资中，2013年仍然有近 60% 是现金，强大的资金保障使得这家公司快速稳健地发展，2013 年初实现了盈利。

2. 不断壮大管理层实力背景

高姿态不仅表现在巨额的融资量上，相应的公司董事会也在不断壮大，从最初的硅谷几家投资银行的合伙人，一直到去年 Visa.Inc 前总裁，摩根斯坦利前主席 John Mack，前美国财政部部长、被人称之为"互联网投资女王"的 Mary Meeker，悉数加盟 Lending Club，其阵容的豪华程度在银行业内都让人不敢轻视。而在历史不足 10 年的债权众筹市场中，更是无人能出其右。

3. 扩大规模业绩吸引更多金融机构

公司现在仍然保持着每 9~12 个月贷款额度翻一番的记录。2012 年年底总贷款额突破 10 亿美元大关，并实现月度贷款额超 1 亿美元的目标，这两项指标使得 Lending Club 在个人对个人贷款领域独占鳌头。在金融领域,规模和业绩越大,就能够吸引到越多的用户,即更多的投资者和借贷者。资金流日益增长和活跃,Lending Club 在二级市场方面也开始崭露头角。

金融机构作为投资者来到 Lending Club 平台上的为数不少,他们能提供的资金量往往都比较巨大。Lending Club 通过对贷款者的信用积分和记录的严格筛选和审查,给这些机构带来了巨大的便利,不仅减少了自己在这方面评审的工作量,而且随着 Lending Club 的壮大和业绩的增长,他们也更加信任这个平台,这促成了更多的机构直接来到这个平台上开展投资活动。除此之外,在其他借贷金融平台上较为少见的个人和家族投资在 Lending Club 也比较活跃,目前这种个体投资者中投入的资金最多已经达到 6000 万美元。

4. 保持高回报率,增强业务范畴

Lending Club 从成立之初就特别强化了对于风险的管理,平均 90% 的申请被驳回,主要是信用记录和当前工作状态等原因。这种策略在过去几年里取得了十分明显的效果,从融资、发起贷款额以及对于投资者稳定的高回报率等方面看,都卓有成效。但是,回归到债权众筹这个业务本身,初衷便是低消耗、高效率、服务更多人群,这其中自然包括那些被银行拒之门外的人群。经过了初期的发展,Lending Club 一方面要保持原有的业务,保持高现金流量和利润,另一方面要向更多用户推出更多的服务,增加自己的业务范畴,打造一个全面的全民理财和借贷平台。

5. 开发房贷人群和学生用户

Lending Club 下一步将开展的业务就是主要面对房贷人群和学生。前者可能是在金融危机之前房价最高期间购置房产,但是在金融危机期间工作不稳定的人群,诸如此类在还房贷时遇到困难,而银行不会给予服务的情况。而面向学生的学费贷款,本身利润就很低,并且很难对其评估风险,因为至今评估信用的最主要依据仍然是信用记录,但对学生来说,这方面记录非常少;在这种情况下,Lending Club 正在积极与高校寻求合作,由学校通过学习成绩等方面一起评估这些学生的"信用积分",同时还会和学校或者教育机构一起签署对学生的贷款,以此降低不确定的风险。

6. 通过股市提高自身曝光度

Lending Club 于 2014 年 12 月 12 日在美国纽交所上市,成为第一家在纽交所上市的 P2P 平台,这对 Lending Club 甚至整个债权众筹领域都是一个非常重要的大事。对此,其 CEO Mr. Laplanche 表示,公司现在的盈利能力很好,并且资金充足,其实并不需要上市来募得资金,更主要的是希望通

过股市,提升自己的曝光度,让公众更加了解其服务。如此,Lending Club 正在一步步地形成和加强对传统银行业的冲击,为民众提供更全面、更灵活、更有效率的个人理财。

第三节　国内债权式众筹的经典模式

一、拍拍贷

拍拍贷于 2007 年 6 月在上海国际金融中心成立,是我国第一家真正意义上的 P2P 网络信用借贷平台(图 5.6),其成立对我国民间借贷和互联网产生了深刻的影响,也在推动中国金融市场化改革方面起了重要作用。

(一)平台简介

拍拍贷引进英国 Zopa 平台的成功模式,从单纯的线上运行开始,借助互联网的影响使业务迅速覆盖到了全国范围。

1. 发展现状

(1) 在交易规模方面,历经六年的稳定发展,拍拍贷平台在 2012 年完成了 2.9 亿元交易规模,而在 2013 年更是高速增长了 257.7%,达到了 10.45 亿元的交易规模,至此实现了持续五年 200% 以上的增长速度。

(2) 在公司营业收入方面,2009 年实现收入 7.5 万元,到了 2012 年增长到了 908.3 万元,2013 年伴随着该平台交易规模爆发式的增长,营业收入规模更是实现了超 3000 万元的业绩。从 2012 年 11 月起拍拍贷网站月均覆盖人数都保持在 50 万人上下,并于 2013 年 11 月超过了 60 万人,拍拍贷在经历了几年的发展后逐步累积形成一个黏性较强的稳定客户群体。

(3) 在企业性质方面,2012 年 4 月,上海市工商局在反复讨论后,终于同意为拍拍贷网络借贷平台进行企业营业执照的登记,注册名确定为"上海拍拍贷金融信息服务有限公司"。由此,拍拍贷成为了中国首家正式拿到金融信息服务营业资质的 P2P 网络借贷公司,企业性质也算被官方正式定性为金融服务行业。

截至 2014 年拍拍贷平台注册用户超过 600 万,累计成功借款超过 260

万笔,累计成功投资超过1200万笔,从品牌影响、用户数、平台交易量等方面均在行业内占据领先位势。

图 5.6　拍拍贷

2. 融资状况

2012年10月,拍拍贷成为首家完成A轮融资的网贷平台,获得红杉资本(Sequoia Capital)千万美元级别投资。

2014年4月,拍拍贷在北京钓鱼台国宾馆宣布率先完成B轮融资,投资机构分别为光速安振中国创业投资(Lightspeed China Partners)、红杉资本(Sequoia Capital)及纽交所上市公司诺亚财富。

2015年4月,拍拍贷正式宣布完成C轮融资,再次成为国内P2P行业首个完成C轮融资的网贷平台,C轮投资投资方组成为:由联想控股旗下君联资本和海纳亚洲联合领投,VMS Legend Investment Fund I、红杉资本以及光速安振中国创业投资基金等机构跟投。

(二) 运营方式

拍拍贷采取的是会员制,无论是借款还是投资,用户都需要在平台注册成为会员。

1. 借贷服务

(1) 对于借款人。潜在借款人在注册会员之后,拍拍贷平台会对借款人进行个人信用评估,评估合格后方有继续申请贷款的资格。平台的信用评级系统会根据借款人提交的基本信息对借款人进行信用分级,级别范围为A、B、C、D、E、HR六个等级,每个信用等级对应后期不同的贷款内容,即最低贷款利率和贷款额度限制。借款人有权在拍拍贷提供的贷款利率区间内选择一个满意的利率水平,之后进入资格审核阶段。平台资格审核通过后借款人才可以投标筹款,正式申请贷款,按要求规范填写贷款申请,说明借款目的、借款金额、最大接受利率和贷款期限,系统为借款人生成借款列表,之后借款人就可以等待贷款成功。

(2) 对于投资人。投资人事先可以浏览网站公布的借款列表,根据自己的需求和判断筛选合适的贷款标的进行竞标,和其他投资者竞争投资资格,竞标成功则获取该贷款项目的投资资格,有权贷出自己的资金,以获得后期的利息收益。竞标过程通常会设立一个标的数额限制和时间期限,如果标的标满或者到期,则这轮投标结束。之后,贷款资金由利率最低和较低的投标资金共同构成,组合成为借款人申请到的贷款资金,借款人确认这笔资金之后交易便结束了。此后便是借款人按月定额还款,投资人等待收益。

2. 合作电商平台

拍拍贷也积极寻求与电商平台展开合作:一是可以扩展更多客户资源;二是电商平台内经营业绩良好的经营者可以享受到在线小额贷款的优势,拍拍贷将有融资需求的经营者引入平台,并为他们专门开设网商专区以供投资人更清晰地识别,增加投资人的投资意向。

3. 推出理财工具

为顺应各大金融平台研发新型理财产品的大势,拍拍贷也顺势推出了两个理财工具,为潜在投资者提供了更多的投资理财选择,分别是拍拍宝和拍小宝。拍拍宝于2014年7月上线,以其相对固定的投资期限和可观的投资收益立即获得广大投资用户的认可。拍拍宝的资金会用于低风险资产的投资,保障借出人资金安全。2014年9月,拍小宝正式上线,这是继拍拍宝之后拍拍贷推出的又一款简化投资过程的投资工具。由于是等额本息的收息方式,拍小宝每月都能收到回款,收益率相较拍拍宝高了近50%。

(三) 盈利方式

拍拍贷的盈利方式和大部分债权众筹平台一样,都是以方便快捷和高收益低成本来获取更多客户的,再通过收取手续费实现盈利。拍拍贷平台的盈利性收入主要可以分为两个部分:

1. 技术服务收费

技术服务收费即拍拍贷平台收取成功交易的中介服务费作为收入,一般而言平台对借款期限6个月(含)以下的融资人,从中收取2%的金额作为技术服务费;融资6个月以上的技术服务费要增加一倍即4%的服务费用;但没有交易成功的则不会收取任何费用。

2. 违约费用和违约补偿费

违约费用和违约补偿费即贷款过程中若出现了没有按期还款等违背借贷条款的行为时,拍拍贷有权向违约用户收取一定的违约费用和违约补偿费,除去弥补平台损失的金额,其余部分就成了收入的来源之一。

(四) 风险管理

由于我国目前还没有独立运营的第三方信用评价机构，无法对网站客户的信用历史状况进行内审和评价，很大程度上需要靠平台自身采取手段防控违约风险。基于此种情况，拍拍贷设计了会员等级制风险控制体系，这是一套贴合平台实际情况并具备操作性的风控体系。该体系从借款人的还款能力和还款意愿两方面入手，这也是所有贷款服务对客户信用进行风险判断的核心层面，具体风控操作如下：

1. 评估借款客户的真实还款能力

通过审查会员基本资料的真实性来判断其未来违约的可能性，这与正规金融机构的风险控制体系相同。拍拍贷与具有公认性质的身份网开展了合作，双方通过"全国公民身份信息系统"（NCIIS）的资源共享来强化对拍拍贷平台客户信息真实性的认证。

2. 通过违约成本反映客户的还款意愿

依据客户的社会资源对客户的重要性来判断客户违约后要付出的代价大小，将其等值于客户的违约成本。一般而言，违约成本越高，对用户带来的负面影响越大，其还款意愿越高；反之，违约成本越低，违约不会给其带来显著影响，则用户不会在意自己的违约后果，其还款意愿越低。将客户关联到其所在的社会关系，这有别于银行业的只以资产担保或抵押的风控模型，进而会增强用户的还款意愿。

3. 推出贷款人 100%本金保障计划

符合以下条件的贷款人自动享受保障计划：一是通过身份认证；二是完成过超过 50 笔的贷款；三是每笔贷出的金额不小于 5000 元，且该笔资金要小于其投向的某笔借款总额的 33%。用户自身积累的良好交易记录帮助用户自动享受保障服务，这也鼓励用户保持良好信用，规范进行贷款操作。保障计划内的用户若发生坏账，拍拍贷将赔付该笔坏账，但仅限于全额本金，不补利息损失。拍拍贷不直接融通客户资金，都是通过支付宝、财付通等第三方网络支付平台实现借贷交易资金的交割。这样既规避了构建资金池的违规行为，也杜绝了平台自身可能带来的资金风险。

(五) 成功经验

债权众筹百花齐放的同时，网贷行业乱象频发，接连被暴出的老板跑路、高利贷、吸储、变相理财等恶性事件，使得债权众筹成为社会焦点。但不是行业中所有的平台都参与其中,拍拍贷坚持做第三方机构,走出自己的风格,不越政治红线。作为中国第一家 P2P 网贷平台的拍拍贷,以 1.5% 的行业内最低的借贷违约率,不仅证明自己坚持第三方立场的正确,而且证明草根金融也能创新出可靠的风险管控系统。

1. 选择不垫付模式,合理规避风险

以拍拍贷的背景,同时又是第一家 P2P 网贷平台的公司,理应迅速走向规模化,然而从 2013 年底网贷之家公布的营业规模排名来看,拍拍贷仅列第十,并没有达到它自身素材被期望的高度。对此,拍拍贷选择的商业模式是出现这一结果的首要原因,不能说它不好,发展速度和营业规模不能代表平台整体实力,拍拍贷要走的是相对安全、风险较低的营业模式。

拍拍贷没有像其他大部分债权众筹平台那样采取垫付模式。其实,垫付模式与不垫付模式,正是代表了当下债权众筹平台的两大商业模式。那么什么是垫付模式?即如果借贷双方交易出现亏损,平台为其损失垫付自己的资金。很多债权众筹平台采用垫付模式,对于借出人的吸引力很大,从投资者角度,通过采用垫付模式的债权众筹平台贷出钱后,不怕债务违约,因为平台会承诺本金保障。因此从短期看,采取垫付模式的债权众筹平台,发展速度很快,规模会放大。而拍拍贷不采取垫付模式,吸引不到更多客户,发展速度自然不如其他平台。

垫付模式的缺点是存在两个较大的风险:第一是放纵借款人的违约行为,平台给问题贷款垫付,短期内弥补了资金的漏洞,继续维持贷款运作,但实际是给潜在违约者制造犯错的机会,缺乏对他们的约束能力,最终贷款人坚持逾期不还,平台加上垫付的部分其实损失了更多,甚至自有资金不足赔付,只有破产倒闭;第二是涉及违规建立资金池风险,采用垫付模式的平台,往往同时要求借出人的钱先打入其账户,这就等于建立资金池,最后演变成吸储,踩踏政策红线。拍拍贷不采取垫付模式,也成功规避了该模式带来的额外风险。

2. 维持借贷双方公平,执行单向收费

作为第三方平台,拍拍贷执行单向收费,只向借款人收取,不向借出人收取。如果是双向收费,借出人一定会把成本转嫁到借款人,这样就会增加借款人的贷款成本,再加上借款人还要支付平台服务费,双重压力下借款人会对自己的待遇心生不满,最后离开平台另寻商家。因而拍拍贷注重维持借贷双方的公平性,尊重借贷交易的需求方。

拍拍贷单向收费的规则是:当借款人借入成功,并且借款期限在 6 个月以下,一次性收取借款本金的2%;借款期限在6个月以上,则一次性收取4%的网站服务费用。如果借款人逾期超过15天,拍拍贷将收取人民币50元及每天60%的逾期金额作为网站电话提醒和催收服务的费用;如果逾期超过60天,拍拍贷就把对该借款收取的服务费,按比例补偿给借出人,一旦借款人还款后,网站将从借出人收回这笔费用。

3. 打造自己的征信系统

(1)明确客户群体为网商。网商多为个人创业,他们在创业中有资金需求,因此,拍拍贷通过搭桥慧聪、敦煌、淘宝等电商平台,并从这些B2B、B2C、C2C平台导入客户。然而,更重要的是,从这些平台上导入的用户,背后都能链接到他们的商业信用。借助商业平台获得借款人的诚信记录,可降低拍拍贷的征信成本,同时也帮助借出人规避贷款风险。

(2)建立自己的征信数据库。借助别人的征信系统,永远成就不了自己的核心竞争力。拍拍贷按客户的年龄、性别和学历等,给借款人做标签,比如年龄越大、女性以及学历越高的人,给出借款信用认证相对比较高,而低于该标准的人,则要求提供更详尽的资料。之后又增加了微博和微信的征信方式,如果微博粉丝量超过800人次以上,且每天微博发送频次高的人,对其诚信认定就高,同样对于微信也是如此。拍拍贷的征信取自社会化和社交化,有着银行传统征信所没有的优点,这也值得其他平台学习借鉴。

(3)采取"黑名单"制度。虽然拍拍贷有严格的信用等级制度,信用级别越低,平台对其审核越严格,但是百密难免有一疏,一旦借款人逾期不还,除了出借人自己追债之外,拍拍贷第一步是启动合约规定的追讨程序,以及收取违约服务费;第二步是催讨无果后,启动"黑名单"公示,不仅在自己平台,还在第三方平台以及相关公开渠道上公示。杜绝信用不良的借款人继续危害他人利益的行为,知会其他平台、银行等金融机构谨防二次上当。

二、人人贷

(一)平台简介

人人贷成立在2010年,主要为搭建一个网上平台,为理财需求与资金需求提供撮合服务(图5.7)。平台发布借款需求、信用评级、债权转让等网上服务。创立之初注册资本金为100万元,目前注册资本金为亿元。

人人贷商务顾问有限公司(简称人人贷)与友众信业金融信息服务有限

公司于 2012 年 11 月共同组建集团公司。2012 年友信在上海取得金融信息服务经营许可,主要作为一个线下平台,为理财需求与资金需求提供撮合服务。2013 年年底,友信已经在 27 个城市开设 9 家财富中心,62 家借款营业部。2014 年 1 月,人人贷母公司人人友信获得 1.3 亿美元的 A 轮融资,是迄今为止互联网金融最大单笔融资。

图 5.7 人人贷

人人友信采用线上、线下模式(图 5.8,图 5.9),人人贷平台主要专注于线上,而友信则强化线下平台,两者互为补充模式。

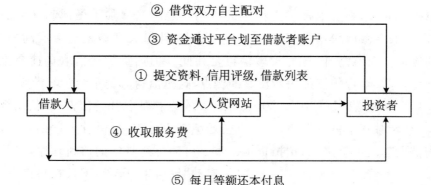

图 5.8 人人贷友信线上模式

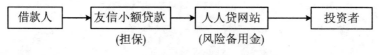

图 5.9 人人贷友信线下模式

本节主要讨论的是人人贷商务顾问有限公司(简称人人贷)。

(二)产品分类

人人贷的客户群体主要是个体商户和小微企业,平均每个客户借款 5 万元,采用等额本息还款,借款人平均融资成本为 23%,投资者平均回报为

12%。按照借款和投资两种需求,人人贷产品主要可以分为借款产品和投资产品两大类。

1. 借款产品

借款产品主要有三款,是按照借款对象类型划分的。

(1) 工薪贷,主要对象为工薪阶层。该贷款利率低、放款快,可以用于家装、购车、教育、医疗等一切合法合规的消费支出,不得用于非声明用途和法律、法规禁止的个人支出。

(2) 生意贷,主要对象是小微企业私营业主,用于解决中短期经营资金周转、日常支付结算和财务管理,贷款主体是合法生产、经营的中小企业主、个体工商户等自然人,无法提供房产抵押或其他担保。

(3) 网商贷,主要对象是网商。网商贷被称为是最便宜的信用贷款,无抵押、免担保,能快速解决网商的资金难题。

2. 投资产品

人人贷的投资产品也可以划分为三类,分别是投资散标、债权转让和优选计划。

(1) 投资散标。人人贷平台提供三种产品,分别是信用认证标、实地认证标、机构担保标。

第一种是信用认证标。该标是指人人贷自身平台对该项目的个人信用资质审核,该投资标的受人人贷平台保证本金。

第二种是实地认证标。该产品信用审核更加严格,实地需要小额贷款机构通过线下实际调研,同时也由小贷机构、主要是人人贷合作伙伴友信为标提供担保,并且采用本息保障赔付方式,担保额更大。

第三种是机构担保标。该标不仅仅是人人贷平台参与担保,更多的是与人人贷合作的机构,包括小额贷款机构以及网商平台,其对相应的标进行担保,一旦借款人不能还清贷款,那么债权人有权要求担保机构履行偿还义务,也就是担保机构有连带责任,为贷款安全提供了更强的保障。

概括而言,信用认证标的信用等级最低,实地认证标居中,机构担保标最高,相应的担保力度上信用认证标最低,实地认证标居中,机构担保标最强。

(2) 债权转让。债权转让是指在人人贷平台上,投资者购买了某类标,拥有了某个项目的债权,在债权还没到期前,投资者出于个人意愿可以把债权转让出去,使得债权流动性增加。相应地卖出债权的投资者获得了与债权价值等额的流动资金,买入债权的投资者接手了这项债权。

（3）优选计划。优选计划就是上面债权转让的衍生产品，类似理财产品但是性能上优于理财产品。投资者加入优选计划后，其投资资金就会流向机构担保标、实地认证标以及债权转让这些安全等级高、回报有保障的投资产品。此外投资人每月收到的定额还款会再次投入优选计划中，实现资金的重复投入，优选计划的资金是复利投资，这样既增加了投资者的收益，又减少了投资者的操作，即操作便捷了，收益更高了。

（三）借款流程

借款流程大致分三个步骤：

1. 获得认证

借款前要上传认证信息，包括必要的身份证、工作证、收入认证等，以及可增强个人信用的房产认证、购车认证、结婚认证等资料（表5.6）。

根据这些认证资料，人人贷会按平台标准给借款人计算出信用评分。

表5.6 人人贷信用评分表

信用审核项目	信用分数上限
成为借入者	20分
身份证认证	5分
工作证明	10分
收入证明	10分
人民银行个人信息报告认证	10分
学历认证	5～10分
技术职称认证	5分
房产认证	5分
购车证明	5分
结婚证明	5分
社区网认证	5分
微博认证	2分
用户借款还清笔数	+1分/每笔，上限10分
用户借款逾期次数	-1分/每笔
用户借款严重逾期次数	-30分/每笔

2. 进行筹标

平台初步审核后,通过发标进行筹款,说明信用等级、借款金额、时间、利率、原由等投资人关注的信息。

人人贷根据计算出来的信用得分,将借款人划分为 AA,A,B,C,D,E,HR 七个信用等级,见表 5.7,分别对应不同等级的信用额度,同时平台对各等级用户收取的费率也不同。

表 5.7 人人贷划分的信用等级和信用额度表

信用等级	AA	A	B	C	D	E	HR
信用分数	100	99～90	89～80	79～70	69～60	59～50	49～20
信用额度(元)	100000	70000	50000	30000	20000	10000	3000
费率	0%	1%	1.5%	2%	2.5%	3%	5%

3. 获得贷款

发标成功后,经过平台审核,贷款人会收到站内信息形式的借款成功通知,借款标顺利进入投资者视野,最终获得贷款。

(四) 贷款管理

贷款管理主要分为贷前和贷后阶段。

1. 线上贷前管理

第一步,借款人填写贷款申请资料,不同类型的借款人符合的贷款条件不同,填写的申请资料也不同。(1)对于工薪贷,借款人必要申请材料包括:身份证、个人征信报告,有公司公章的劳动合同和近三个月工资卡流水;(2)对于生意贷,必要申请材料包括:身份证、个人征信报告、经营证明,通过年检且注册满一年的营业执照和经营场地租赁合同超过 90 天内的租金发票及水电单据,另外还需近六个月常用银行卡流水(对公账户或者个人账户);(3)对于网商贷,必要申请材料包括身份证、网店地址和阿里旺旺账号,同时还需 QQ 视频审核。另外如果提供如下资料:学历、房产、技术职称、结婚证、居住地、手机实名,则会增加信用分数。

第二步,在用户提交资料后,人人贷会通过电话、网络等各种渠道进行核实,包括线上和线下审核。

第三步,由经验丰富的审核人员确定最后结果,包括信用等级、信用期限、利率和额度。

2. 线下贷前管理

这部分操作主要需要人人贷员工在实际中实地调研,亲自收集有效资信资料。

（1）对于实地认证标,既要通过线上人人贷审核,同时也要通过线下友信实地调研;

（2）对于银行流水,友信工作人员将会对个人的银行流水进行电话银行、网上银行来核实;

（3）对于对公银行流水,友信工作人员先通过网银调查,后陪同客户到企业所在开户行进行实地调研;

（4）对于提交房产的客户,友信将到房产局实地调查房产相关信息;

（5）对于征信报告,先通过网上调查,后到当地人民银行打印征信报告;

（6）对于贷款额度较高的客户,工作人员将登门拜访,实地调研。

3. 贷后管理

在人人贷平台上,所有客户的还款方法均是等额还本息,贷后催还基本分四个阶段。

第一阶段,客户一旦被平台发现在临近的一个月逾期还款,那么人人贷贷款部门会通过电话、短信、邮件等方式温馨提醒用户是否忘记了还款日,希望用户尽快还款。

第二阶段,如果客户在收到催款通知 5 个工作日内还没还款,那么贷款部门就会联系借款者当初留在借款合同上的紧急联系人、单位、直系亲属等,希望透过借款人身边的亲朋好友对借款人施加压力,来确保借款人还款。

第三阶段,如果客户还没还款,人人贷就将通过第三方专业合作机构和高级催收团队进行催收工作。

第四阶段,最后还是未还款的话,人人贷将采取法律手段维权。

（五）成功经验

1. 保持精准用户定位

人人贷的客户群体定位为有小额资金需求和供给的客户群体。借款人可能多为个体经营户、小微企业主、网店店主,他们的借款金额也不大,多为万元级别,但可能因为刚处于创业阶段,经营规模较小,个人资信状况达不到银行等传统金融机构的高要求,使得他们融资困难,而他们其实是具备一定的还款能力和较好的还款意愿的。同时还存在这样一些投资者,他们可能是一、二线城市的白领群体以及收入较高的工薪人士,本身具备一定的投资理财知识和空闲的资金储蓄,有投资的想法却没有足够的投资渠道。通过人人贷这类网贷平台,他们坐在电脑前就可以获取更多投资信息,实现其投资理财渠道有益的补充。因此,债权众筹平台就是为有小额资金需求的借款人和有理财需求的理财人提供服务的线上平台。如果人人贷市场定位精准合理,也可以有效控制借款人的质量,降低借款人的违约风险,同时促进理财人的活跃度。

2. 不断创新平台产品

对于任何行业、任何企业,产品和技术创新是保证其后劲十足的活力源泉。2012年人人贷推出的优选计划既帮助了用户进行高效便捷的操作,又有效提高了客户的资金回报率。2013年人人贷又推出了债权转让,其交易机制体现了极高的金融专业水准,既为客户的资金提供了良好的流动性,也增强了平台的硬实力。

3. 全面实行风险管理

金融行业风险问题是永远的话题,控制好风险就是成功的一大步,是维持平台稳步发展的后续动力。目前人人贷的风险管理主要体现在对借款人还款能力和还款意愿的考察,以贷前信用分析、贷中电话调查、贷后跟踪管理为主线,建立其风险备用金制度,保证理财人的资金安全。而保证人人贷良好业绩的关键正是"小额"所带来的分散化效应,可见风险控制对平台收益的影响力之关键。

4. 重点保护信息安全

人人贷平台需要对其客户群体尽职尽责,有些问题平台正是因为没能有效管理好平台信息安全,导致潜在投机者利用平台漏洞,泄露交易数据,资金偷跑其他融资渠道,加深资金安全的不稳定性,风险被叠加,后期出现资金问题时无力挽回以致倒闭。人人贷的稳定性需要关注互联网信息的安全,因此如何保护用户信息和交易数据是人人贷的重点。除了购进第三方专业软件,人人贷更多的是依靠自己的团队来完成信息系统的建设,以实现业务需求和软件功能的完美对接。

5. 深化产业链合作

债权众筹行业合理发展愈加成型,业界已经琢磨出一条合理的合作共赢的产业链模式。通过与专业化的小微信贷公司、贷后管理公司和支付结算公司合作,P2P平台在发挥自身专业优势的同时,也有效地整合了产业链资源,有利于整个贷款市场资源的有效配置,提高资源配置的质量。

6. 促进征信系统建设

我国债权众筹行业都面临着信用风险问题,这和国内长期以来信用环境恶劣有关。改善信用环境是一个长期的、循环渐进的过程,当然这并不意味着人人贷等平台无需作为;作为整个行业的一分子,每个平台自身征信系统的进步都是在促进整体信用环境的进步,多方联手推动信用数据的整合和共享是业内诸多企业正在努力探索的方向。互联网信贷平台需要通过不断地改革和创新,坚持以客户为中心,设计出多元化的产品以满足借款人和理财人的双重需求,从而建立起一个平等、开放、分享、协作的互联网金融大环境。

三、经典平台对我国债权式众筹发展的启示

无论是国外发达国家的债权众筹模式,还是国内初步尝试、小试牛刀的债权众筹模式,都有值得借鉴和总结的地方。因此,我们要吸取经验教训,为我国的债权众筹发展提供科学合理的指导,帮助债权众筹平台稳步成长发展。

1. 合理利用线上业务的原始积累

线上业务的开展包括前期平台双方的用户需求获取、用户识别、风险控制以及最终交易达成的业务环节。

(1) 线上的业务模式将节约大量的人力成本,以将更多的利益让渡给投资者和借款人,吸引更多的用户加入平台中;

(2) 纯线上的业务积累为未来的厚积薄发提供了较高的用户基础,在形成稳定的客户群和较高的用户黏性的基础上通过口碑营销的形式将获得更高的附加效应;

(3) 纯线上的业务模式一方面会在平台上积累越来越多的用户数据,用以对用户的违约行为进行深入分析以判断未来此类用户的违约概率;另一方面则在于外部的数据对接会获得更多的外部数据和合作伙伴的积累,从而让数据模型不断得到检验和成熟。

2. 科学设计差异化担保服务

在不提供本金收益担保的基础上所获得的用户忠诚度将会有极大提高,因为此类用户已经完成了初步的风险教育,降低了企业自身的经营性风险,若发生大范围的违约事件,不会影响债权众筹平台自身的经营情况;有选择地提供担保服务可以为老用户带来更高的附加值,并以此去吸引用户

更加频繁地参与到借款和投资的行为中。

3. 研究建立数据金融

大数据的特征主要包括：数据体量巨大、数据类型繁多、处理速度极快。而传统线下的业务模式难以形成大规模、多种类的数据资源，更难以实现高效的数据分析。因此，线上业务模式为数据的积累提供了可行性。

但与此同时，债权众筹平台数据由于现有用户规模有限，可检测的自有数据无论在规模还是丰富程度层面均存在制约，加之我国目前不健全的信用体系，导致债权众筹运营公司的自身数据积累面临着较大的困难。因此，平台数据的引用为债权众筹平台提供了更多维度的数据，也填补了自身平台的缺憾。一方面，外部电商平台数据的引入弥补了平台自身的数据缺憾，为数据金融提供了可操作的基础；另一方面，在带来数据的同时，也带来了更多的借款人需求。综合数据的引用提升了数据金融操作的可行性。

4. 优化社会征信环境

目前中国小微金融及长尾个人消费金融的核心障碍在于我国目前的征信体系尚不健全，造成了信用无价值的情形。首先，债权众筹平台为更多的小微企业和长尾个人用户建立了社会化的征信体系，为其未来的融资服务提供了可参考的信用数据基础；其次，参照西方发达国家的征信体系，在用户隐私得到保护的前提下，未来我国的用户征信体系势必要向社会进行开发，而线上的网贷企业则获得了更高政策层面的话语权；最后，大量的用户信用数据的积累为债权众筹未来的发展留下了长期可参考的数据。

四、案例分析

随着2013年互联网金融的火爆，以及大量新手出借人的涌入，让流窜在互联网上的各种骗子钻到了空子，于是在2014年上半年，出现了大量的纯诈骗平台。而这些骗子，也不断变换诈骗的手段，不断刷新跑路的最快时间，不变的是源源不断的受害者以及难以进展的维权。

（一）纯诈骗跑路型平台——优易网案

2014年10月9日，P2P网贷平台优易网集资诈骗一案在江苏省如皋市人民法院开庭审理。优易网案作为我国首个以集资诈骗罪名公开审理的P2P网贷平台案例，直接涉案金额为人民币2551.7万元，出借人受损金额为人民币1517.8万元，受害者包括全国各地的60多名出借人。

优易网自称系香港亿丰国际集团投资发展有限公司旗下的P2P网贷平台,全称为南通优易电子科技有限公司。2012年12月21日,香港亿丰国际集团投资发展有限公司发表声明称:"亿丰集团旗下成员从未有所谓的南通优易电子科技有限公司。"同时,该集团保留对假冒或盗用集团名义的不法单位和个人采取法律行动、追究其法律责任的权利。当天,优易网突然宣布"停止运转",网站无法正常交易,优易网的三位负责人缪忠应、王永光、蔡月珍便失去联系。

而在事发前,几乎无人去优易网实地考察过,仅因为优易网24小时均可提现并快速到账而相信优易网,并且由于出借人风险意识非常淡薄,所以容易被其所承诺的超高收益吸引。

（二）提现困难型平台——网赢天下案

2014年出现的问题平台中,提现困难型平台占据44%,而他们又多为自融平台。网赢天下和东方创投就是此类情况。

网赢天下于2013年4月上线,7月网站频频发生无法提现状况,危机初现。2013年8月8日,网赢天下官网上发出公开信称已全面停止所有网贷业务的运行,网赢天下危机正式明朗化。网赢天下案于2014年10月11日下午在深圳市中级人民法院开庭,其1009名被害人被诈骗金额总计超过1.6亿元,这些资金多被平台实际所有人钟文钦个人使用;而平台上的担保公司华润通公司、华龙天公司、德浩公司的实际控制人均为钟文钦,上述担保公司并无代偿的能力。

仔细研究网赢天下发现,一开始它就是一个彻头彻尾的骗局,其网站上的标的多数都是假的,例如其股权质押标在工商行政管理局根本无法查到相关的股权变更记录,且除了钟文钦自己为实际控制人的三家担保公司外,网赢天下宣传的与深圳市银城融资担保有限公司的合作事宜也是假的;其次,平台融资的资金流向为钟文钦控制的拟上市公司华润通光电,资金用途为冲刺IPO偿还公司一些前期负债,但2013年IPO暂缓,华润通久久无法上市,平台借款还款来源无法落实;再次,超高的收益率以及大量天标的饮鸩止渴,在2013年6月平台资金最紧张的时候,平台发布大量借款期限为几天的、收益率高达70%以上的标,7月初借故说逾期,出现第一次提现困难的情况,使得出借人的信心开始松动,直至不到1个月后彻底破产倒闭。

(三) 经营不善停业型平台——e邦达,大地贷

经营不善停业型平台通常反映在管理团队的专业性不强、平台业务来源和风控水平较差、平台无法盈利甚至持续亏损,最后主动关停平台。此类平台老板并没有诈骗的主观意愿,仅是从企业经营的角度选择离开了网贷行业。此类平台一般知名度较低,低调开张,也低调关张。e邦达和大地贷就属于此类平台。

(四) 经济犯罪侦查人员主动介入型——中宝投资

2014年至今,出现了运营中的平台因为经济犯罪侦查人员的主动介入调查而关闭的情况。虽然此类平台经侦查人员介入前并未发生实质性的问题,但均涉及非法吸收公众存款。中宝投资是第一例,也是影响最大的一例此类平台。

2014年3月14日,中宝投资发布公司因涉嫌经济犯罪被衢州市公安局立案调查的通告,落款为衢州市公安局经侦支队。4月14日,中宝投资企业法人犯罪嫌疑人周辉因涉嫌"非法吸收公众存款罪"被衢州市人民检察院批准逮捕。

中宝投资至"停业整顿"已经运营了3年时间,是第一家被立案侦查的"老牌"P2P。根据数据统计,截至2014年3月14日,中宝投资总成交量45.39亿元,有效待收本金共计4.69亿元,有效待收的出借人共1068人。

中宝投资"停业整顿"的主要原因是平台自融(有自己实体的企业老板来线上开一个网贷平台,从网上融到的资金主要用于给自己的企业或者关联企业输血),经公安机关经初步查明,自2011年2月以来,犯罪嫌疑人周辉利用中宝投资公司及其在互联网上建立的中宝投资网站,以开展P2P网络借贷为名,以高利息为诱饵,对外发布含有虚假借款人和虚假借款用途等内容的贷款信息,向全国各地公众大量吸收资金。中宝投资并没有实行资金的第三方托管,资金流向不明,出借人的资金存在被挪用的风险。在中宝投资案中,投资者资金并没有拨到借款人账户,而是进入周辉的个人银行账户,其利用平台接收资金直接用于消费的金额十分巨大,仅2013年至今用以购买车辆等高档消费品的金额就超过2200万元。

思考讨论题

1. 诈骗平台的基本特征有哪些?如何识别纯诈骗跑路型平台?
2. 对比国内现有的P2P平台及相关资料,试归纳出适合不同群体的投

资平台。

3. 投资者被诈骗平台侵害的主要原因有哪些？如何避免此类事件的发生？

本 章 小 结

【重点回顾】

1. 债权式众筹是指投资者对项目或公司进行投资，获得其一定比例的债权，未来获取利息收益并收回本金。

2. P2P网络借贷指个体和个体之间通过互联网平台实现的直接借贷，并依托网络平台，对每笔资金的需求进行配对，并收取中介服务费。P2P平台可以有效解决小微企业、个体工商贷款困难的问题，成为互联网金融脱媒化的典型代表。

3. 债权式众筹的优点：门槛低、资金运转快；投资理财手续便捷；风险可控，对本金有保障，收益可观。债权众筹的缺点：无抵押，高利率，风险高；信用风险；缺乏有效监管手段。

4. 在债权式众筹行业中被广泛采用的业务模式主要包括纯线上、债权转让、担保/抵押、O2O、P2B模式和混合模式。

5. Zopa是全球第一家真正意义上的P2P网络借贷平台，它的成功模式开辟了贷款市场的新的疆土，引领了一批批合理借鉴债权众筹模式的后继者，打破了传统金融的贷款垄断僵局，给借款人和投资人提供新的机遇。

6. 拍拍贷是我国第一家真正意义上的P2P网络信用借贷平台，其成立对我民间借贷和互联网产生了深刻的影响，也在推动中国金融市场化改革方面起了重要作用。

【复习思考】

1. P2P网贷为什么成为了债权式众筹的主要表现形式？债权式众筹还能有哪些其他表现形式吗？

2. 在互联网金融大环境下，债权式众筹为什么能够脱颖而出？它是如何影响传统金融借贷行业的？

3. 请对比总结国内外的债权式众筹模式。

4. 我国债权式众筹出现问题平台的原因是什么？对此请给出合理建议。

5. 如果让你在人人贷和拍拍贷中选择一个平台进行投资，你会选择哪一个？为什么？

【延伸阅读】

1. 零壹财经.中国P2P借贷服务行业白皮书(2014)[M].北京:中国经济出版社,2014.

2. 史亚坤.P2P网络借贷平台创新发展模式研究[D].开封:河南大学,2014.

第六章　捐赠式众筹

2014年夏天,由国外传至中国的"ALS冰桶挑战赛"在社交网站上推广传播,该活动旨在让更多人知道被称为"渐冻人"的罕见疾病,同时也达到募款帮助治疗的目的。仅在美国就有170万人参与挑战,250万人捐款,总金额达1.15亿美元,这可能是为某种疾病或紧急情况捐助最多的款项。

2015年正值中国抗战胜利70周年,国内社交网络上开始宣传关爱抗战老兵的捐赠众筹,以中华社会救助基金会成立的关爱抗战老兵公益基金为代表,微公益平台大力支持推广,旨在"回馈历史功臣,给老兵以温暖和尊重",关爱抗战老兵公益基金采用微博公示、年度审计的方式向爱心人士反馈善款使用情况,筹集的资金一般用来对符合救助标准的抗战老兵进行500元/人/月的常规资助。

捐赠式众筹不仅仅在专业的众筹平台上出现,今天它更多地活跃在社交网络上。公众对它也不再陌生,并逐渐接受这一特殊形式的众筹模式。

第一节　捐赠式众筹概述

一、捐赠式众筹的基本情况

(一)捐赠众筹的概念

捐赠众筹的"捐赠"二字,顾名思义,为"赠与"的意思,是一种捐赠人将自己的财产无偿给予受赠人的行为;也就是说,我给你钱而你可以什么都不用给我。

联系捐赠的本质和出发点,这种无偿赠与模式的捐赠众筹主要用于公益事业领域,也可以叫公益众筹、募捐式众筹。广义的公益众筹是指公益项目的公众筹资,即公益项目面向公众募集资金或者其他资源;狭义的公益众筹是指发起人(公益机构、企业或个人)在回报众筹平台发起的公益性的筹款项目,出资者对项目进行资金支持,并在项目成功后,获得相应的回报。

(二)捐赠众筹的特点

捐赠众筹是公众筹款的方式之一,不同于传统慈善筹款项目,公益众筹的项目通常在捐赠的基础上具有"投资"的性质,是在各众筹平台上发起的公益筹款项目。捐赠众筹主要有以下几个特点:

1. 公益项目为主,资金用途明确

以公益项目发起为主,有明确的项目用途。大部分捐赠众筹是非盈利性的,发起项目多为关爱社会弱势群体等募捐行为,亦或是出于保护动物、爱护环境等目的,捐赠人基本都是在了解发起项目出发点的情况下提供资金。

2. 设立阶段性筹款目标

在一定的时间阶段内有明确的筹款目标。很多捐赠项目发起时就说明他们需要筹集的资金目标,给定筹集时间期限,在该期限如果达到指定的资金额度,该项目就算发起成功;若没有达到目标,资金就要返还给捐赠者。

3. 明确捐赠金额与金额档次

设定明确的捐赠金额,同时有不同档次的金额可选择。很多捐赠项目为了方便管理及为捐赠人提供便利,会给出捐赠金额列表,提高项目筹集资金的效率。

4. 回馈对应捐赠金额

不同的捐赠金额能获得不同的回馈。虽然大部分捐赠人对捐赠项目是不求回报的,但有的捐赠项目发起时会承诺给予捐赠人某项非资金形式的回馈。比如电影募捐,捐赠金额多的人的名字就可能出现在电影片尾名单中,捐赠金额少的人则可以获得电影票一张。

5. 捐赠门槛较低

对筹款资质要求较低。捐赠众筹是不求回报的众筹,特点是聚沙成塔,并不是力求高额回报的投资模式,故而也不会对出资者设立高门槛高资质要求。

通过众筹平台支持某个产品或服务从形式上看似乎和通过电商预购某个产品或服务没有太大差别,但是实际上众筹平台的项目支持者和电商商品的消费者心理活动是存在差异的。如果说消费者通过电商购买某种产品看重的是"物有所值",那么募捐式众筹模式下支持者对某个项目的"出资支持行为"则表现出更多的"重在参与"的属性;换言之,募捐式众筹的支持者几乎不会在乎自己的出资最终能得到多少回报,显然,他们的出资行为带有更多的捐赠和帮助的公益性质,支持者对某个项目的出资支持更多表现的是"重在参与"的属性或精神层面的收获。

众筹网站和团购网站的区别就在于众筹网站带有一定程度的公益性质,将购买消费品的行为转换成了捐助梦想的行为。"这好比买一张专辑,如果你是在音像店里买的,你会觉得只是完成了一次消费,但是如果你买的是路边卖唱艺人的,同样是消费,你却觉得自己是在捐助。"微电影导演李纪正如是说。因此,在捐赠式众筹模式下,大众作为投资人,与其说在进行一项投资行为,不如说正在进行一项带有赠与性质的公益行为。

(三)国内捐赠众筹的发展状况

1. 捐赠众筹平台的时间史

从时间轴上来看中国的捐赠式众筹出现的时间并不算长,平台数量也不如股权式众筹、奖励式众筹、债权式众筹的数量多,其主要发展历程如下:

2011年9月,国内首个支持公益类项目的众筹平台追梦网上线。

2013年2月,众筹网上线。

2013年7月,国内首家专业公益众筹平台——创意鼓上线。

2013年12月,淘星愿上线,随后更名为淘宝众筹。

2014年3~4月间,积善之家和新公益两家专业公益众筹平台上线。

2014年7月,京东众筹上线。

创意鼓作为我国首家正式上线的专业公益众筹平台,上线至今先后发布了20余个项目,但目前仍无筹款成功的案例。从现有公益众筹平台发展而言,综合类平台占据主导地位。

2. 捐赠众筹的宏观俯瞰

根据瑞森德与众筹网联合发布的《2014中国公益众筹研究报告》显示,2014年众筹成功的公益项目总计299个,众筹网占比最高,达53.18%。综合类公益众筹平台是推动整个公益众筹市场发展的主力,综合类公益众筹平台上的项目数占96.7%;公益众筹行业全年筹资额超过1272万元,其中综合类公益众筹平台就占94.1%。

在此以众筹网为例分析项目主体与领域。70%以上的项目发起人为80

后、90后;在发起项目领域方面,助学类项目占26.96%,爱心帮扶类项目占比最高,达43.48%,环保/动保类占10.43%,创新/跨界类占13.48%;扶贫/救助类占5.65%。与传统公益不同之处在于,捐赠众筹项目多具有创新、快乐、正能量等特点。

2014年在众筹网参与公益众筹项目投资的人次超过2万。从人均支持金额来看,在众筹网参与公益众筹的投资人人均支持金额约405元,其中70%的用户支持金额在50元以内;从投资渠道来看,来自移动端的投资呈现上升趋势,2014年来自移动端的支付比例平均为49%,PC端为51%,公益众筹的社交属性明显;从地域分布情况来看,投资人所在地域主要集中在北上广深等发达城市。

捐赠众筹变"捐赠"为"投资",降低了公益筹资的门槛,有时候筹得的不仅是钱还有人力。同时,跨界众筹让公益更具魅力,企业等更多利益相关方案参与其中。

二、捐赠式众筹的运作

我国捐赠式众筹还在缓慢发展中,尚未有一个明确的、系统的运作方式,国内做得比较好的捐赠式众筹平台主要有腾讯乐捐和新浪微公益,在此以这两个平台为例来介绍捐赠式众筹的运作。

1. 服务对象

腾讯乐捐吸纳服务的对象是实名制认证的个人、非公募机构和公募机构,发起捐赠项目很容易,发起人自主在平台上完成申请捐赠流程、发起捐赠项目,在乐捐平台审核项目过后,审核通过的捐赠项目即可在线公开募款。当捐赠人为个人用户时,捐赠人可以直接浏览平台展示的捐赠项目,自行选择自己支持的项目,捐赠金额也由捐赠人自主决定。

2. 项目选择

捐赠众筹必须要有一个发起捐赠项目的理由,由于捐赠众筹偏公益性质,不同于其他众筹具有盈利目的,故运作模式上与其他众筹模式显著不同。捐赠项目的出发点是项目得以执行的前提要素,因而捐赠项目的选择决定了捐赠众筹的成败。

(1) 捐赠关注热点

捐赠众筹是一个很有意思的众筹模式。捐赠对象涵盖范围广泛,大至跨国援助,小至个人兴趣,但更多体现的是草根阶级寻求帮助,小微帮助不求回报体现大爱。出资项目表达了当今人们在满足自身物质、文化需求之外,有余力去满足他人需求的意愿。

捐赠众筹的项目名称中,"孩子""救助""女孩""儿童"等出现的频率最高如图6.1所示,未成年人群问题是捐赠类众筹平台聚焦最多的问题,很多爱心人士希望在他们的成长过程中给予力所能及的帮助。另外,涉及"白血病""手术""贫困""移植"项目也相对较多,众筹平台对于贫困人群的疾病困难问题也较为关注,筹划集资项目给予资金援助,帮助他们减轻医疗费用压力。从关键词云图中可以发现,"梦想""圆梦""希望"也是出现频率较高的关键词,这又反映了捐赠众筹参与者的一个关注领域即精神需求。捐赠众筹不仅做慈善类、公益性项目,也会有一部项目发起人是关心社会、富有情怀、理想主义,他们看中的是人类的创造力、精神文化财富,希望自己的捐赠可以帮助有梦想的人去创造并实现自己的想法,捐赠人自己也从中获得了精神上的满足感、参与的自豪感。

图6.1　捐赠众筹项目关键词云图(注:图片来源于网贷之家)

(2) 捐赠分布领域

根据《2014年度中国慈善捐助报告》可知:

第一,2014年捐赠的三个领域分别是医疗、教育和扶贫,占接收捐赠总额的75%以上。其中,教育领域捐赠分布不平衡,高校接收了75%的教育领域捐赠,其他教育机构获捐较少。

第二，基金会和慈善会系统仍然是接收捐赠的主要对象，民政部门接收的捐赠在逐渐减少，较上年下降了近 6 个百分点。大学及大学基金会也是接收捐赠的一大主体，全年接收慈善捐赠 65.8 亿元。民间慈善组织接收社会捐赠的比重较小。

第三，2014 年，企业捐赠约占捐赠总量的 7 成。在企业捐赠中，民营企业和外资企业是捐赠的主力军，占 76%，国有企业捐赠约 151 余亿元，占企业年度捐赠总额的不到 21%。与往年数据相比，2014 年全国企业捐赠、人民团体与社会组织、政府捐赠占比略有上升；而个人捐赠占比约为 11%，已连续 3 年下降。

可见，捐赠主要涉及公共资源与服务领域，并且存在捐赠分布不够平衡的现象，这也和我国的基本国情密切相关。我国虽然出现了诸多捐赠式众筹平台，但国民仍然主要依靠传统的慈善机构进行捐赠行为，并且捐赠行为主体以具有雄厚实力的企业为主，私企捐赠的觉悟越来越高，而近年来出现的社会诚信问题可能打击了个人捐赠的热情。对比美国等发达国家全民慈善的风习，我国慈善事业与捐赠众筹还有很长一段路要走。

3. 捐赠管理

捐赠项目发起人不同时，腾讯乐捐所采取的行动也不同。

如果发起方是公募机构，乐捐将遵循平台项目管理中的拨款流程，将筹集到的善款直接汇入公募机构的财付通账户。如果发起方为个人或非公募机构，乐捐平台就需要严格把关捐赠项目的申请过程，公募机构需核实其众筹项目的真实性和可行性，待捐赠资金筹集成功，乐捐会将资金汇入相应公募机构的账户，之后还需要公募机构再与发起方确认并执行拨款流程，整个捐赠才彻底完成。

同时，项目发起人还需遵循平台要求，及时向平台和公众反馈资金使用情况，汇报捐赠项目的执行进展，接受公众监督并定期发布善款使用报告。

4. 项目分析

在腾讯乐捐总共 2680 个项目中，疾病救助类众筹项目数量最多，占比约 37%；而环保/动物保护类项目数量最少，接近 4%；教育类项目数量明显多于扶贫救灾和其他类别的众筹项目，约为 29.7%，同时后两者数量最为接近，分别是 17.3% 和 11.7%，如图 6.2 所示。

腾讯乐捐众筹项目的平均成功率在 57.68%，其中疾病救助类众筹项目成功率最高，超过 93%；其次是环保/动物保护类众筹，约为 57%；同样成功率接近 50% 的类别还有教育助学类项目，其成功率是 49.2%；扶贫救灾和其他类项目的成功率虽都不及其他类别项目,但都保持在40%以上,如图6.3所示。

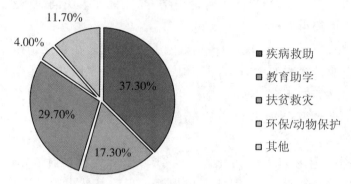

图6.2 腾讯乐捐类别项目占比

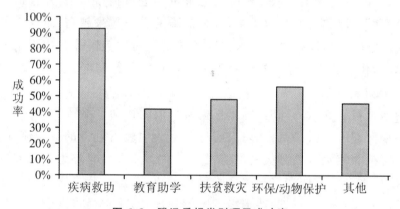

图6.3 腾讯乐捐类别项目成功率

这说明国内大众对捐赠众筹的投资关注度还是在于个人的生命健康问题,因为此类捐赠在投入回报关系上最简单直接,受赠人直接可以将善款用于医疗支出上,而教育、扶贫救灾的回报成效来得缓慢,短期内看不到明显成效,相对于疾病救助项目捐赠人可能会缺乏捐赠的动力和信心。我国对环保/动物保护问题的关注度也远不及国外热度高,主要是目前阶段国民的想法较为实际,希望捐赠更贴近生活的项目,其次是宣传和环保技术还有待提高。

三、捐赠式众筹在中国的发展

1. 支持公益事业为主线

我国的捐赠众筹主要还是致力于公益事业。根据《2014年度中国慈善捐助报告》显示,2014年我国境内接受国内外社会捐款捐物总额共计1042余亿元,较2013年增加近53亿元,单笔大额捐赠突破百亿元。值得关注的是,2008年,我国慈善捐赠总量超过1000亿元,但其中700多亿元是针对"汶川地震"的专项捐赠,常规捐赠只有321亿元。2014年,常规捐赠量达到了986亿元,为历史最高。其中,马云和蔡崇信捐赠阿里巴巴2‰的股权,按其时股价计算,捐赠金额达245亿元,成为我国有史以来最大单笔捐赠。这也是全国捐赠总量在没有大灾的情况下首次突破千亿元。

2. 与互联网发展密切联系

根据《第35次中国互联网络发展状况统计报告》数据显示,截至2014年12月,我国网民规模为6.49亿,手机网民规模为5.57亿,使用网上支付的用户规模为3.04亿,手机支付用户规模达到2.17亿。互联网不仅是产业创新发展的集聚平台,更是重塑慈善格局的重要力量。第三方网络支付业务的灵活性与创新性正在"倒逼"传统银行改革,在阿里巴巴、百度和腾讯等互联网公司的运作下已具备多种金融服务能力,这就使得公益与大众的距离越来越近,人人公益变得越发便捷。

3. 需加强公益透明度建设

一直以来,公益组织透明化程度低、公益项目缺乏创新和创意、公益项目发起者筹资难等等问题都在制约着公益事业的发展。社会及公众呼唤着公益组织增强透明度建设,这不仅是公益机构应对社会质询的外在要求,更是可持续发展的内在需要。促进公益机构持续健康成长,提高组织内部治理和管理透明度,才是最便捷、最稳固的品牌建设之路。而技术的进步和时代的呼唤,无疑为公益组织的发展开辟了更为广阔的发展空间。

4. 众筹与公益本质天然契合

众筹与公益都是通过理念的认同,来汇聚力量和资源,达成心愿,实现梦想。公益众筹作为一种新兴的公益项目筹款模式,其社交属性可以吸引更广泛的民众参与到慈善事业当中,可以增强出资者和项目发起者的互动,使公益项目与参与者有更加紧密的联系,既有利于增强每个人的参与性,也有助于推动公益行业加强自身治理、提高专业能力,可以在推动中国慈善体制的市场化改革方面发挥重要作用。所以,公益众筹在今天是微力,明天就可能是伟力。

5. 捐赠模式不断创新

社会化媒体的发达、网络门户及平台的出现,在改变人们生活方式的同时,也逐步改变了公益慈善领域的发展格局。而随着支付方式的变革,从现金到银行汇款再到第三方支付,各种网络捐赠平台的建立与完善,都为公众参与公益事业带来了极大的便捷。老式募捐方式慢慢淡出人们的视野,取而代之的是公益众筹等新颖、时尚的筹款方式。众多中小公益组织也转向网络众筹平台,希望通过网络争取市场一席之地,这也为公益事业的发展带来了更为激烈的市场化竞争。能够聚集微小的力量,打造全民参与的公益时代才是大势所趋。

6. 政策鼓励公益与众筹的结合

2014年底国务院下发的《关于促进慈善事业健康发展的指导意见》中,明确提出了公益慈善与金融创新相结合的政策命题,"倡导金融机构根据慈善事业的特点和需求创新金融产品和服务方式,积极探索金融资本支持慈善事业发展的政策渠道""支持慈善组织为慈善对象购买保险产品,鼓励商业保险公司捐助慈善事业。"这两个提法勾勒出了具有重大政策意义的公益金融体系的建构方向,让我们看到了政府在未来会推动金融资本进入公益慈善领域,也感受到了政府对公益组织借助金融工具盘活资源提高效率的期待。所以,从政策层面看,公益与众筹的结合大有可为。

第二节 国外捐赠式众筹的经典模式

一、GiveForward

(一) 平台介绍

GiveForward 是芝加哥 Excelerate Labs 孵化器所孵化的创业公司。作为一家大众集资平台,它与 Kickstarter 等其他众筹平台不同,其筹资的对象是那些需要资金帮助的家人或朋友,使捐赠更加贴近生活。

1. 融资进程

在融资方面,GiveForward 已经获得了 Techstars(美国知名创业孵化器)和天使投资人的关注并给予资金支持。天使投资人 David Cohen 第一次支持 GiveForward 时为其提供了 100 万美元的资金以及 200 万美元的交易后估值,之后 GiveForward 完成了 50 万美元的种子轮融资。投资人为

Cohen和一批天使投资人,此后Cohen深度融入GiveForward管理层并为其带来更多的融资机会。

2. 产品方向

目前,Giveforward产品的新方向是团体驱动型的,这种团体驱动型形式已经在美国引起了广泛关注(图6.4)。在他们为期两个月的试验测试中,这种形式推动了1650个新活动主页的产生,用户参与度也涨了3倍。GiveForward宣称他们还可以为全国数百万人提供关心和经济支持,他们努力为用户制造意想不到的快乐,新用户看到了他们的付出也见证了成果。这些新用户同时向其他成员传递了这一思想"大家都站在所关心的人的身后",不得不说,GiveForward乐善好施的文化和团体驱动创意成了其作为捐赠众筹平台的有力武器。

图6.4　GiveForward

(二) 运作方式

如果你有想帮助家人和朋友募集资金的想法,登陆GiveForward平台观看视频指导,就可以通过简单的几步操作设立一个捐赠项目,具体的操作方式如下:

第一步,在GiveForward上免费创建一个介绍发起项目的新页面,对此次资金筹集活动的原因做一个描述,可以通过文字、图片、视频及其他链接讲述资金筹集背后的故事,让电脑前的潜在捐赠者对此次资金筹集活动有一个更好的了解,留下好的感性印象。

第二步,通过邮件或"脸书"将你的资金筹集页面分享出去,经过他人转发可以让更多人知道并支持这次资金筹集活动。捐赠者可以通过使用银行卡等方式在GiveForward页面上进行在线捐钱。

第三步,当此次资金募集活动时间截止后,GiveForward会通过PayPal或汇款的形式将募集到的资金汇给你。

最后,如果你所发起的捐赠项目资金募集成功了,GiveForward要从所募资金中抽取7%的费用。

(三) 未来展望

1. 扩展线下业务

遥望 GiveForward 的未来,可以预见他们将与那些价值观相同的组织合作,不断扩大规模,让那些最有需求的人过上更轻松的生活。比如说,GiveForward 即将在合作伙伴、产品特色、一体化等方面下功夫,为用户提供杂货外送、家庭清洁、幼儿护理以及出行安排等服务。这意味着众筹从线上走到线下,创造出筹集资金以外的价值,提供更贴近生活的帮助,实现他们最初的核心价值观:帮助朋友及家人。

2. 众筹与保险相互合作

GiveForward 宣布了与迄今为止最大的合作伙伴——保险公司 Nationwide 的合作。这种合作关系一敲即合,是众筹和保险本质的相互吸引和相互依赖。GiveForward 和 Nationwide 都认识到众筹是事实之后的保险,保险是事实之前的众筹。捐赠众筹可以发掘具有意义的投保项目,借助保险公司的能力更有效地实现帮助他人的目的,强化捐赠众筹的功能。保险公司也可以依赖捐赠众筹扩大自己的业务范围,提高公司的声誉。

二、GoFundMe

(一) 平台介绍

GoFundMe 是一个面向个人项目的公众集资平台,它几乎和 Kickstarter 在同一时期成立(图 6.5)。2013 年 6 月 6 日,GoFundMe 用 17 万美元(约合人民币 104 万元)的高价成功收购了"集资"域名 CrowdFunding.com。

图 6.5　GoFundMe

而在 2015 年初,GoFundMe 宣布其已超过 Kickstarter 成为世界排名第一的众筹平台。回顾对比两家网站的经营状况,2014 年第四季度 GoFundMe 平台募得了超过 1.56 亿美元的资金,全年募资总额达到了 4.7 亿美元;而之前位居榜首的 Kickstarter 则在去年第四季度募得了 1.36 亿美元,全年募资总额为 4.44 亿美元。GoFundMe 对外没有筹集任何资金,就一路高歌猛进,占据了第一的位置。它只有 40 名员工,但是自平台建立以来却帮助筹集到了 6.5 亿美元的资金。2014 年,其捐款总额更是增长了 268%。

(二) 运作方式

1. 项目和费用

目前该平台上最多的项目是为医疗筹款,约占 17%,筹集学费的占 11%,此外还有 10% 的项目是为筹集旅行费用。

GoFundMe 会从每个项目中抽取 5% 的费用。

2. 平台特色

(1) 在 GoFundMe 发布的项目更偏向于个人化、生活化。例如用户可以为自己的一次海外旅行筹集资金;也可以为一次没有保险保障的车祸发起;也可能是某人失业了,需要筹钱交房租等等。

(2) 在 GoFundMe 筹款的项目没有时间和最低金额限制。对比其他平台,GoFundMe 平台的捐赠项目可长期进行筹资,参与者也可能会更多。

(三) 成功经验

1. 任何事由都可以发起捐赠

GoFundMe 表示任何人能够以任何事由在其平台上募资,正是这一点帮助其超越了 Kickstater 而成为首批推广众筹模式的几家公司之一。GoFundMe 的捐赠项目事由千奇百怪,令人意想不到,比如曾经一位女性因为从她的主管那里盗取了 82.1 万美元来旅行和购买珠宝,为了能够补上这笔债而不去坐牢,她在 GoFundMe 网站上为自己筹款。其他众筹网站在处理捐赠项目申请时都会进行审核,不合理的理由则不会被允许项目通过,GoFundMe 大胆的作风为其赢得了大量的用户。

2. 项目关注领域贴合个人生活

有些捐赠众筹的主要服务对象是那些想为创意项目募资的人们,而 2010 年上线的 GoFundMe 平台则致力于给人们创造条件,为自己的个人事由和生活事件募资。GoFundMe 网站最受欢迎的几个类别分别为医疗、教育、紧急事件、纪念活动和体育,并且大部分的资金是在家人和朋友之间募得的。GoFundMe 平台上曾经很火的项目中有帮助一个房屋失火的人筹钱找到新住处,以及为一只患有心脏病的小猫筹得医疗费等。

3. 募资者随时可以取出资金

对比其他众筹平台对募集资金的处理方式,有些平台是一旦一个项目达成了募资目标，募资者就必须马上取出资金，而 GoFundMe 对于用户何时以及是否取出资金没有限制条件。

（四）未来展望

GoFundMe 自 2008 年成立以来从来没向外界融过资，一直都是靠网站的盈利维持运营，其本身很强的盈利能力可能是它一直没有融资的主要原因。GoFundMe 对于平台上的项目收取众筹金额的 5% 作为服务费，而其自称平台上每天完成 350 万美元的众筹；也就是说，GoFundMe 每天的盈利收入就有 17.5 万美元，相当于每年盈利收入达到近 6400 万美元。跟注重产品众筹的 Kickstarter 不同，GoFundMe 上的更多是援助和教育项目。同样做类似项目的众筹平台 Indiegogo 和 Andreessen－Horowitz 投资的 Tilt 都获得了风投，但 GoFundMe 却一直没有融资。

2015 年 4 月，业界传言 GoFundMe 在寻求风投融资，投资了办公应用 Slack 的 Accel Partners 据传可能成为 GoFundMe 的投资方之一，并领投此轮融资，这将使 GoFundMe 的估值达到 5 亿美元甚至更多，不过融资尚未完成，所以最终结果可能有变。目前，GoFundMe 还没有官方确认正在融资的消息。但我们大胆猜测，为了扩大规模和开发新产品，未来 GoFundMe 可能会和其他同类型的众筹平台一样走上融资之路。

第三节 国内捐赠式众筹的经典模式

一、腾讯乐捐

腾讯乐捐起始于 2008 年汶川大地震带来的捐款热潮，当时网友利用网络号召为汶川捐款，腾讯公益及时响应了捐款号召，技术人员用一个下午的时间快速开发出一款网络捐款软件，上线一个月就汇集了超过 2300 万元的赈灾捐款，"腾讯月捐"由此而来，此后，另一个捐款分支——腾讯乐捐慢慢发展成型。

(一) 平台介绍

腾讯乐捐是腾讯公益下的项目,腾讯公益全称为腾讯公益慈善基金会,是中国第一家由互联网企业发起成立的公益基金会。

1. 腾讯公益

腾讯公益慈善基金会由腾讯公司发起,为民政部主管的全国性非公募基金会,其宗旨为:"致力于公益慈善事业,关爱青少年成长,倡导企业公民责任,推动社会和谐进步"。该基金会面向社会实施慈善救助和开展公益活动,除将大力参与救灾、扶贫、帮困等社会慈善事业外,还将积极为青少年健康成长和教育提供帮助。

腾讯公益慈善基金会对"腾讯乐捐"保持长期的承诺,项目初期腾讯基金会的角色是发起人,搭建平台和提供服务;中后期腾讯为项目设计了长期的发展计划,将通过联合更多企业界加入作为发起方的方式,不断引入更多的企业参与,即通过增加更多发起方的方式来确保项目获得更大的资金支持和其他资源支持,最终成为帮助企业找公益项目,帮助 NGO(Non-Governmental Organizations,译为非政府组织)找资金,帮助需要受助的人找施助方的综合性平台。

2. 乐捐意义

乐捐是一个涵盖求助、核实、募款、执行和反馈全环节的网络自主公益平台,它的出现满足了构建透明公益的根本需要,帮助架起了捐款人与公益慈善机构间有效沟通的桥梁。

一直以来,传统公益没有救助者与施助者之间的有效信息平台,存在着一定程度的信息不对称问题,此外大型 NGO 虽然有相对充足资源但项目过多,小型 NGO 虽然有资源却缺乏可执行项目,公益领域内资源分配不均。因而乐捐借助其网络特征,通过微博、微信、电子邮件等,让捐助者可以随时了解项目实施的情况,了解资金流向和使用状态等,同时网络带来的透明性可以很大程度地改善资源合理配置问题。

(二) 运作方式

1. 捐赠流程

第一步,注册。乐捐平台要求个人实名认证或者公益机构注册,注册要求实名认证、银行卡号和手机号的验证。

第二步,捐赠项目发起。实名用户和公益组织均可以发起项目,发起人需要交代项目帮助对象和帮助理由,向认证用户、基金会和捐款用户介绍发起人与发起项目之间的背景,帮助大家简单了解项目的情况,或者告知该项目的最新进展。

第三步,项目审核。公募机构审核并确认项目。

第四步,开展募款。捐赠项目在乐捐平台上线,开始接受公众捐款。

第五步,执行项目。捐赠项目执行者展开线下的救助行动,实现最初设立项目的目标。

第六步,结项。项目执行者通过乐捐平台公示善款使用报告。

2. 项目审核

腾讯公益乐捐项目审核的基本标准如下:

(1)内容真实,准确,积极,不含极端暴力或其他不适合公众传播内容;

(2)项目文字详细具体,清楚通顺,项目图片质量符合发布要求;

(3)募款项目具有执行的实操性(包括执行周期、执行地和执行方式等);

(4)项目执行结果能够面向公众,清楚具体地进行反馈;

(5)项目不涉及任何商业营销和非公益炒作目的。

此外,以下类型的捐赠众筹项目,更易获得公募机构支持:

(1)已在腾讯公益平台成功注册的公募机构发起的优秀公益项目;

(2)公益组织或个人发起的创新型公益项目;

(3)公益组织或个人发起的项目,如被媒体报道过;

(4)个人发起的公益项目,至少有1家信誉度高的公益机构正式推荐;

(5)16岁以下贫困家庭的儿童大病救助项目。

(三)未来展望

如今,腾讯乐捐充分发挥网络公益的优势,用互联网产品思维做公益。

第一,为方便用户参与捐款,腾讯先后开发了"腾讯月捐"和"腾讯乐捐"两个捐赠入口,与网络支付平台打通,并在腾讯旗下几乎所有产品当中植入,使公益参与成为时时刻刻皆唾手可为之事。

第二,网捐平台让捐赠行为完全听凭用户自主选择。"腾讯月捐"主要针对长期性的公益项目,"腾讯乐捐"则针对具体个案,全面囊括助学、扶贫、环保等多种类型,用户关心什么便可选择资助什么,实现"投票式"捐款。

第三,怎么把公开透明做到位,这既是网捐平台建设的重点也是难点。一方面,建立由腾讯公益慈善基金会、公益组织和网友三方构成的公益项目评估机制,并通过新媒体实现在线反馈和监督;另一方面,通过要求网捐平台对筹款的所有公益项目和个案进行信息反馈,并通过腾讯产品的多种推送功能送抵用户。这样做的结果是,在 2011 年"郭美美事件"发生后,网捐平台的捐款额也并没有因此而下滑,反而略有上升。

乐捐项目的发起,捐助,反馈,全部流程完成于网络,传播于网络,回顾于网络,将传统 PC 网络延展于手机终端,开创了未来更有前景的公益领域,借助互联网技术优势,对透明公益和全民公益展开新的探索。

二、微公益

(一) 平台介绍

微公益作为一个汇集亿万网友爱心的平台,自 2012 年 2 月正式上线以来,一直致力于将求助者、爱心网友、公益机构等资源进行整合,打造中国第一个有影响力的社会化劝募平台(图 6.6)。利用平台的影响力和汇聚力,从认证用户发掘求助项目、"爱心团"甄别信息真伪,到公益机构介入实质救助、网友参与提升项目影响力,几乎所有的微博用户

图 6.6 微公益

都有机会以个人身份,亲身参与到微公益项目中来。通过全民力量,微公益启动了一个全新的"全民公益"时代。

另外,微公益拥有打通新浪网和新浪微博的强大推广能力,并整合电视台及平面媒体传播资源,尝试挖掘微博名人、公益组织官微、爱心企业官微等资源,把透明、可靠的项目信息推送给爱心用户,不断完善社会化参与、社会化激励、社会化传播、社会化监督等运营机制。同时,微公益通过平台上的 3500 余个项目,与国内基金会及公益组织、志愿者组织、爱心网友等建立了紧密联系和合作,行业资源积累丰富。

(二) 运作方式

1. 求助流程

(1) 个人求助。网友登录新浪微公益平台,在相关页面点击"我要求助",即可看到需要填写的基本信息。首先,求助人需要如实填写求助基本情况,包括所需求助类型、求助资源需求、求助图片等;此外,求助人还需要

填写微博发布者的个人信息、求助账户等,为保护用户隐私,这部分信息将作为核实信息留存并不对网友公开。

(2) 代求助。目前,微公益平台处于公测初期,暂时只有官方合作机构可以发布求助信息;其他网友如果需要求助,可以联系现有合作机构代为发起,或直接联系新浪官方账号@微公益寻求帮助。

(3) 及时更新后续消息。新浪微博平台上的每个项目周期不超过60天,且实施过程中求助人、发起人须通过项目管理后台及时更新与公示项目账目、救助进程等相关信息。

2. 捐赠流程

(1) 选择捐赠项目方向。该平台上的求助内容,主要分为支教助学、儿童成长、医疗救助、动物保护、环境保护五个重点方向,每个项目都简要清晰地描述了项目介绍、发起人、捐助对象、目标金额、救助时间等信息,网友根据自身情况随时奉献爱心。

(2) 按条件筛选捐赠项目。网友可以按照地域不同进行筛选,也可按照捐款、捐物、募集志愿者等类型筛选,或者按照项目进行的状态待核实、进行中、已结束等选择感兴趣的公益项目。

(3) 进行捐赠行为。网友决定捐助项目后,点击进入捐款界面,可看到包括捐赠金额、真实姓名、手机号码、"我的祝福"等选项。所有参与微公益项目的网友,都将获得一定的爱心积分。

(4) 查看捐赠项目进程。网友还可随时在微公益页面右侧点击查看"捐助记录",通过按月度查询及按项目查询两种方式了解自己参与微公益的进程。

(三) 成功经验

1. 借助社交平台宣传,凝聚公益力量

微公益和微博平台绑定,信息互通,尤其是微公益可以通过微博巨大的用户群体和较高的使用率得到宣传。微博作为目前国内最大的社交网平台,明星、企业、机构等微博用户拥有庞大的粉丝群,能较为容易博得公众的关注,传媒力量得以充分体现,为微公益项目的宣传提供了天然基础。通过微公益,更多的明星可以第一时间号召自己的粉丝来一起参与公益,更多的企业和媒体可以第一时间站出来把公益的力量凝聚得更加强大。

2. 降低参与成本,公开透明运作

作为凝聚善与爱的平台,它不强求少数人做很多,而是寄希望于每个人做一点点,积少成多、聚沙成塔,让"微不足道"的付出通过每个自发个体,渗透到公益需求的每个角落,使越来越多的公益围观者成为公益参与、受益者;同时这个互帮互助的平台大幅度地降低了参与成本,并促进公益的公开、透明,实现网友互助,将求助者、爱心网友、公益机构等资源进行整合,打造一条从项目发起、信息核实到实际救助的完整生态链,以高效、便捷、透明的运作机制,降低用户参与公益的门槛,让所有微博用户都能随手参与公益,推动微公益进入"全民公益"时代。

3. 第三方监督进展,保障公益透明化

为了让公益变得透明化,新浪微公益平台全部线上求助均由支付宝合作支持,以中国青少年发展基金会为首的公益组织将监管救助金到位情况,并邀请媒体、相关机构、公益人士及热心网友线上监督项目进展。网友求助信息发布后,将由"微博爱心团"在有效时间内进行线下审核,审核通过即可确认项目顺利进行,并开通捐款通道;如发现任何虚假信息,此项目即被关闭并删除。

4. 积极与互联网公司合作,实现数据互通

微公益与互联网公司积极合作,促进了捐赠众筹的传播和项目执行。截至2015年1月,微公益平台上线三年多来累计发起15704个公益项目,累计筹款超过2.4亿元。其中雅安地震72小时内筹款超过1亿元,地震期间,新浪微博还开放地震灾区寻人数据,与百度、搜狗、360等合作方打通,以此提升寻人和救灾工作效率,实现了国内大型互联网公司首次在灾难救援方面的数据互通。

5. 为企业提供公益目标,促进彼此发展

具体对企业而言,微公益为企业寻找新的公益目标提供了方向,有利于企业整合各种公益资源,在体现企业社会价值的同时,实现企业的经济目标,达成企业愿景。与此同时,有担当的企业也都在寻求新的公益平台,而微博社交属性强,是实现"社会化公益"的平台之一,已经得到了不少领先企业的青睐,纷纷据此实施各自的公益项目:联想的"微公益,做不凡"、海航的"微公益,光明行"、中国平安的"一次转发一瓶水"爱心公社微公益活动等,都是基于微博平台发起的公益活动,并且收获了良好的品牌口碑。实践证明,企业选择微博平台发起或者参与微公益活动,不仅传递爱心,传颂企业的品牌精神,可获得非同凡响的公益营销效果。

三、经典平台对我国捐赠式众筹发展的启示

1. 充分利用网络信息平台

在我国,捐赠式众筹更多地体现出公益性质,而公益成功的基础是大众的了解和支持。不论是国外还是国内的捐赠众筹,都强调了互联网的作用,捐赠众筹社交化已经是大趋势。通过社交网络的转发,让潜在的捐赠者获悉捐赠项目的信息,这点国内的新浪微公益就做得很好,构架新闻媒体、社交平台、移动终端相互联系的桥梁,传播捐赠众筹的正能量,更加广泛和深刻地影响更多的人,推动公益习惯完全普及。

2. 带动更多企业致力捐赠众筹

当今流行的经济文化思想推崇企业多进行慈善捐赠,以提高企业的社会形象,博得消费者的信任和支持。因而,对于企业而言,多多参与捐赠众筹是大势所趋,亦是为自己争取更多盈利的机会;对于捐赠众筹平台而言,既获得了可靠的募资来源,也通过企业宣传传播了捐赠信息,实现了企业价值和捐赠众筹的合作共赢。当捐赠众筹可以深刻影响社会上各个企业的行为时,即是捐赠众筹行业发展成熟之时。

3. 创新捐赠众筹模式

借鉴 2014 年的"冰桶挑战",其通过记录挑战视频转发点名参与者的方式,既让参与人获得了挑战项目的乐趣,也成功地让更多人了解了渐冻人患者的求助需求,获得了超乎预期的捐赠资金。我国在发展捐赠众筹行业时,要借鉴国外的成功经验,大胆合理创新,设计出能够吸引潜在捐赠人注意的捐赠模式,实现线上线下互动。

4. 完善相关法律法规

国内许多捐赠众筹是公益性质,不具有营利性目的,这在法律管制时容易出现漏洞,被不法分子利用敛财,轻则损害了捐赠人的利益,重则破坏了整个社会环境的信任度,导致捐赠众筹声誉受损,得不到个人、企业以及其他机构的支持。因此,必须完善相关法律法规,指引捐赠众筹健康平稳地发展。比如郭美美事件、明星虚报捐赠数额、发起人编造故事骗取募捐等,这都需要行业形成规范管理,国家完善法律法规,对捐赠众筹出台监管指导。

四、案例分析

捐赠众筹在中国——"澜沧江计划"

目前,捐赠类众筹作为众筹四大分类中的一项,为整个慈善行业带来了巨大变化。慈善事业通过众筹平台可以获得双倍的利益:其一,利用互联网快速、分享的特点,众筹的筹款方式更有时效性,更容易募集到捐款;其二,提高小型慈善机构的曝光度。因此,对非营利性机构来说,众筹对于其宏观经济发展和升级有着至关重要的意义。非营利性机构将持续与众筹平台合作,互惠互利。

在我国,由于地域、自然环境等各方面因素的限制,在都市男女享受着城市车水马龙生活的同时,还有很多偏远山区的人们在过着食不果腹的生活,不仅如此,医疗教育资源更是分布不均,使得很多人病无所医,也无法接受基本的教育。尤其是在藏区这种海拔高、教育条件低下的寒冷地带,盲童们既看不到藏区壮丽的风景,也无缘文化教育,却又只能生活在当地,承受着严酷的气候。针对这一问题,曾在藏区支教的著名艺术家刘成瑞在国内领先的众筹平台——众筹网上发起了"澜沧江计划",意在救助偏远藏区盲童的眼疾。"澜沧江计划"众筹项目目标筹资 2 万元,并且承诺:只要参筹者支持 100～800 元不等,即可有机会获得项目发起人精心准备的各种礼物,如澜沧江河流的小石子、艺术家在项目途中拍摄的美丽的风景照片、艺术家手写的诗歌、艺术家 2006 年在青海湖畔支教期间为藏区小孩画的油画;如果支持 1 万元,艺术家将回馈 2011 年作品《虹》一套,还将获赠藏区纯铜手制的神秘老烟杆一支。

项目上线仅五天,就已经有近百位网友表示喜欢并对该项目进行了密切关注,很快便筹得了 1 万多元的资金。项目筹资成功后,"澜沧江计划"项目团队从澜沧江源头——青海玉树杂多县出发,顺流而下,通过各种支流的方向寻找盲童和 19 支没有名称的河流,然后以盲童名字命名尚无名称的河流,并标注到 Google 地球。在经过盲童监护人同意的前提下,因此通过资金支持和多方努力,治好了盲童的眼疾。

刘成瑞表示,如果获得 2 万元的支持,团队就前往寻找盲童;有 3 万元就能把他接到省城医院接受治疗;有 4 万元就用其中的 1 万元去顺着河流继续寻找需要接受帮助的盲童,依此类推,根据争取的支持资金数额决定寻找盲童的数量和治疗程度,项目计划进行 45 天。

"澜沧江计划"以艺术的名义、网络众筹的方式帮助盲童复明。同时,项目涉及人与自然关系的溯源、生命初衷的重返,艺术家本人和众多支持者们既在帮助别人又在自我救赎。因此这种公益众筹项目的模式应当得到大范围的推广,用公益的力量来解决偏远地区孩子们生活疾苦的问题,让他们也能感受到来自祖国八方的爱。

思考讨论题

1. 结合案例总结在我国公益众筹给慈善行业带来的新变化。

2. 除了上述众筹模式案例外,你觉得在目前国内公益众筹在哪些方面还需要改善?

本 章 小 结

【重点回顾】

1. 捐赠式众筹是一种捐赠人将自己的财产无偿给予受赠人的行为。

2. 捐赠式众筹的特点是以公益项目发起为主,有明确的项目用途;在一定的时间阶段内有明确的筹款目标;设定明确的捐赠金额,同时有不同档次的金额可选择;不同的捐赠金额能获得不同的回馈;对筹款资质要求较低。

3. 捐赠主要涉及公共资源与服务领域,并且存在捐赠分布不够平衡的现象;我国国民仍然主要依靠传统的慈善机构进行捐赠行为,并且捐赠行为主体以具有雄厚实力的企业为主。

4. 国外捐赠式众筹的经典模式有 GoForward 和 GoFundMe,国内捐赠式众筹的经典模式有腾讯乐捐和新浪微公益。

【复习思考】

1. 捐赠式众筹和其他类型众筹最大的区别是什么?

2. 你可以给捐赠式众筹能划分出几种模式?

3. 你觉得我国的捐赠式众筹会有怎样的前景?你有哪些建议?

4. 联系现在的社会现象,你觉得如何改善捐赠式众筹的诚信危机?

【延伸阅读】

1. 王茜.中国公益众筹发展研究[D].长春:吉林大学,2015.

2. 众筹网.2014 中国公益众筹研究报告[R].众筹网,2015.

第七章　众筹的风险及防控

2015年5月11日,海淀法院公开审理全国首例众筹融资案,经营人人投股权众筹平台的飞度网络科技公司与委托其融资的北京诺米多餐饮管理有限公司发生了纠纷,最终飞度网络科技胜诉。作为一种新型金融业态,众筹平台提供的服务以及功能仍在不断地创新、变化和调整当中,相关的法律法规也会随着具体案情而逐步完善。

第一节　众筹风险的识别及防控概述

众筹作为一种新生事物,当前还处于探索阶段,不同于传统的融资方式,其不确定性更大,蕴藏着巨大的风险,主要有法律风险、信用风险、知识产权风险、评估风险、技术风险、管理风险和流动性风险等,其中法律风险和信用风险尤为重要,分别在第二、三节重点介绍。它们在一定程度上阻碍了众筹在我国的发展,全面认识众筹存在的风险并积极防控其对众筹的发展具有重大意义。

一、知识产权风险

（一）知识产权风险的概念

知识产权风险是指项目发起人的创意在众筹平台展示期间被剽窃,从而造成众筹失败,项目发起人和投资人利益受损的风险。

知识产权风险产生原因:项目发起人为了顺利通过众筹平台的审核以及获得投资者的支持,需尽可能充分地展示项目的创意及可行性,然而这些项目大都是还未申请专利权的半成品创意,故不受知识产权相关法律保护。

同时，几个月的众筹平台项目展示期也给了盗版商充分的剽窃时间，尤其是技术门槛很低的创意类项目面临被窃的风险更大，给项目发起人和投资者带来了很大的损失，同时也降低了发起人创新的积极性，不利于众筹的稳健发展。

曾经一度火爆的"手机智能按键"（小米叫"米键"，360叫"智键"），已知的创意最早可能出现在2013年。有资料显示，早在2013年8月，一个叫"Pressy"的产品就在众筹网站Kickstarter发起了一个"手机智能按键"的项目或产品众筹。Pressy的想法非常巧妙，在耳机插孔上装一个按钮，从手机的耳机电路取得驱动电流，再驱动麦克风电路产生简单的按钮电平。最终通过手机上的应用采集麦克风电平，来识别按钮是否被按下，并根据按下的次数和长短做相应的动作（类似于莫尔斯电码）。由于该众筹项目的想法和介绍都非常精彩吸引人，再加上价格不过十几美元，两位项目发起者在众筹平台迅速募集到了超过预期近20倍约400万元人民币的资金。

欣喜若狂的项目发起者原本计划2014年上半年正式发布产品，结果，还未等其产品正式发布，效仿者们的产品已经蜂拥上市，仅国内就有小米推出的"米键"，360推出的"智键"等。事实上，在众筹发起者Pressy的计划中，其众筹的资金中原计划花2000美元撰写专利申请保护，结果专利尚未提交申请、产品未真正做出来，市场已经完全被其他厂商"包抄"和"抢占"。

（二）知识产权风险的防控

国内的众筹平台目前的做法是对项目发起人进行提醒，建议项目发起人先申请知识产权保护，再将项目上线以筹集资金；同时也会提供项目知识产权申请的相关资料，协助项目发起人获得相关文件，从而保护知识产权。对于创意有核心价值的信息，众筹平台会考虑不公开并进行说明。

要让受众在了解众筹项目的基础上保护发起人的创意和知识产权，需从投资者和发起人两方面入手：一方面，众筹平台应提高众筹投资者的准入门槛，对投资者资格进行审核，不能让没有投资意愿的人浑水摸鱼，在平台上窃取他人的创意，甚至可以只在平台上公开众筹项目的部分创意，让有投资意愿的投资者与发起人进行线下约谈；另一方面，发起人应在其发布的项目信息上多费心思，其项目最核心的创意或技术不能轻易公开，只有在与有投资意愿的投资人进行深入交流后才能告知核心创意或技术所在，以确保其知识产权不受侵犯。

二、评估风险

(一) 评估风险的概念

评估风险是指投资者在对项目进行评估时,由于自身评估错误导致投资者所投资金无法得到回报的风险。

评估风险产生原因:发起人作为项目的直接发起者与经营者,充分掌握有关项目的信息,包括项目可能的风险;而投资者对项目的了解程度则依赖于发起人所提供的信息质量。发起人为了能顺利获得筹资,可能会提供不实信息或者故意隐瞒部分风险,向投资者展示"完美"信息,误导了投资者的评估与决策。这种评估错误的主要原因是支持者与发起人之间的信息不对称。除此之外,投资者由于自身专业素质原因,对项目的前景过于乐观,也是评估风险的主要来源。

(二) 评估风险的防控

众筹平台应开展众筹融资知识普及和风险教育活动,在网站显要位置向潜在的投资者提示众筹中潜在的风险,明确各方责任与义务,并与投资者签订投资风险揭示书,确保投资者充分知悉投资风险以及发生争议的解决办法。平台不得就融资计划向实名注册用户提供具有倾向性的投资分析或投资建议,确保众筹平台在投资风险防范上始终保持中立态度;同时,平台应制定完善及时的信息披露制度。

筹资人及其他信息披露义务人应当及时履行信息披露义务,保证信息的真实、准确、完整,不得有虚假记载、误导性陈述或者重大遗漏。筹资人及其他信息披露义务人应根据公平披露原则和定期报告制度,公开承诺并履行信息披露义务。

投资者应提高自身的专业素质,充分认识潜在的风险,并将风险控制在自身可承受范围之内。

三、技术风险

技术风险包括产品技术风险和平台技术风险。

(一) 产品技术风险

1. 产品技术风险的概念

产品技术风险是指产品技术的不成熟、寿命不确定或持续创新能力不足等带来的产品难以获得市场竞争优势的风险。

产品技术风险主要表现在三个方面:(1) 产品技术不成熟。众筹项目有一部分是技术处于开发阶段或试验阶段,如果研发生产出来的产品无法达到预期的功能,或者产品的瑕疵多,项目的支持者将会蒙受损失。一个创意项目跟一个过硬的产品有本质的区别,如果把两者弄混,将是非常危险的。(2) 技术标准缺乏。产品生产出来后,由于属于前沿性的高科技产品,缺乏鉴定的标准,支持者难以鉴定其质量是否合格以及是否存在质量安全隐患。(3) 技术寿命不确定。现代知识更新加速,科技发展日新月异,新技术的生命周期缩短,一项技术或产品被另一项更新的技术或产品所替代的时间是难以确定的。如果换代的时间提前出现,或者实力雄厚的企业率先研发生产出类似产品,发起人的项目价值将大为下降,投资者也有可能面临损失。

2. 产品技术风险的防控

产品技术风险的防控一方面对项目发起人的技术专长提出了高要求,在一定程度上,技术风险是创新必经的过程,也是享受科技发展带来的益处所必须承担的风险。

(二) 平台技术风险

1. 平台技术风险的概念

平台技术风险是指在众筹过程中,涉及的支付、资金托管、账户信息等领域存在的计算机网络系统带来的风险。

平台技术风险产生原因:由于众筹融资以互联网为拓展渠道,所有业务流程均以互联网为媒介,而互联网是开放的网络通讯系统,存在不健全的网络监管、各种非预期的电脑黑客和不成熟的电子身份识别技术和机密技术,有着巨大的安全隐患,倘若众筹融资平台爆发系统性故障或遭受大范围攻击,将可能导致各类金融资料泄露和交易记录损失,给投资者造成难以估计的损失;同时,互联网金融市场基础架构所使用的大部分软硬件系统均是国外研发,而拥有自主知识产权的高科技互联网金融设备较为匮乏,使得包括众筹融资在内的整体互联网金融安全面临一定威胁。而对于上述因素对金融数据安全性和保密性的影响,目前众筹融资平台并没有建立相应的系统化应对方案。

平台技术风险主要表现在五个方面:(1)信息泄露、身份识别、信息掌控与处理等互联网金融特有风险。(2)第三方资金存托管及其可能的资金安全问题。(3)潜在的重大技术系统失败及其可能引发的金融基础设施风险。(4)潜在的操作风险,基于人为和程序技术的操作风险更为凸显。(5)人数巨大的消费者利益侵犯与权益保护问题。例如,全球知名众筹网站Kick-starter发生过多起黑客入侵导致客户数据泄露事件。因此,如何保障平台健壮、防止黑客攻击、确保用户信息不泄露等是众筹平台在技术上需要特别关注的方面。

2. 平台技术风险的防控

建立众筹融资网络技术标准体系,尽快与国际上的计算机网络安全标准和规范接轨,使众筹融资和传统融资执行统一的技术标准,逐步实现整个金融系统的协调发展,增强风险防范能力;加大对自主知识产权的信息技术研发的支持,力求在数据加密、防火墙等网络安全技术方面有重大突破,积极开发具有自主知识产权的众筹融资网络防护体系,脱离在硬件设备方面对国外技术的依赖,实现技术上的独立。

四、管理风险

(一) 管理风险的概念

管理风险是由于项目发起人管理不当而给投资者造成损失的风险。

管理风险主要表现在两个方面:(1)项目发起人的素质风险。作为项目的领头人,应具有敏锐的洞察力、高超的组织能力和果断的魄力。众筹项目很多发起人都是技术出身,具有技术专长,却很少兼具领导才能。(2)组织风险。通过众筹网络社区,在短时间内获得大量订单,这需要迅速组建团队、建立内部管理制度来处理这些订单,并且与投资者保持良好的关系。一些项目发起人反映,通过众筹发布项目后,他们被许多额外的事情困扰,包括回复电子邮件,以及为资助者制作纪念T恤等,这导致他们没有时间专心研发技术,最终导致项目失败。如果项目没有一个合理的组织结构,没有一个优秀的团队,没有一个有效的激励和约束机制,技术开发就有可能受阻,项目就有可能失败。

(二)管理风险的防控

建立信息披露制度,规定奖励式众筹平台必须按一定格式披露产品信息,对产品质量、发货期限、资金投向做出承诺,及时更新产品生产进度、资金使用状况、物流变动信息,并结合生产实际对消费者做出风险提示;股权众筹类平台需披露项目的融资范围、投资风险、投资人资质要求,定期公布项目融资总额、股东变动状况以及公司财务报表。两类众筹平台自身需要定期披露经审计的财务报告,明确说明投资者风险、业务流程、各参与机构的关联关系等,以增加行业透明度,保护投资者利益。同时建立或加入互联网平台风险评级制度,由专门评级机构对众筹平台进行评级,定期向社会和投资者公布评级结果,发布风险警示,以保护投资者切身利益。

五、流动性风险

(一)流动性风险的概念

流动性风险主要是指在股权类众筹模式下,由于退出机制不完善导致的投资者资金流动性风险问题。

股权式众筹缺乏较为完善的退出机制主要表现在四个方面:(1)众筹企业股份流通性较差,难以通过公开转让进行流转,实现现有股东的退出,仅依靠企业内部回购或熟人协议转让。(2)我国虽然已经建立了多层次的资本市场,但是创业企业和小微企业较难在短时间内实现股权托管交易或新三板的公开发行。(3)众筹企业的股东变更需要向工商管理局提交包括公司变更登记书在内的诸多材料,手续较为复杂,股权式众筹股东数量相对较多,操作便捷性欠佳。(4)目前国内股权众筹基本是采取领投人和跟投人成立有限合伙企业的方式,然后再以合伙企业法人身份担任众筹项目公司的股东,持有固定比率股份。从这个角度而言,有限合伙企业的自然人股东退出,尤其是小股东的退出,就难上加难,存在较大的壁垒和局限。

(二)流动性风险的防控

利用互联网的信息传播以及成本优势,使新三板市场与众筹充分结合,新三板市场与众筹模式的结合与创新将更具活力。随着平台信息库的构建和信息技术的不断完善,逐步推进股权众筹自动化交易服务,开设股权众筹交易所,提高股权式众筹交易的效率,从而推动股权众筹的快速发展。

六、信用风险

(一)信用风险的概念

众筹的信用风险主要包括三个方面:项目发起人的信用风险、众筹平台的信用风险和联合欺诈风险。项目发起人的信用风险是指众筹项目发起人没有按照承诺的内容对投资者给予回报。项目发起人作为资金筹集者,只需向众筹平台提交信息并通过审核后便可以开展融资,这在便于发起人融资的同时也为支持者增加了风险。主要体现在:第一,发起人申请信息的真实性,没有专业评估机构的证实,众筹平台与发起人具有重大的利益关系(众筹平台在发起人筹资成功后,从其所筹资金收取一定比率的佣金),其审核的公正性存疑;第二,发起人获得筹资后,资金的用途、流向无法得到支持者的有效控制,发起人对资金的使用不受法律约束;第三,发起人承诺的回报,不具有法律约束力。这些不规范行为,均为发起人提供了巨大的违约收益,而违约成本却很小,促进了发起人信用风险的发生。平台信用风险主要包括合格投资人审核风险、项目审核与推荐风险、资金流运营风险和非标准化风险四个方面。联合欺诈风险主要表现在项目方与众筹平台、项目方与领投人两个方面。

(二)信用风险的防控

众筹信用风险管理体系的构建主要从完善政策环境、经营环境和平台环境三个角度进行:第一,建立针对性的法律法规与监管体系,完善众筹融资业务的政策环境;第二,建立众筹融资数据库,丰富项目信用风险管理手段,完善众筹融资经营环境;第三,改变盈利模式,建立信用审核机制,完善众筹融资的平台环境。

七、法律风险

(一)法律风险的概念

众筹在中国才刚刚起步,目前国内缺乏专门的法律法规对众筹行业予以规范,对于众筹网站的批准设立、业务经营范围许可、资金风险控制没有明确规定,日常监管方面几乎处于空白。在外部监管缺失的情况下,此类平台非常容易变成诈骗或者非法集资的工具。众筹面临的法律风险主要有非法集资、集资诈骗、擅自发行证券以及欺诈发行证券等。

(二)法律风险的防控

从众筹平台的角度看,不同模式的众筹面临着不同的法律风险及防控措施。从监管的角度看法律风险的防范问题,监管主要应遵循金融创新容忍原则、监管一致性原则及中小投资者保护原则,具体包括强化众筹平台管理、界定合格众筹出资人资格和引入第三方资金监管机构等措施。

第二节 信用风险的识别及防控

任何金融产品都是对信用的风险定价,对金融产品管理的关键是对信用风险的管理。众筹融资改变的是传统融资方式而不是金融本身,无论融资产品如何虚拟化和技术化,核心是金融,因此众筹融资管理的关键是对信用风险的管理。由于众筹融资具有"互联网+融资"的双重特性,这决定了众筹融资的信用风险较传统融资模式更加复杂、更加难以管理。本节对众筹存在的信用风险进行思考与分析,探索促使众筹行业朝风险可控态势有序发展的妥善途径。

一、众筹的信用风险

众筹的信用风险主要包括三个方面:(1)项目发起人的信用风险;(2)众筹平台的信用风险;(3)联合欺诈风险。

(一)项目发起人的信用风险

项目发起人的信用风险是指众筹项目发起人没有按照承诺的内容对投资者给予回报,分为众筹项目发起人故意违约和非故意违约两种情况。

故意违约主要表现在:众筹项目按照计划如期完成但众筹项目发起人对投资者给付迟延;发起人故意瑕疵履行,制造质量不符合约定的产品回报给投资者;发起人实现众筹项目后拒绝履行承诺。

非故意违约主要表现在:众筹项目执行完结的时间晚于预期,导致发起人未能按照约定时间及时对投资者进行回报;众筹项目执行人在实践项目的过程中发现穷尽所能生产的产品与预期质量仍有差距,因此发生瑕疵履行;众筹项目的设计存在一定的不合理性导致最终项目无法完成继而无法向投资者兑现回报,发生履行违约。

项目发起人信用风险的产生原因:目前对于项目发起人信息,是由众筹融资平台进行审核,其真实性没有专业的信用评级机构评估,其风险信息无法全面获得;由于众筹融资数据库未与央行征信系统相关联,无法获得项目发起人的历史信用记录,不能客观评价项目发起人的信用;同时,众筹融资的违约信息并不计入央行征信系统中,使得项目发起人即使未按照承诺支付投资回报时,也不会影响其在央行征信系统中的信用记录,使得项目发起人违约收益巨大,而违约成本很小,促使了发起人信用风险的发生。

(二)众筹平台的信用风险

平台信用风险主要包括四个方面:(1)合格投资人审核风险;(2)项目审核与推荐风险;(3)资金流运营风险;(4)非标准化风险。

1. 合格投资人审核风险

鉴于众筹融资的本质,项目支持者除具备投资资金外,也要具备风险识别能力和决策能力。股权众筹的参与者更需要具备一定的专业知识。众筹平台在运作过程中需要对投资人进行资格审核,特别是股权众筹运营模式下的领投人,因为其承担了众筹投资价值的认定。如果众筹平台不进行合格投资人审核或审核不严格,则可能会引发一系列社会问题。国内股权众筹平台在该方面做得较为完善,注册的投资人以机构投资人居多,一般具有较为丰富的投资经验和专业能力。

2. 项目审核与推荐风险

众筹运营模式的基础环节是项目发起人向众筹平台递交项目材料或创意想法。通常股权众筹项目材料包含商业计划书、项目简介、项目优势以及团队众筹融资运营模式下风险分析与防范策略研究情况、融资计划等。商品众筹则相对较为简单,仅需要提交关于产品介绍等信息或关于创业项目的创意构思。众筹平台负责审核项目材料的真实性和项目的可行性,然后对外发布。对于平台上推广展示的项目,没有第三方信用评估机构的独立评估意见,多为描述项目功能和优点等信息,投资者只能通过平台提供的有限信息进行风险评估,难以获得更多有价值的信息。此类风险产生的根本原因在于众筹平台对项目信息真实性的审核能力较差,并且较难防范恶意欺诈风险。

3. 资金流运营风险

众筹是由投资人、筹款人和平台三方共同参与的过程,多方利益关系使投融资双方原本简单的资金交易复杂化。基于众筹特殊的时间属性,在众筹融资款项支付给筹资人前,会在众筹平台产生较多的沉淀资金。相对于奖励式众筹和债权式众筹的筹资额而言,股权众筹形成的沉淀资金较多,而众筹资金在没有第三方监管或者存在监管漏洞时,极有可能造成众筹资金的挪用和灭失。债权式众筹和股权式众筹容易产生此类风险。债权式众筹在2014年曝出多起平台卷款潜逃的事件,给投资方造成了较为严重的损失。目前我国尚未有相关条例和规定对沉淀资金进行约束和管理,这对投资人而言具有潜在的资金损失风险。而国内知名的股权众筹平台大家投,采用了投付宝第三方平台作为资金的托管方,避免了过多的众筹资金在众筹平台的账户停留,保护了投资人的利益。

4. 非标准化风险

各众筹融资平台对于融资项目的审核标准均为自行制定,且不对外部公开,无法评估众筹融资平台信用风险管理水平。虽然各家众筹网站基本已建立起各自模式化的流程和标准用于项目的申请和审核,但项目能否上线最终还是依靠某一团队的经验判断。项目的风险、金额设定、信用评级也基本取决于平台方,存在可操作的弹性空间。而不同团队能力良莠不齐,对风控、操作的把握也各异,如果项目属于前沿性的高科技产品,还会碰到缺乏鉴定标准的非标准化风险。

(三) 联合欺诈风险

联合欺诈风险主要表现在:(1) 项目方与众筹平台;(2) 项目方与领投人。

项目方与众筹平台联合欺诈风险的产生原因:主要是现有众筹融资平台的盈利模式。目前平台主要是在项目筹资成功后向项目发起人收取佣金来获得收益(一般按照项目筹资金额的2%~25%不等收取),这一盈利模式先天决定了平台作为发起人共同利益捆绑者,会通过各种方式协助项目发起人实现成功融资,并且该种欺诈行为会因为众筹回报周期长、回报未知性高、投资者风险自担等特点而被掩盖。

项目方与领投人联合欺诈风险的产生原因：主要是项目方与领投人之间的利益输送关系。在保证项目方提交的材料能够顺利通过平台审核后，领投人进行不合格尽职调查，跟投人随即进入投资环节。这一过程存在潜在的联合欺诈风险，但此类风险出现的概率较小。随着严格监管环境的建设，此类风险也将会逐渐被杜绝。

二、信用风险的防控

通过对众筹信用风险的分析，从完善政策环境、经营环境和平台环境三个角度构建众筹融资信用风险管理体系。

（一）建立针对性的法律法规与监管体系，完善众筹融资业务的政策环境

1. 加快建立众筹融资的立法速度，逐步完善与之相关的法律法规

我国可根据实际情况制定众筹融资业务标准，包括项目融资范围、投资者投资规模、项目性质、投资回报方式和投资回报比例等。比如美国为了促进众筹融资的良性发展，出台了《JOBS法案》，规定每个项目在12个月内的融资规模不超过100万美元；根据投资人的财务情况对融资规模进行限制，比如投资人年收入或净值低于10万美元，总投资额不能超过2000美元或其总收入的5%。同时，提高行业准入门槛，建立相关行业规范，包括众筹融资平台市场准入机制、融资风险准备金制度，从而规范众筹融资平台功能和提高风险缓冲能力。

2. 加强对众筹融资业务监管体系建设

众筹融资平台作为融资的业务载体，一方面风险来自网络建设和运营等方面，因此，工信部、商务部等部门可监管其互联网建设和互联网金融运营业务；另一方面，根据众筹融资回报方式不同，央行、银监会、证监会和保监会要对众筹融资强化金融关联业务的监管，并且建立沟通协调机制，防止出现监管真空地带。

3. 建立对众筹融资业务的第三方信用风险评估体系

当前我国信用评估体系欠缺及信用评估行业的商业化程度不够，影响众筹融资业务规范化和规模的扩大化。建议像美国一样，建立信用评估机构、各类企业的信用调查评级机构和消费者个人评估机构"三位一体"的信用体系。通过第三方信用风险评估机构对众筹融资项目、项目发起人、众筹

融资平台进行实地调查,运用专业分析手段,出具独立第三方评估意见,降低信息不对称风险。

(二)建立众筹融资数据库,丰富项目信用风险管理手段,完善众筹融资经营环境

1. 建立众筹融资市场信用数据库,关联央行征信系统

控制项目发起人信用风险水平,同时提高其信用违约成本。一方面,创建众筹融资数据库,全面采集项目发起人信用信息,建立覆盖全社会的众筹融资征信体系数据库,同时关联央行征信系统,对比完善信用数据;另一方面,将众筹融资信息作为输入,传递给央行征信系统,实时更新征信信息,全面共享数据库信息,为客观评价项目发起人(包括企业和个人)信用提供良好的数据保障。

2. 对融资款项全过程监控,实现对项目信用风险有效管理

在项目融资阶段,建立项目融资交易过程监控法规,通过现场和非现场审查相结合方式对进入发起人账户的资金实行有效跟踪,对资金用途进行实时管控;同时,针对众筹融资犯罪加大惩治力度,以降低众筹融资犯罪案件的发生几率,可以对众筹融资项目信用风险起到一定的预防作用。

3. 设立众筹融资投诉平台,掌握一手信用违约数据

可由央行、公安部等部门联合成立众筹融资犯罪投诉中心,接受众筹投资者多渠道投诉,掌握市场真实的信用风险状况。同时设立专门网站,实时更新诈骗案例,进行互联网消费权益警示教育,促进公众提高风险防范意识和自我保护意识。

(三)改变盈利模式,建立信用审核机制,完善众筹融资的平台环境

1. 改变众筹融资平台盈利模式,降低众筹平台信用风险

可通过会费、平台广告费、信息咨询、增值服务等多种手段相结合的盈利模式,如举办论坛、信用风险识别等相关专业知识培训等方式,在提供增值服务获得收益的同时,也提升市场参与者信用风险管理能力,从而促进行业发展。

2. 建立信用审核机制,公开审核标准

建议以众筹融资数据库为基础,通过大数据、云计算等数据挖掘和分析工具甄选价值信息,并与传统信用风险度量模型结合,开发综合型项目信用分析方法,通过对数据库信息的整合、深入分析和加工,建立众筹融资评分

机制和信用审核机制,并对外公开项目审核标准,降低各方信息不对称风险。

3. 建立信用风险自评机制

由于众筹融资属于新兴业务,参与主体多为非专业金融机构和人士,对众筹融资风险的预测和控制能力相对较弱,可在数据库平台上增加信用风险自评模块,方便平台参与者通过平台数据检测自身风险能力、改进业务营运环境,完善众筹融资的多边信用环境。

目前,众筹融资与传统融资业务相比,还处于萌芽阶段,法律法规监管较少,一旦发生风险处理不当事件,极易引起连锁反应,甚至冲击金融体系。因此,必须在发展初期构建起完善的信用风险管理体系,并在实际运行中不断改进和完善,让众筹融资在约束的框架下持续健康发展。

第三节 法律风险的识别及防控

国外众筹融资发展较早,我国众筹起步晚,但近几年由于互联网技术的发展以及社会的投融资需求,使得众筹平台呈现"井喷"之势。众筹作为一种新兴的互联网金融模式,其突破了传统金融的法律规制及监管体系,而现阶段监管的鞭长莫及使众筹游走于法律边缘,其创新性受到抑制,也不利于对金融消费者利益的保护,故厘清众筹融资的法律风险以防止其异化尤为重要。由于法律是最后的底线,是不能被突破的,因此应当严格控制众筹融资过程中的法律风险,积极进行防范。本节以国内现有的金融行业法律规制及监管体系为基础,就众筹存在的法律风险和问题进行思考与分析,全面防范法律风险,从而使众筹更好地发挥民间融资模式的作用。

一、众筹的法律风险

(一)非法集资

1. 非法集资的概念

非法集资是一种通俗说法,具体而言涉及刑法中的非法吸收公众存款或变相吸收公众存款(罪),在《中华人民共和国刑法》(以下简称刑法)与最高人民法院相关司法解释中都有较明确的界定。主要有如下四点内容：

（1）未经有关部门依法批准或者借用合法经营的形式吸收资金；

（2）通过媒体、推介会、传单、手机短信等途径向社会公开宣传；

（3）承诺在一定期限内以货币、实物、股权等方式还本付息或者给付回报；

（4）向社会公众即社会不特定对象吸收资金。

众筹在涉嫌违法方面基本同时具备上述四个要件。除个别众筹网声称有网络备案或电信与信息服务业务经营许可证外，其并未明确出示依法批准吸收资金的资格；项目发起人均通过网站等媒介向社会公开宣传融资项目；项目发起人均承诺在一定期限内以实物等方式给付回报；项目发起人均向不特定对象即网友吸收资金。

2. 非法集资案例

李某案发前为宁波某担保公司等十家企业的法定代表人或实际控制人。当时，该市民间资金借贷异常活跃。2006年12月至2008年10月，李某以个人或其实际控制企业的名义，以1.5‰~3‰不等的月息，向100余名不特定个人及10余家单位非法吸收存款1.91亿元，支付利息2292万元。在这些个人债权人中，有个体老板、普通职工、医生、律师等借款金额从数万元到1000余万元不等。同时，李某又以宁波某担保公司等实际控制的企业为这些巨额债务作担保。李某在向他们借钱时称，只要债权人需要本金随时可以提取。由于李某在宁波有一定知名度，很多人争相找上门来把钱借给他。

在非法吸收了巨额公众存款后，李某又以2‰~7.5‰不等的月息向孙某、徐某等21名个人非法出借资金3253万元，收取利息541万元，以5‰~8‰不等的月息。向27家企业出借资金共2.22亿元，收取利息5780万元。

2008年下半年，国际金融危机爆发，对国内的经济产生了严重影响。向李某借钱的债务人无法按时偿还，李某对外出借的最大一笔款项高达5600万元，该款项最后无法收回。同时又面临着众多债权人的追讨，所控制的担保公司资金链因此断裂。在走投无路之际，李某于2008年10月28日凌晨到公安机关投案，希望依靠司法机关把钱追回，结果反而被公安机关以涉嫌非法吸收公众存款罪立案侦查，然后移送检察机关提起公诉。

法院经审理认为，李某向不特定的单位和个人非法吸收公众存款，扰乱金融秩序，数额巨大，应以非法吸收公众存款罪追究其刑事责任。2009年8月20日，宁波市鄞州区人民法院做出判决，李某犯非法吸收公众存款罪，判处有期徒刑五年,并处罚金 50 万元,同时责令退赔被害人及被害单位的经济损失。

以上这个案件是典型的非法集资案,担保公司的主业是为借款提供担保、收取保费,但宁波某担保公司却"剑走偏锋",吸存转贷,赚取利差,跟银行抢起了饭碗。非法集资的显著特征是:未经人民银行批准,擅自向不特定的社会公众吸收资金,承诺回报,最终造成了经济损失。

3. 众筹和非法集资的区别

(1) 动机不同,众筹是为实体经济服务的;而非法集资只是骗钱。

(2) 信息披露情况不同,众筹从商业模式到资金用途,从企业架构到财务数据,从团队情况到项目细节展示清楚;而非法集资不敢充分披露。

(3) 风险控制机制不同,好的众筹项目有严密的风险控制措施,保护投资人利益;而非法集资项目只承诺给筹资人高回报,没有风险控制措施,资金安全没有保障,使投资者利益受损。

4. 非法集资的追诉条件

在法律规定中,非法集资涉嫌下列情形之一的,应予追诉:

(1) 个人非法吸收或者变相吸收公众存款,数额在 20 万元以上的;单位非法吸收或者变相吸收公众存款,数额在 100 万元以上的。

(2) 个人非法吸收或者变相吸收公众存款 30 户以上的;单位非法吸收或者变相吸收公众存款 150 户以上的。

(3) 个人非法吸收或者变相吸收公众存款给存款人造成直接经济损失数额在 10 万元以上的;单位非法吸收或者变相吸收公众存款给存款人造成直接经济损失数额在 50 万元以上的。

5. 非法集资的量刑标准

(1) 非法吸收公众存款或者变相吸收公众存款,扰乱金融秩序的,处三年以下有期徒刑或者拘役,并处或者单处 2 万元以上 20 万元以下罚金。

(2) 数额巨大或者有其他严重情节的,处 3 年以上 10 年以下有期徒刑,并处 5 万元以上 50 万元以下罚金。

(3) 单位犯前款罪的,对单位判处罚金,并对其直接负责的主管人员和其他直接责任人员,依照前款的规定处罚。

(二) 集资诈骗

1. 集资诈骗的概念

集资诈骗罪是指以非法占有为目的,违反有关金融法律、法规的规定,使用诈骗方法进行非法集资,扰乱国家正常金融秩序,侵犯公私财产所有权,且数额较大的行为。

集资诈骗主要表现在:

(1) 集资后不用于生产经营活动或者用于生产经营活动与筹集资金规模明显不成比例致使集资款不能返还的;

(2) 肆意挥霍集资款致使集资款不能返还的;

(3) 携带集资款逃匿的;

(4) 将集资款用于违法犯罪活动的;

(5) 抽逃、转移资金、隐匿财产,逃避返还资金的;

(6) 隐匿、销毁账目,或者搞假破产、假倒闭,逃避返还资金的;

(7) 拒不交代资金去向,逃避返还资金的;

(8) 其他可以认定非法占有目的的情形。

2. 集资诈骗的案例

鲁某是融汇嘉禾(北京)投资担保有限公司法定代表人,曾因盗窃罪获刑四年。2012年2月至2013年12月间,鲁某虚构公司分别与中国石油化工股份有限公司北京石油分公司、裕福支付有限公司等有合作关系,能够以低于9.3折、9.4折的价格购得加油卡、以9.5折的价格购得福卡等事实,向社会公开宣传,以投资加油卡、福卡等每月能获得投资额6%~8%等高额回报为诱饵,与鲍某等10人签订合同,非法集资共计1.3亿余元。鲁某仅将极小部分集资款用于购买全价加油卡、福卡返还被害人,部分款项用于支付利息。截至案发,尚有9000余万元集资款未返还。

案发后,中石化北京分公司出具证言,称从未销售过打折加油卡或加油卡销售返利业务,鲁某与被害人签订的加油卡购销合同为伪造。

市高院认为,鲁彤明知其担任法人代表的公司不具有销售加油卡等商品和提供服务的真实内容,仍以获取高额回报为诱饵,公开向社会非法吸收巨额资金,以个人名义控制使用,且拒不交代资金的真实去向,其行为构成集资诈骗罪。判处鲁某无期徒刑,并处没收个人全部财产。

从上面的案例可以看出,集资诈骗比非法吸收公众存款罪更严重,与非法集资的不同点在于行为人虚构了资金用途。

3. 众筹与集资诈骗

众筹平台在无明确投资项目的情况下,事先归集投资者资金形成资金池,然后公开宣传、吸引项目上线,再对项目进行投资;又或通过发布虚假融资标的完成融资后失联、跑路等,都涉嫌非法集资诈骗罪。

P2P网贷平台优易网于2012年8月上线,2012年12月21日歇业,仅4个月时间内造成约60名受害人达2000万元的经济损失。据该案律师介绍,优易网涉嫌自融,平台老板炒期货,为了能给自己融资开设平台。平台融资未还的2000万元,除借给其亲友200万元做周转外,大部分被其以多个他人账户名义操作期货买卖,全部失败,血本无归。业内人士表示,优易网的模式主要是"秒标"。即优易网发起标的,在某个时间段要募集一定数额资金,投资人则投这个标,一旦"满标",资金募集完成,投标人即可马上拿回各自本金及利息。资金的流转全程由优易网控制,投资人不仅不了解资金用途,甚至连资金的真实去向都不知晓。2014年2月中旬,相关责任人被如皋市检察院以"集资诈骗罪"提起公诉并移交如皋市人民法院审理。

4. 集资诈骗的量刑标准

(1) 数额较大的,处五年以下有期徒刑或者拘役,并处2万元以上20万元以下罚金;

(2) 数额巨大或者有其他严重情节的,处5年以上10年以下有期徒刑,并处5万元以上50万元以下罚金;

(3) 数额特别巨大或者有其他特别严重情节的,处10年以上有期徒刑或者无期徒刑,并处5万元以上50万元以下罚金或者没收财产。

以上数额界定如下:

(1) 个人进行集资诈骗:数额在10万元以上的,应当认定为"数额较大";

(2) 数额在30万元以上的,应当认定为"数额巨大";数额在100万元以上的,应当认定为"数额特别巨大"。

(3) 单位进行集资诈骗:数额在50万元以上的,应当认定为"数额较大";

(4) 数额在150万元以上的,应当认定为"数额巨大";数额在500万元以上的,应当认定为"数额特别巨大"。

(三) 擅自发行股票、公司、企业债券

1. 擅自发行股票、公司、企业债券罪的概念

擅自发行股票、公司、企业债券罪,是指未经国家有关主管部门批准,擅自发行股票或者公司、企业债券,数额巨大、后果严重或者有其他严重情节的行为。

擅自发行证券主要表现在:(1) 向不特定对象发行证券的;(2) 向特定

对象发行证券累计超过二百人的；(3) 法律、行政法规规定的其他发行行为。有上述情形之一的即为擅自发行。

2. 擅自发行证券的案例

上海安某生物科技股份有限公司(以下简称安某公司)于 1997 年 4 月成立,注册资金为人民币(以下币种均为人民币)3400 万元,股东是两家单位和 16 名自然人。被告人郑戈持股比例为 44%。

2001 年 12 月,安某公司为筹集研发资金,由郑戈提议经股东会集体同意后,委托中介公司及个人向社会不特定公众转让自然人股东的股权。此后直到 2007 年 8 月期间,由郑戈负责联系并先后委托上海新世纪投资有限公司、上海天成投资实业公司、王存国、周震平、黄浩等个人,以随机拨打电话的方式,对外谎称安某公司的股票短期内将在美国纳斯达克上市并能获取高额回报,向不特定社会公众推销郑戈及其他自然人股东的股权。

由郑戈和中介人员具体商定每股转让价格为 2～4 元间不等,安某公司与受让人分别签订《股权转让协议书》和《回购承诺书》(承诺如果三年内公司不能上市就回购股权),并发放自然人股东缴款凭证卡和收款收据。经审计,安某公司向社会公众 260 余人发行股票合计 322 万股,筹集资金 1109 万余元,其中有 157 人在股权托管中心托管,被列入公司股东名册,并在工商行政管理部门备案。上述募集资金全部用于安某公司的经营活动和支付中介代理费。

安某公司成立后主要从事艾滋病药物的研发,一直处于研发阶段,没有任何生产和销售行为。案发后不能回购股票,不能退还钱款,仅有土地及房产被查封。

法院经审理认为,被告单位安某公司违反国家政策及相关法律规定,未经证券监管部门的批准,委托他人以公开方式向社会公众发行股票,被告人郑戈系安某公司直接负责的主管人员,其行为均已构成擅自发行股票罪。被告单位安某公司犯擅自发行股票罪,判处罚金人民币 30 万元；被告人郑戈犯擅自发行股票罪,判处有期徒刑 2 年。

3. 众筹与擅自发行证券

擅自发行证券主要涉及股权类众筹模式。项目发起人以网络等公开方式将融资项目向社会公众公示,以吸引其他不特定对象加入投资者之列,这就涉嫌以公开方式向社会公众转让股票。众筹模式的特点就是向不特定的社会大众募集资金,人数往往会超过两百人。所以,股权类众筹项目就处在《证券法》的雷区,为规避政策风险,中国的股权类众筹项目人数多有限制

(比如大家投限定在40人以内),其预先注册并经过筛选出的天使投资者属于特定对象(如天使汇),发行股票后通常股东累计不超过200人,故而这种方式可以认定为非公开发行。

中国第一个股权众筹项目——美微传媒在淘宝上公开出售原始股被叫停。美微传媒成立于2012年6月,创始人朱江拟定美微传媒的市值是2000万元,2012年10月5日,朱江在自己的淘宝店售卖美微传媒会员卡,100元/张,购买人可拥有美微传媒的原始股份100股,5天内有481名网友认购,募集了38.77万元。2013年1月9日,美微传媒启动第二轮募集资金,定价为1.2元/股,一月底,共有1002人购买,总共募集了百万元资金。一时走红网络,引起社会各界的高度关注。

这种公开销售原始股的行为,被业界质疑为非法集资。2月5日,阿里巴巴对外宣称,淘宝平台不准公开募股,并在当天关闭了该淘宝店铺。3月4日,朱江被证监会北京监督局约谈。

5月24日,证监会对此事进行通报,称网络私募行为涉嫌擅自发行股票。证监会与朱江进行了总计九次约谈。约谈中,朱江否认"承诺在一定期限内以货币、实物、股权等方式还本付息或者给付回报"。并根据证监会对1193名投资人的电话调查,情况属实。证监会最终并未对美微做严厉处罚,而是选择"软处理":美微需要先公开发布声明,然后进行淘宝退款,其中与证监会核实需要退还的淘宝渠道资金约为38万元。并对朱江提出三点要求:第一是不再通过网络发行,第二是保护现有投资人利益,第三是不定期汇报公司经营情况。总体上属于美微传媒所称"个案放行"。

朱江表示最早有公开融资想法时,公司律师曾提出明确反对,不过由于朱江坚持以及与律师的反复论战,律师尽量帮他规避明显问题,"客户和卖家的投资者法律文件都是合法的"。

为何一定要采取如此有风险的融资方式?朱江回答有两点:第一是美微是想做传媒行业,如果引入更多社会投资人,有利于今后节目的发行和关注;第二节目尽快上线需要初始资金,而和投资机构的谈判时间很长,美微通过这种"叫卖"方式1个月就完成300多万元的融资。

朱江带着1193位代持股东经营其公司,并在2014年7月出版了《第一众筹》一书,一举成名,成为股权众筹的经典案例。

通过美微传媒的案例,我们看到了股权众筹存在的擅自公开发行证券的风险,但同时也体现出众筹融资模式的优势及其对解决中小企业融资问题的重大意义。

(四) 其他法律风险

1. 虚假广告犯罪

虚假广告犯罪的概念：最高院《解释》第八条：广告经营者、广告发布者违反国家规定，利用广告为非法集资活动相关的商品或者服务作虚假宣传，具有下列情形之一的，依照刑法第二百二十二条的规定，以虚假广告罪定罪处罚：

(1) 违法所得数额在10万元以上的；

(2) 造成严重危害后果或者恶劣社会影响的；

(3) 2年内利用广告作虚假宣传，受过行政处罚2次以上的；

(4) 其他情节严重的情形。

明知他人从事欺诈发行股票、债券，非法吸收公众存款，擅自发行股票、债券，集资诈骗或者组织、领导传销活动等集资犯罪活动，为其提供广告等宣传的，以相关犯罪的共犯论处。

众筹与虚假广告犯罪：对于众筹平台，如果其在应知或明知众筹项目存在虚假或扩大宣传的行为时，仍然予以发布，并且造成严重后果，达到了刑事立案标准，则涉嫌虚假广告犯罪；如果尚未达到刑事立案标准，则涉嫌虚假广告行政违法。金融产品营销过程中的虚假或不实宣传现象一直存在，无论是受到监管的传统金融机构，还是互联网金融平台机构，都不同程度地存在过度宣传收益率而风险揭示不足的问题，因此众筹平台需要对其发布的项目把好第一道审核关。

2. 代持股的法律风险

产生原因：部分股权式融资平台的众筹项目以融资为目的吸收公众投资者为有限责任公司的股东，但根据《公司法》第24条规定："有限责任公司由50个以下股东出资设立。"因此，众筹项目所吸收的公众股东人数不得超过50人。如果超出，未注册成立的不能被注册为有限责任公司；已经注册成立的，超出部分的出资者不能被工商部门记录在股东名册中享受股东权利。一些众筹网站往往建议对出资者采取代持股的方式来规避股东人数的限制。采用代持股的方式虽然在形式上不违反法律规定，但在立法精神上并不鼓励这种方式。

代持股问题的立法现状：2011年最高人民法院颁布的《关于适用〈中华人民共和国公司法〉若干问题的规定》中第25、26条对于股权代持问题做了专门的规定。这两项规定明确了股权代持协议的合法地位，但是并未明确实际投资人的合法股东地位；明确了依照股权代持协议保护实际投资人的投资权益,但是对于实际投资人能否享有股东权益问题仍然规定要严格按照《公司法》的规定执行。

代持股的法律风险主要表现在三个方面:

(1) 隐性股东和显性股东之间往往是通过签订双务合同,根据意思自治的原则来确定双方的权利和义务,双方间的关系也由与之相关的民事法律来调整。在双方发生股东身份的纠纷时,根据举证情况来确定双方法律关系。且双方间的民事合同不得有违反强制性规定的条款,否则就会被认定为无效,双方共同承担连带责任并且要依法被追究。如果投资者不了解相关法律则可能面临损失。

(2) 当显名股东与隐名股东之间发生股东利益认定相关的争端时,由于显名股东是记录在股东名册上的股东,因此除非有充足的证据证明隐名股东的主张,一般会倾向于对显名股东的权益保护。所以这种代持股的方式可能会导致广大众筹项目出资者的权益受到侵害。

(3) 关于隐名股东与第三人之间的关系问题,当显名股东未经隐名股东的同意,将股权转让给了善意第三人,这时应该遵循公示主义和外观主义原则,保护善意第三人。隐名股东无权向第三人提出赔偿请求,而只能向显名股东就合同关系进行追偿。

二、众筹法律风险的防控

(一) 从众筹平台角度防范法律风险

不同类别的众筹模式面临的法律风险不同,目前,主要的四种众筹模式股权式众筹、奖励式众筹、债权式众筹、捐赠式众筹,在实际的运作过程中,众筹平台都需要采取一些措施来避开法律风险。

1. 债权式众筹

(1) 债权式众筹的法律风险

债权式众筹最有可能触碰的刑事罪名是非法集资和集资诈骗,属于公检法司法机关受理和管辖的范围。如果没有达到刑事立案标准,则可能构成非法金融行政违法行为,属于人民银行监管的范围。

(2) 债权式众筹法律风险的防控

在目前监管层对互联网金融持积极开放的态度下,债券式众筹可以创新,但不要触碰三条法律红线

第一条法律红线：理财—资金池模式。平台把借款需求设计成理财产品出售或者先归集资金再寻找借款对象,使投资者的资金进入平台的中间账户,产生资金池。此类模式下,一旦发生风险,平台很容易涉嫌非法集资。

第二条法律红线：未尽到对筹资者审核义务。众筹网站的经营者未尽到审核义务时,未能发现筹资者在平台上发布虚假借款信息,向不特定多数人募集资金用于房地产、股票等,甚至用于高利贷等非法活动时,这些借款人就会涉嫌非法集资或非法吸收公共存款,从而众筹网站也会由于未尽自己的责任而被取缔。

第三条法律红线：庞氏骗局。即 P2P 平台发布虚假高利息的借款信息募集资金,采用新借贷的资金来还原来所借贷款的庞氏骗局模式,形成了集资诈骗罪,作为信息披露平台的众筹网站会面临被取缔的危险。

庞氏骗局是对金融领域投资诈骗的称呼,金字塔骗局（Pyramid scheme）的始祖,很多非法的传销集团就是用这一招聚敛钱财的,这种骗术是一个名叫查尔斯·庞兹的投机商人"发明"的。庞氏骗局在中国又称"拆东墙补西墙""空手套白狼"。简言之就是利用新投资人的钱来向老投资者支付利息和短期回报,以制造赚钱的假象进而骗取更多的投资。

查尔斯·庞兹（Charles Ponzi）是一位生活在 19～20 世纪的意大利裔投机商,1903 年移民到美国。1919 年他开始策划一个阴谋,向一个事实上子虚乌有的企业投资,许诺投资者将在三个月内得到 40% 的利润回报,然后,狡猾的庞兹把新投资者的钱作为快速盈利付给最初投资的人,以诱使更多的人上当。由于前期投资的人回报丰厚,庞兹成功地在七个月内吸引了三万名投资者,这场阴谋持续了一年之久,才让被利益冲昏头脑的人们清醒过来,后人称之为"庞氏骗局"。

债权式众筹已经明确规定为银监会监管,主要的监管解释为："明确平台本身不得提供担保,不得归集资金搞资金池,不得非法吸收公众存款,更不能实施集资诈骗。建立平台第三方托管机制。平台不直接经手归集客户资金,也无权擅自动用在第三方托管的资金,让债权式众筹回归撮合的中介本质。"即债权类众筹要把自己定位为中介平台,回归中介平台的本质。平台要尽到审核义务,严防虚假融资信息的发布,并向借贷双方进行充分的信息披露和风险提示。

2. 奖励式众筹

（1）奖励式众筹的法律风险

奖励式众筹是面临法律风险最小的众筹模式,但如果运作不规范,项目发起人发布了虚假信息,则可能面临集资诈骗的法律风险。

(2) 奖励式众筹法律风险的防控

奖励式众筹不能触碰的三条法律红线:

第一条法律红线:严格审查项目发起人的信息、相关产品或创意的成熟度,避免虚假信息的发布。

第二条法律红线:严格监管募集资金,保证相关回报的履行。

第三条法律红线:众筹平台不要为项目发起人提供担保责任。

3. 捐赠式众筹

(1) 捐赠式众筹的法律风险

捐赠式众筹如果运作规范的话,不存在任何法律障碍。但是如果被虚假公益项目发起人利用,则可能面临集资诈骗的法律风险。

(2) 捐赠式众筹法律风险的防控

捐赠式众筹不能触碰的两条法律红线:

第一条法律红线:严格审查项目发布人的资格、信息以及公益项目的情况。

第二条法律红线:对募集资金严格监管,保证公益类项目专款专用。

4. 股权式众筹

(1) 股权式众筹的法律风险

股权式众筹在发展过程中面临的法律风险最大,项目如果存在虚假信息,则项目发起人可能涉嫌集资诈骗罪;如果向社会公开宣传,向不特定对象吸收资金,或者向投资人承诺稳定或固定的回报,则可能涉嫌非法集资。股权类众筹最有可能触犯的是擅自发行股票罪,向不特定对象发行证券的、向特定对象发行证券累计超过200人的,都算是公开发行证券,而公开发行证券则必须通过证监会或国务院授权的部门核准。

(2) 股权式众筹法律风险的防控

① 股权制众筹需要采取"线上+线下"的两阶段模式对其中的法律进行规范。② 股权式众筹平台有义务严格审查融资方的个人信息,确保融资方的信息真实,符合平台规定的融资方资格。③ 股权式众筹平台绝不能发布虚假的项目和风险很高的项目。④ 股权式众筹平台、融资方绝不能采用广告、公开劝诱和变相公开的方式发行股票。⑤ 融资方必须对非特定对象发行股份,且投资者的人数不能超过200人。⑥ 股权式众筹平台不能为本身公开募股。⑦ 股权式众筹平台,采用领投人+跟投人机制,来使天使投资人

的数量符合法律规定。领头人只能是1个人,并具有较高的要求,比如经验丰富、信誉高等,跟投人不能超过49人。

(二)从监管角度防范法律风险

1. 监管原则

未来对众筹的监管应遵循央行在《中国金融稳定报告(2014)》中提出的"鼓励创新、防范风险、趋利避害、健康发展"的总体原则,坚持底线思维,促进众筹融资在可持续的轨道上健康发展。

(1) 金融创新容忍原则

众筹融资是一种新型的金融组织方式,实现了现有金融系统的部分功能。众筹融资是互联网金融的典型形式,互联网金融机构和传统金融机构的竞争可能会给金融系统带来更强的功能和更高的效率。因此,监管当局对众筹融资这样的互联网金融创新形式应持适度容忍原则。众筹融资必须坚持金融服务实体经济的本质要求,合理把握创新的界限和力度。众筹融资要以提高金融服务能力和资源配置效率为目的,坚持平台功能,不能脱离金融监管,不得变相搞资金池,不得以互联网金融名义进行非法吸收存款、非法集资、非法从事证券业务等非法金融活动。

(2) 监管一致性原则

监管的不一致会带来监管套利问题。监管套利是指金融机构利用监管标准的差异或模糊地带,选择按照相对宽松的标准展业,以此降低监管成本、获取超额收益。目前不仅众筹模式还没有统一的监管主体,众筹模式下的奖励众筹和股权众筹也没有相应的分管主体。在此情况下,难以避免监管套利的情况出现。如阿里巴巴发行"娱乐宝"产品,实际上是利用众筹方式筹资,因为没有监管主体对阿里进行类似娱乐宝项目的监管,使得阿里在一定程度上规避了监管。监管套利对从事相同业务的金融机构是不公平的。监管当局应确保只要是从事相同业务,不论是众筹业务参与企业或其他互联网金融企业还是传统金融机构,不论是从事线上业务还是从事线下业务,都受到同样的监管对待。

(3) 消费者(中小投资者)保护原则

投资者保护原则是指在众筹过程中,通过金融监管,保护消费者(投资者)的权益不受损害的原则。在当下大的社会诚信环境下,损害消费者(中小投资者)利益的事情时有发生,因此,金融监管中的投资者保护原则对维护金融市场稳定,为普通的投资人提供更多的参与创业投资的机会方面有着很大的意义和作用。众筹平台开办各项业务,应有充分的信息披露和风险揭示,不得以直接或间接的方式承诺收益,误导消费者。开办任何业务,均应对投资者利益保护做出详细的制度安排。

2. 监管方式

(1) 强化众筹平台管理

作为市场的重要参与者和筹资人与出资人的联结中介,众筹平台是法律风险防范的重要环节。换言之,众筹融资的法律监管重点在于对中介平台的监管。我国的众筹平台运营模式师承美国模式,发展现状与发展势头也与美国有很大的相似性。因此,我国可以从自身情况出发,适当借鉴美国众筹平台管理的一些先进经验,建立包括事前监管、事中监管和事后监管在内的三个层次的全过程、全方位的众筹平台监管机制,以建立统一的、诚信的、高效的数据平台。

事前监管,即市场准入监管,强制性要求众筹平台的设立应该履行审批程序。美国《JOBS法案》要求众筹平台必须在美国证券交易委员会(SEC)登记为集资门户并在受认可的一家自律性协会(Self-regulatory Organization,SRO)进行登记,接受协会组织的约束。我国可以由证监会承担相应的审批职责,并由证监会对众筹平台的市场准入标准、信息技术水平、业务操作流程、风险控制和管理机制等方面设定准入标准。

事中监管,即对众筹平台经营过程中的日常监管,业务范围主要包括项目质量监管、资金流转监管、市场风险监管等。从项目进入平台之前的严格审查到准确发布融资产品信息,再到及时跟进产品的成长过程中和相关信息的披露,最后到项目成功后兑现对出资人的承诺回报等方面的监督。美国法律要求众筹平台必须向SEC和可能的出资人揭示众筹融资的风险,并对出资人进行教育,教育的内容由SEC确定。而且,美国JOBS法案对于筹资额和投资额进行双重限制,以降低出资人的投资风险。我国可以参考借鉴美国的做法,对众筹融资项目的筹资额和投资额进行限制和监管。当然,在对筹资人信息披露透明化的同时,要注意出资人信息的保密和保护,以防止大数据的副作用。同时,我们也建议众筹平台应携手筹资人建立出资人救济机制,比如成立专项基金账户。在筹资人无法兑现承诺或出现重大给付瑕疵之时,项目筹得资金转入该基金,用于弥补出资人损失,以期实现对出资人最大程度的救济。

事后监管,即对违规操作的众筹平台或者在评估中表现不佳的众筹平台所实施的取缔或勒令整改。应该被纳入监管范畴的情形包括:众筹平台未能尽到审查义务时的惩罚、项目未达到筹资额度即众筹融资项目失败后对于出资人的救济是否及时适当、众筹平台的负责人是否同筹资人属于利益关联方等。

(2) 界定合格众筹投资人资格

为了保护投资人,法律应对能进入众筹平台参与众筹融资的合格投资人作出明确规定。一般地,合格众筹投资人应当至少满足如下条件:① 具有风险识别能力。可以从投资人的投资经历、从事的行业、专业技能、年龄等方面考核,以此区别不同众筹项目的合适投资人。当然这并不意味着单一的判定标准。② 具有风险承受能力。参与众筹融资项目的投资人一般应当是中等收入以上的自然人,在扣除出资额之后的余额不应当低于一般人的最低生活要求。作为众筹平台应当在项目介绍时以明显的方式对投资人做风险提示,并对投资人资料予以考核,以确定其是否具有良好的风险承受能力。

根据投资数量的不同来进行判定。投资人投资条件的判定,应当集中于数额较大的投资,对于数量较少的投资,平台可以减少或免予考核。

众筹投资人资格的评判和审查由众筹平台承担,选择宽松还是严格的审查方式对于平台来说面临两难境地。如果实行严格审查,必然增加平台的负担,在增加交易成本的同时也抵消了互联网金融带来的便捷性,甚至严重影响项目实施进度。如果采取宽松审查,则合格出资人资格审查恐会流于形式,交易的安全性难以保障。折中的做法是众筹平台采用适度宽松的审核方式,平台承担审查失误的法律责任,这样能很好地平衡投资人和筹资人之间的权利义务。

从具体制度建设上来看,我国理应把保护金融消费者权益作为众筹融资立法的基本原则。众筹融资是互联网金融时代下的金融创新模式,保护投资者的安全是其首要条件。由于在众筹融资过程中,出资人基本上处于信息不对称的弱势地位,因此需要法律强化和提高其风险识别和风险承受能力,在界定合格众筹出资人资格的同时,通过国家立法以缩小投资者与融资者之间的信息不对称程度,从而实现双方利益的平衡,这既体现了对金融消费者的保护,也实现了金融效率与金融安全的内在统一。

(3) 引入第三方资金监管机构

对于募集资金的管理,目前国内的做法是将所募集资金汇入众筹网站专门开立的账户,再分次将资金转给筹资人。筹资人只有按时完成项目,才能从平台拿到项目所筹全部资金。但这会造成众筹平台同时从事了资金代管业务,使得资金流转风险大幅上升,也无形加重对于众筹平台的管理水平要求。引入第三方资金监管机构独立运作,将资金管理与众筹平台管理相分离,是比较安全可行的做法。

Kickstarter是以亚马逊支付作为整个交易过程中最重要的资金托管和交易平台,即出资人的资金不必经过或汇入众筹平台,而是直接汇入亚马逊支付,筹资人同样也不是从平台获得资金,而是通过亚马逊支付渠道把资金转入自己的账户。

我国可以借鉴国外经验,在法律中明文要求众筹平台建立独立的第三方资金监管机构,代理其完成资金的流转,以保障安全并提高效率。比如,以支付宝为代表的线上第三方支付平台,就可以成为国内众筹的资金托管和交易平台。这样,在原来的筹资人—众筹平台—出资人模式基础上,增加第三方支付平台,众筹融资流程转变为:首先筹资人申报发起的项目,众筹平台进行相应的审查,然后经过信息发布等环节,在出资人选定投资项目后,使用第三方平台提供的账户完成资金支付,由第三方平台进行资金托管及通知义务。筹资人分次从第三方平台获得资金。待项目完成,第三方将全部款项转至筹资人账户,筹资人才可以获得全部融资资金。

第四节 《私募股权众筹融资管理办法(试行)(征求意见稿)》解读

2014年12月18日是股权式众筹的一个转折点,股权式众筹法规《私募股权众筹融资管理办法(试行)(征求意见稿)》诞生了,以下简称《办法》。该法规是股权众筹史上的一个里程碑。《办法》对股权众筹平台、融资者和投资者都给出了明确规定。针对众筹平台,规定了两个重要的准入条件。第一,股权众筹平台净资产不得低于500万元人民币,第二,有与开展私募股权众筹融资相适应的专业人员,具有3年以上金融或者信息技术行业从业经历的高级管理人员不少于2人。针对融资者,《办法》规定融资者必须是实名注册用户,融资企业股东累计不超过200位。针对投资者,《办法》进行了资金限制,最醒目的一条是投资者单个项目的投资额度不低于100万元人民币。

一、明确股权众筹的非公开发行性质

对"众筹"的"私募"性界定在于避免与《证券法》冲突。根据现行《证券法》的相关规定,公开发行证券必须报国务院证券监督管理部门或国务院授权的部门核准。现实是,作为众筹融资者的小微企业难以符合相关标准,只能采取非公开发行方式。

为满足《证券法》规定的非公开发行条件,《办法》要求:投资者必须为特定对象,即经股权众筹平台核实的符合《办法》中规定条件的实名注册用户;融资完成后,融资企业的股东累计不得超过200人;股权众筹平台只能向实名注册用户推荐项目信息,股权众筹平台和融资者均不得进行公开宣传、推介或劝诱。

二、股权式众筹平台的准入条件及禁止行为

(一) 股权式众筹平台的准入条件

(1) 在证券业协议备案登记,并申请成为证券业协会会员;
(2) 在中华人民共和国境内依法设立的公司或合伙企业;
(3) 净资产不低于500万元人民币;
(4) 有与开展私募股权众筹融资相适应的专业人员,具有3年以上金融或者信息技术行业从业经历的高级管理人员不少于2人;
(5) 有合法的互联网平台及其他技术设施;
(6) 有完善的业务管理制度;
(7) 证券业协会规定的其他条件。

平台的准入条件较为宽松,除了净资产不低于500万元人民币外,几乎没有设门槛,并实行事后备案管理。

(二) 股权式众筹平台的禁止行为

(1) 通过本机构互联网平台为自身或关联方融资;
(2) 对众筹项目提供对外担保或进行股权代持;
(3) 提供股权或其他形式的有价证券的转让服务;
(4) 利用平台自身优势获取投资机会或误导投资者;

(5) 向非实名注册用户宣传或推介融资项目;

(6) 从事证券承销、投资顾问、资产管理等证券经营机构业务,具有相关业务资格的证券经营机构除外;

(7) 兼营个体网络借贷(即 P2P 网络借贷,以下简称"P2P 网贷")或网络小额贷款(以下简称"小贷")业务;

(8) 采用恶意诋毁、贬损同行等不正当竞争手段;

(9) 法律法规和证券业协会规定禁止的其他行为。

同时,《办法》还明确了股权众筹平台在股权众筹活动中应当履行的职责,主要包括对投融资双方及融资项目的审核、采取措施防范欺诈行为、对募集资金专户管理、妥善保管相关资料、以一定的方式确保投资者知悉投资风险、报送股权众筹融资业务信息等。

《办法》中对股权众筹平台的"可为与不可为"做出了罗列式的规定。其中禁止"兼营个体网络借贷(即 P2P 网络借贷)或网络小额贷款业务"最为引人关注。自此,股权众筹平台需要在 P2P 业务与私募股权众筹业务中择一为之。中国证券业协会表示,该项对众筹平台经营业务范围的限制在于避免风险跨行业外溢。

三、确立合格投资者认定制度

《办法》参考《私募投资基金监督管理暂行办法》(中国证券监督管理委员会令第 105 号,以下简称"《私募基金监管办法》"),引入了合格投资者制度,明确股权众筹的投资者只能为符合下列条件的单位或个人:

(1)《私募基金监管办法》规定的合格投资者;

(2) 投资单个融资项目的最低金额不低于 100 万元人民币的单位或个人;

(3) 社会保障基金、企业年金等养老基金,慈善基金等社会公益基金,以及依法设立并在中国证券投资基金业协会备案的投资计划;

(4) 净资产不低于 1000 万元人民币的单位;

(5) 金融资产不低于 300 万元人民币或最近三年个人年均收入不低于 50 万元。

合格投资者认定制度明确了并非所有普通大众都可以参与股权众筹,一方面避免大众投资者承担与其风险承受能力不相匹配的投资风险,另一方面尽可能满足了中小微企业的合理融资需求。但业界普遍认为该法案合格投资者设定的门槛太高,将可能对股权众筹的发展产生重大的抑制效果。

四、规定融资者及信息披露义务

《办法》要求融资者应当为股权众筹平台核实的实名注册用户且为中小微企业或其发起人,并应当履行相应的披露义务,保证融资者自身及其融资项目的真实性、合法性。

融资者的禁止行为:

(1) 不得欺诈发行;

(2) 不得向投资者承诺投资本金不受损失或者承诺最低收益;

(3) 不得同一时间通过两个或两个以上的股权众筹平台就同一融资项目进行融资,或在股权众筹平台以外的公开场所发布融资信息;

(4) 法律法规和证券业协会规定禁止的其他行为。

基于股权众筹的性质,《办法》仅明确了股权众筹的融资者应为中小微企业或其发起人,未对融资额度做出限制,低至几万元,高至几千万元都可以,也充分体现了推动"大众创业、万众创新"的精神。根据中小微企业的经营特点,未对财务信息提出很高的披露要求,但要求其发布真实的融资计划书,并通过股权众筹平台向投资者如实披露企业的经营管理、财务、资金使用情况等关键信息,及时披露影响或可能影响投资者权益的重大信息。

不同于股民认购上市公司股票,法律法规要求上市公司必须进行充分的信息披露义务。而在私募股权众筹中,融资人的这种披露义务要远远低于上市公司,也要低于新三板的非上市公众公司,从而导致投资者和融资者的信息严重不对等,这就凸显出融资人的诚实信用的重要性,同时也是私募股权能够收获巨额利润的原因之一,因为风险越大,利润越大。

五、明确股权式众筹融资行业的自律管理

就股权众筹平台的监管,《办法》并未要求股权众筹平台进行事前审批,而是采取了设立后备案的方式。股权众筹平台应当在设立后5个工作日内向证券业协会申请备案,证券业协会委托中证资本市场检测中心有限责任公司对股权众筹融资业务备案和后续监测进行日常管理。

股权众筹平台的设立不是审批制,而是备案登记制。备案登记不进行实质性审查,不能作为对资金安全的保障。股权众筹平台如果没有登记备

案,其所进行的法律行为同样有效。股权众筹的表现形式应当是一系列合同,而依据《合同法》第52条以及《合同法》司法解释二第十四条的规定,只有违反法律、行政法规中的强制性规范中的效力性规范才是合同无效。而《办法》的法律等级最多不过是规范性法律文件,连最低等级的部门规章都算不上。所以股权众筹平台没有去备案登记所签订的合同不会因此而无效。

股权众筹归属中国证券业协会而非证监会管辖。中国证券业协会是依据《中华人民共和国证券法》和《社会团体登记管理条例》的有关规定设立的证券业自律性组织,属于非营利性社会团体法人,接受中国证监会和国家民政部的业务指导和监督管理。中国证监会为国务院直属正部级事业单位,依照法律、法规和国务院授权,统一监督管理全国证券期货市场,维护证券期货市场秩序,保障其合法运行。

对于违反本办法和相关自律规则的股权众筹平台及其从业人员,证券业协会视情节轻重对其采取谈话提醒、警示、责令所在机构给予处理、责令整改等自律管理措施,以及行业内通报批评、公开谴责、暂停执业、取消会员资格等纪律处分,同时将采取自律管理措施或纪律处分的相关信息抄报中国证券监督管理委员会。涉嫌违法违规的,由证券业协会移交中国证监会及其他有权机构依法查处。

本 章 小 结

【重点回顾】

1. 众筹在快速发展的同时,风险也逐步显现。主要面临的风险有法律风险、信用风险、知识产权风险、评估风险、技术风险、管理风险和流动性风险等。

2. 众筹的信用风险主要包括三个方面:项目发起人的信用风险、众筹平台的信用风险和联合欺诈风险。

3. 众筹信用风险管理体系的构建主要从完善政策环境、经营环境和平台环境三个角度进行。

4. 众筹的法律风险主要有非法集资、集资诈骗、擅自发行证券及欺诈发行证券等。

5. 不同模式的众筹面临的法律风险不同,针对不同的众筹模式应当采取不同的防控措施。

6.《私募股权众筹融资管理办法(试行)(征求意见稿)》明确股权众筹的

非公开发行性质,规定股权众筹平台的准入条件及禁止行为,确立合格投资者认定制度,规定融资者及信息披露义务,明确股权众筹融资行业的自律管理,是股权众筹史上的一个里程碑。

【复习思考】

1. 查找资料深入了解"全国首例众筹融资案"详情,分析我国目前众筹主要面临哪些风险?你认为众筹的发展前景是否可观?

2. 针对我国目前众筹发展的现状及存在的问题,如果你是相关负责人,你将制定怎样的监管细则?

【延伸阅读】

1. 舒元,郑贵辉.众筹之路[M].广州:中山大学出版社,2015.

2. 魏来.玩转众筹[M].北京:机械工业出版社,2014.

第八章 众筹在中国的机遇与挑战

中国经济经历了三十多年的发展,金融市场改革也到了一个新的阶段,这也就预示着金融模式的创新成为发展的必然趋势。随着互联网金融的不断发展创新,众筹在中国大地上脱颖而出。在这个大众创业、万众创新的新时代,众筹将迎来前所未有的机遇和挑战。

大浪淘沙始见金,只有经得住市场考验,众筹才能最终获得长远发展,所以众筹在中国还有很长的一段路要走。每一个新鲜事物的出现,都需要一个适应的过程,或长或短。众筹的进一步发展离不开市场和制度的良性土壤,也离不开所有人的共同努力。无论众筹这条路能走多远,希望所有的参与者(投资人和筹资人)都能够且"筹"且珍惜。

每个人都有自己的梦想,而众筹就是一家梦工厂,为每一个筑梦者构建属于自己的梦,当一个又一个的梦想成为现实,那么中国梦还会远吗?

2016年,众筹方兴未艾,未来之路,空间广阔。

第一节 众筹推进大众创业、万众创新

全球经济快速增长,基于互联网等方式的创新创业蓬勃兴起,大众创业万众创新的号角已经吹响。伴随着新模式、新业态的不断涌现,线上线下加快融合,全民都在积极参与营造一种全民扶持创业、全民支持创新的社会环境。众筹,这种近年来兴起的融资方式,顺应"互联网+"时代大融合、大变革趋势,借助互联网应用创新的综合优势,正在大众创业、万众创新的大道上积极地实践着,充分激发广大人民群众和市场主体的创新创业活力。

众筹行业的快速发展,对中国经济的发展具有重大的意义。一方面,众筹行业的发展,为传统金融发展模式的创新提供了新的思路和方向,有利于促进我国金融体系的不断完善,更好地服务于实体经济;有利于引导民间金

融走向规范化,拓展和完善多层次资本市场;有利于分散融资风险,增强金融体系的弹性和稳定性。另一方面,众筹行业的发展有利于降低了融资门槛,缓解小微融资难的问题,鼓励创新创业;有利于创造就业机会,促进技术创新和经济增长。

一、众筹挑战传统金融

当前,中国经济发展步入"新常态",国内经济增速放缓,传统产业境遇每况愈下,转型升级困难重重,社会融资渠道过窄,中小企业融资成本过高难题迟迟得不到破解,政府又急需找到新的拉动经济增长、完成结构转型的抓手。创业意识日益深入人心,甚至成为时尚。很多大学毕业生从毕业开始就有了创业的想法,就业只是为了以后更好的创业。虽然目前社会上的风险投资机构和资金并不少,投资需求也非常强烈,然而由于初创企业受到各种条条框框的制约,获取资金支持几乎是不可能的。而中国的天使投资行业规模还非常之小。移动互联网技术的成熟,也为信息的低成本、大范围传播提供了强劲的技术支撑。众筹汇聚天时地利人和,应时而生。

传统的金融体系和中国金融业遭遇互联网浪潮的冲击,其弊端日益显示出来。中国金融市场较为封闭、办事效率低下、程序冗繁复杂、融资过程漫长,无法满足经济发展的需求,作为中国经济的主力军中小企业却很难享受到金融服务,从而阻碍了社会生产力的发展。众所周知,融资困难是创业者在创业初期面临的最大问题,很多创业者虽然拥有很好的商业思路和创新模式,但融资渠道狭窄、融资成本过高让很多创业者望而却步,创业项目在筹到资金之前就已经夭折。中国经济迫切需要开放、活跃、高效的金融市场,中国金融模式创新势在必行。金融与互联网联姻诞生的互联网众筹创新了金融模式,让金融融资服务变得更加开放、民主、高效、活跃。互联网的发展催生了一批中小企业和创业者,中小企业和创业者对资金的需求已经无法满足,这也给众筹的发展带来了无限机遇。

2015年是全面深化改革的关键之年。这一年,李克强总理先后考察了深圳柴火创客空间、前海微众银行、华为公司,了解创意制造、小微企业金融服务和企业管理创新等情况,从中也释放出强有力的信号,即中央推进传统金融改革的态度,政府会持续关注金融改革中带来的一些新技术、新产品、新业态、新商业模式的投资机会,以及未来创新投融资方式,并注重发展投资对经济发展关键作用。有了政府支持,互联网金融在未来的发展道路上必将越走越通畅。而众筹作为互联网金融最重要的一支队伍，借助互联网技术，能够更迅速、更直接地融到资金，解决中小微企业融资难的困扰，提高创业的成功率，激发更多创新技术转化为产业，实现产业转型升级，促进实体经济发展。

众筹的商业模式能够高效地将社会上闲置的资金聚集起来，能够盘活大众手中的闲置资金，能够使个人手中的好创意产生商业价值从而变成产品。众筹模式的成功，不仅让大众投资者享受到众筹带来的商业财富、分享众筹红利，还能促进互联网金融的繁荣，促进经济的健康发展。众筹，也只有众筹，才能够有效地吸纳碎片化的巨量社会资金，打破条条框框的限制，汇聚人、财、物等诸多资源，不断地创造出新的需求，在移动互联和大数据时代的信息文明中领得发展的头筹，让无数中小企业化解融资难题，迸发出活力。互联网有种天然的聚集效应，它可以将很多怀有相同目标的人群聚拢到一起，好的项目可以在短时间内吸引大量投资者的目光，虽然单笔投资额看起来很小，但因为人数上的优势，总的投资额也不见得就比传统的融资额要少。筹资人和投资人各取所需，就可以共同构建起一个新的社会化企业。

众筹颠覆了传统的融资方式，开创了互联网金融的融资模式，促进了金融业的变革。众筹的出现打破了大企业独享金融服务的格局，让普通大众多了一个融资的渠道。可以预测，众筹将是互联网金融浪潮中的弄潮儿，将会进一步促使资源合理配置，促使金融资源趋于民主化。众筹在中国着陆，并且生根发芽，遍地开花，日渐成熟，为越来越多的创业人士提供了融资服务，支持越来越多的有价值的商业项目运营，为中国经济的发展创造了越来越多的财富。中国的互联网众筹平台迎来了生机勃勃的春天。

互联网众筹越过了传统的金融中介，将资金的供给方和需求方直接联系起来，降低了交易成本，从而取代了传统金融的中介作用。P2P贷款使贷款人和借款人直接对接，取代了传统商业银行；股权众筹使创业企业和投资者直接对接，取代了传统的风险投资。特别是在传统银行未重视的个人客户和中小企业空白领域，互联网众筹的先天优势及运营模式自然而然地受到了追捧而快速发展。在互联网浪潮中，众筹融资成为企业和个人创业最好的也是最公平的一种融资方式，它使小的有价值的商业项目、创意得以实现。众筹作为互联网金融创新的阵地，让个人和小微企业通过网络获得了低成本的融资，形成了互联网浪潮中融资的草根模式，拓宽了企业的融资渠道。互联网的高效率、低成本优势在众筹融资中也被发挥得淋漓尽致。个体和单个项目不断被众筹成功，整个社会的创业、创新也会逐步星火燎原。

众筹俨然已经形成了一股商业潮流,中小企业、个人创业者莫不想从中分到一杯羹,促进企业的发展、个人创业的成功。众筹有效地解决了中小企业从资金需求到人才需求再到销售需求的诸多难题,真正体现了民主、体现了互联、体现了普惠。中小企业融资额一般在几十万到几百万之间,众筹融资的规模小,正好可达到这个区间。同时,由于资金不足,无力花费巨资打广告,产品的宣传力度往往不够。而在众筹融资的平台上,所有的中小企业都可以获得免费的市场宣传,可大幅节约广告营销费用。此外,在众筹平台上,中小企业还有机会实现定制化生产和零库存,提高现金流通速度。毫无疑问,这些都能促进中小企业的发展。众筹使初创企业可以不用过早稀释股权而快速融得第一笔资金、融得客户和渠道,同时在企业发展的各个阶段,都可以通过众筹的方式满足企业的各项需求。因此,众筹必将使中国经济发生前所未有的巨大变革。

归根结底,众筹对传统金融的挑战在一定意义上具有颠覆性,而不仅仅体现在其金融创新的本身。众筹模式大大改变了融资形态,取代了传统金融的中介作用,提供了新的融资渠道,形成一种独特的商业模式,吸引更多的投资者个人和企业积极参与其中。

二、众筹推动大众创业

以前,创业者需要融资时,只能把自己的商业计划和融资需求放在一个小圈子里进行传播,单一的融资渠道和不熟悉风险资金的运作方式,会让很多好的投资项目因为传递不了自己的完整理念或涉及的投资人群不广泛,而最终导致融资计划的流产,相反有些熟悉风险资金运作手段的人,却凭借向投资人投其所好的相对平庸的商业计划得到了融资。在众筹的平台上,发起人的商业计划书变得公开平等,不再只是小圈子里进行传播,这样放开的融资渠道无疑会让项目更加容易被投资人看到,从而让融资与投资不匹配的僵局被打破,让筹资人筹得款项,激活长尾市场投资者的投资意愿。

很多人有创业的想法、有好的创意,但大多数都面临着资金的困扰难以成长为参天大树,甚至连试一试的机会都没有,就得把那些想法和创意封存起来,只能作为精神的慰藉。而众筹融资平台,就为这些想法和创意创造了解决问题的机会,让更多的想法和创意得以实现,让很多个体华丽转身为企业家,拥有创业者的标签。众筹融资平台是一个创新的孵化器,为市场资金、商业创意牵线搭桥,让创意、技术的种子有了资金这片沃土,从而有机会生根发芽，实现其价值，创造出财富。众筹项目一旦启动，就会让抽象的想法变成可以量化的产品，一旦产生一个好产品，就可以创造一个产业，从而推动科技创新，并创造出更多的就业岗位，促进社会就业。

每一个创业者都深知创业艰难，融资更为不易。众筹，为创业者与投资人开辟了全新的对接渠道，使得资本不再只是掌握在少数人的手中。众筹作为一个新的模式也在不断地演变和规范。然而，更多的众筹人都是名不见经传的初次创业者，他们其实并不知道自己的创业项目是否会有市场前景。而通过众筹，可以检验自己项目的含金量，因为支持者都是用真金白银投票，如果项目最终能够获得很多人的支持，那么就没有理由不坚持下去；如果没有能够获得成功，那或许这个创业项目只是自己的一厢情愿，就没必要付出更多了。

众筹的发起人如果想在众筹平台上让自己的众筹项目获得成功就要通晓众筹的精髓——众筹玩的就是创意大翻新，发起人就要精心策划自己的众筹项目，竭尽全力地让自己的众筹项目拥有创新、标新立异的创意。用创意打动人、吸引人，用创意为自己的项目拉票，唯有如此，发起人才能让自己的项目成功。如果众筹项目成功了，发起人可以获得低廉的资金、市场调查、营销推广，还可以把想法变成产品，销售产品盈利；如果众筹项目失败，发起人无法获得资金，但可以通过免费的市场调研、营销推广，从而设计更有价值的项目。这个过程中，发起人获得了财富或增值服务；支持者获得了增值服务或产品，获得了创业的体验，获得了参与感。同时，这种互动更加拉近了双方之间的距离，并且又贴近生产者与消费者之间的交流体验，从而极大地降低了产品的市场风险。

众筹模式让发起者在项目没有上线之前就可获得人脉、用户等资源以及免费的推广，项目成功了还会获得启动资金，把想法变成产品，把产品变成现金。众筹不仅仅是筹集资金，还是一次营销推广，进而整合各方面资源。依靠移动互联网的推广，项目发起人往往抱着试试看的态度来发起项目，即使筹资不成功，市场的测试和广告宣传的效果也是非常明显的，可以为创新者、创业者增添助力。

众筹出资人不是以获得利息、固定回报或高额回报为目的的。众筹模式不仅为创新者与投资者建立关系，而且帮助他们实现创业。创业是一场考验人能力、意志、资源整合的漫漫征程，融资之难，难于上青天。众筹不仅可以募集资金，还可以筹智、筹资源，这使创业的门槛大大地降低，让中国的创业环境更好，从而帮助更多的人走向成功。支持者闲置的资金避免了贬值,投资者闲置的钱被盘活,创造了商业价值。投资者凭借这笔资金,可以获得产品、声誉、优先权等回报。很多支持者,为众筹项目出钱就是因为自己有创业的梦想,通过与众人一起资助项目发起人,有机会成为创业团队中的一员,体验创业过程,参与产品研发,获得创业的参与感,这对于资助者来说是一种商业价值,属于别的方式无法获得的财富。众筹通过为发起人提供融资服务,获得了佣金收入。众筹模式,让资助者可以获得特殊的名誉、产品或服务等。成功的众筹项目,能够打造众筹平台、发起者、资助者共赢的局面,能够实现商业价值,能够创造财富。

众筹平台不仅仅是撮合成交,更多的是为创业企业和投资方提供所有与众筹相关的配套服务。在产业初期,众筹平台应该通过最有效的手段帮助这些用户快速成长为互联网投资人。同时,平台也需要为项目融资方提供帮助,快速提高企业价值,实现投资方和融资方的双赢。所以,众筹平台要有更多耐心和责任去做培育的角色,实现与创业产业伴随式成长,急功近利是不行的。创新者、创业者如果只是对自己的创意抱有一腔热忱也是远远不够的,筹集资金后,项目的实际操作、生产流程、项目进度都需要科学管理。

近年来,国家积极推进改革力度,让市场要素活力迸发出来,为大众创新创业营造良好环境,连续发文出台多项优惠政策鼓励和支持创新创业活动。这些文件包括《国务院办公厅关于进一步加强资本市场为中小投资者合法权益保护工作的意见》《国家发展改革委关于加强小微企业融资服务支持小微企业发展的指导意见》《关于深化高等学校创新创业教育改革的实施意见》《国务院关于进一步做好新形势下就业创业工作的意见》等很多政策。在这一系列文件的引导下,创业创新的氛围也逐渐浓厚起来,越来越多的年轻人纷纷创新创业,大量孵化器、创业园区、创业基金的成立,不仅改变了创业的硬性条件,也逐渐提高了公众对创业者的支持程度,使得创业不再是令人谈虎色变的禁区,而且越来越多踌躇满志的人投身于众筹的创业浪潮中。我们所熟知的淘宝众筹,就为创业者、创新者打开了进入整个阿里巴巴体系的一道大门。例如,匠心之笔在淘宝众筹上买了2800多支后,第二个月在淘宝网买了3000支,后续效率惊人。众筹使得创意成为产品,使得打工者成为创业者,使得囊中羞涩变得腰包鼓鼓。众筹对于创新者、创业者而言并非锦上添花,而是雪中送炭。

现在越来越多的企业参与进来,通过众筹使大众参与到产品设计和改进过程中,企业顺利地得到急需的资金,大大提高了效率。同时,企业获得了对产品市场潜力的估计和参与者对产品潜在需求及偏好的信息,进而促使其积极改进产品,努力提升用户的认可度,继续扩大产品的市场影响力。在众筹运作机制中,一个想法可能转化成一个产品,一个产品可能成就一个企业,一个企业可能引发一场技术革新,从而不断地推动社会和国家进步。

众人拾柴火焰高,当"凑份子"形成一股力量时,很多人的创业及人生梦想就可能变成现实。众筹正在影响并改变着融资的生态链条,借助互联网的手段和方式,也许有一天它会将无数步履维艰的企业家从传统的金融体系中解放出来而不再卑微地过活,为无数的企业快速发展提供一条相对平坦的渠道,以此来促进中国经济结构的转型发展。"大众创业、万众创新",众创之梦需要资金活水来浇筑,众筹平台的发展正好助推了大众参与全民创业的时代,期待在这个新的时代产生伟大的创新企业,源于中国,走向世界。

三、众筹促进万众创新

创新是推动一个国家和民族向前发展的重要力量,也是推动整个人类社会向前发展的重要力量。说到底,创新是一种态度,是一种精神,唯有创新才能成就未来。党的十八大明确提出,科技创新是提高社会生产力和综合国力的战略支撑,必须摆在国家发展全局的核心位置;强调要坚持走中国特色自主创新道路、实施创新驱动发展战略。

加快实施创新驱动发展战略,就是要使市场在资源配置中起决定性作用和更好发挥政府作用,破除一切制约创新的思想障碍和制度藩篱,激发全社会创新活力和创造潜能,提升劳动、信息、知识、技术、管理、资本的效率和效益,强化科技同经济对接、创新成果同产业对接、创新项目同现实生产力对接、研发人员创新劳动同其利益收入对接,增强科技进步对经济发展的贡献度,营造大众创业、万众创新的政策环境和制度环境。

当前,世界各国都在加大科技创新力度,创新已成为一种潮流汹涌而来,正在影响着产业变革,形成新的生产方式、产业形态、商业模式和经济增长点,推动着3D打印、移动互联网、云计算、大数据、生物工程、新能源、新材料等领域取得新的突破,与此相联系,形成了一波又一波的新科技浪潮。创新离不开资金。在这种时代背景下,众筹,尤其是股权众筹,作为多层次资本市场的有力补充,将激发各类主体参与创新活动的积极性和主动性,并在中国掀起一轮创新潮。

随着我国经济进入增速换挡、结构优化、动力转换的新常态,推进万众创新就是要鼓励大众创业者应用新技术、开发新产品、创造新需求,培育新市场、打造新业态,为经济发展注入源源不断的动力和活力。伴随着新一轮的改革红利,众筹能够在更广范围内激发和调动亿万群众的创新积极性,让创新从"小众"走向"大众",让创新的理念深入人心,从而打造经济发展和社会进步的新引擎。

众筹为广大创新者提供了充足的资金、人力和社会资源,降低了创新的门槛,充分发挥了中小企业、科研机构、社会组织、普通民众等社会力量的主力军作用,有利于实现万众创新。虽然众筹在推进万众创新的过程中不会一帆风顺,但我们只要按照国家战略布局,以时不我待的改革精神和破釜沉舟的改革勇气,破除制约万众创新的各种障碍,就能够充分调动起亿万人民群众的创新热情,激发出全社会的智慧才能和创造活力,助力经济发展实现"保持中高速增长和迈向中高端水平"的目标,推进我国小康社会全面建成。

第二节 众筹发展的优势和劣势

一、众筹发展的优势

众筹犹如金融领域的一场革命,它的出现使金融业发生了翻天覆地的变化,它使得金融服务不再只是金融大鳄和有钱人的游戏,普通大众也可以投身其中。禁锢了国人千百年的资金枷锁终被打破,一个相对自由的融资新世界诞生了。依托于互联网的强大技术优势,众筹在中国得以迅速发展。

众筹在2015年爆发式的增长,使其成为互联网金融里一个不可忽视的重要力量,而其自身的优势也日益凸显。众筹的优势主要体现在众筹门槛低,主体多元;众筹风险小,成本低廉;众筹效果好,推广免费等三个方面。

(一)众筹门槛低,主体多元

在这个自由、民主、平等、开放的互联网金融时代,依托互联网为基础的众筹,进入门槛低,又无身份、地位、职业、年龄、性别等方面的限制;兼有大数据、云计算等技术手段做保障;投资项目具有多样性,包含设计、科技、音乐、影视、食品、漫画、出版、游戏、摄影等多种类别、涉及多个领域。众筹项目的服务对象可以覆盖到原来得不到充分金融服务的社会群体,得到了上至政府高官下到普通民众的广泛关注和支持,尤其是弱势社会群体或者说草根阶层的关注与支持。

传统金融与互联网金融正在整个金融领域展开激烈地角逐,伴随着普惠金融的改革春风,众筹作为互联网金融的典型代表大有领跑之势。依托于互联网的开放性,众筹项目凭借自身的创意和创新,吸引投资者一起来集思广益、共担风险、共享收益。

低门槛、高收益的特点也让无数普通民众纷纷投身其中,让更多的人从公司、企业中解放出来,通过众筹平台,筛选众筹项目,玩转手中的资本。众筹信息向社会大众公开,大众投资的资金多少不限,且有多种档次可选,具有高度的灵活性。无论你是学生、企业白领,还是商人、金融大亨,形形色色的各界人士都可能成为众筹项目的参与者,使得众筹主体呈现多元化发展。

进一步而言,众筹项目主体多元化发展体现在两个方面。一方面,众筹项目发起主体多元:无论你是一位初出茅庐的大学生,还是拥有一技之长的能工巧匠;无论你是一位充满梦想的文化人,还是怀揣音乐梦想的创作人;无论你是一位小有名气的企业家,还是身无分文的创业者,只要你有适合的项目,借助相应的平台,都可以发起众筹。另一方面,众筹项目的参与主体多元:无论你是谁、身处何处;无论项目是否足够完美,是否存在瑕疵;无论项目发起者的背景如何,是否掌握足够的资源,只要发现自己所喜爱的众筹项目,如果你愿意,就可以拿出手中的资金,支持并关注该项目。

(二) 众筹风险小,成本低廉

众筹的本质就在于众筹项目能够获得大家的认可,得到大家的支持,只有这样才能从支持者那里筹集到所需的资金及资源。这就要求项目的发起者不仅仅有好的创意、点子,更要使得这些好的创意、点子能够转化为可展示的产品,用足够的创意和创新激发投资者的兴趣,引起投资者的共鸣,进而获得投资者的资金支持。

在众筹模式下,一个拥有创意的普通人想要启动一个项目,项目发起人可以向平台提交项目方案,向公众争取融资支持,同时承诺以项目相关的产品、感谢等方式作为回报。如果项目被社会大众认可,就可以获得较低成本的项目启动资金。相比较而言,在传统模式下,一个拥有创意的普通人想要启动一个项目,想要获得资金,需要以自己的资产作为抵押向金融机构借款或者向自己的社交圈子借款,往往会遇到无资可押、无钱可借的尴尬局面,即便能够顺利借到钱,各种成本综合计算下来还是非常高的。显然,众筹模式可以让项目发起人不过多依赖于自身的人脉关系,也可以省去诸多借款沟通时间和可能带来的尴尬,使项目发起人可以更加专注于项目本身。如果通过众筹平台也筹集不到所需的启动资金,那就表明项目极有可能存在某种原因使得项目无法开展或根本没有市场,大大避免了可能发生的损失。

对于众筹项目的支持者而言,众筹项目筹集到资金,顺利启动并成功运营,按照约定投资者会在一定的时间后收到众筹产品(或相应的回报);如果众筹项目没有在约定的时间筹满资金,众筹计划就会终止,此前垫付的资金也会返还给投资者;如果众筹项目筹集到资金,顺利启动但因项目风险等原因导致失败,投资者此前垫付的资金就会损失掉。通常而言,投资者对一个众筹项目投入的资金额并不大,根据分散投资的理念而言,投资人面临的风险是比较低的。

总的来说,众筹本身就是一次营销推广行为,也是各方面合作的资源整合行为。凭借互联网的开放性优势,项目发起人发起项目,即使筹资不成功,市场的测试和广告宣传的效果也是非常明显的;一旦筹资成功,对未来众筹产品的生产和销售将有着积极的影响。

(三)众筹效果好,推广免费

众筹是近几年伴随着互联网的发展、特别是社交网络的崛起而出现的新生事物,尽管处于雏形,但代表着未来发展的新趋势,其独特的特点为产品营销打开了一扇窗。

众筹的资金来源于广大的支持者,而这些支持者又是众筹产品未来既定的消费者,消费者的支持恰恰也就是对众筹产品的认可与肯定,这在一定程度上也就反映了众筹产品将来大范围投放市场后的结果。产品还未生产,销路已经有了保障,这表明众筹自身具有很强的营销性质,能够从一开始就让项目吸引大量的眼球。通过众筹,可以提高公众的认知,提前预知市场需求以及同步进行廉价的市场推广,极大地降低了创业或产品研究开发生产的风险。

特别需要指出的是,众筹项目的支持者是众筹产品未来既定的消费者,那么众筹项目的浏览者则是众筹产品未来潜在的消费者。一旦众筹项目融资成功,这就相当于面向市场的广告投放,无论支持与否都将是众筹产品未来的消费者或潜在的消费者。因此众筹架起了生产者和消费者之间的沟通桥梁,作为众筹产品的消费者可以对项目提出意见和建议,项目发起人对此认真评估并完善项目方案,这种重视用户交流和体验的方式,加强了支持者的认同感和归属感,也提高了支持者对项目的支持力度。

二、众筹发展的劣势

众筹属于舶来品,最早兴起于美国,眼下在国内的发展势头强劲,很多想法和创意都可以通过众筹得以实现。随着众筹平台的数量越来越多,众筹存在的劣势也日益凸显。众筹的主要劣势表现在众筹运作模式尚不规范、众筹项目审查还不到位、众筹知识产权保护不足、众筹常规认识存在偏差等四个方面。

(一)众筹运作模式尚不规范

总体来看,目前众筹的成功率不是很高,而我国众筹平台上的项目成功率还不到50%。由于缺乏相关的法律监管和行业标准,法律、政策环境、契约精神等的建设也不完善,众筹极易走入不规范的发展轨道,且因容易受到经济形势、客户需求、游资炒作等影响,部分众筹项目可能无法营利,甚至运营失败。但从根本上来说,众筹项目的运作模式还不规范,缺乏专业性指导,在后续运营建设、资金管理、信息披露等方面机制不健全,众筹平台也存在着信用、资金安全、知识产权保护等管理难题。

根据目前众筹平台的普遍规则,一旦众筹项目筹资成功,那么就必须按照项目设定,在规定的时间内完成产品的开发与制造,以实现对支持者的承诺。这种来自支持者的压力,会转化为生产压力,最终体现在实体产品项目上。然而,在项目经营过程中,项目发起人的自身综合素质有限,只靠一己之力,未必就能很好地落实项目方案,导致项目失败;即便能够成功,很有可能会走很多的弯路,尤其是在产品的推广阶段。

众筹项目的发起者很容易通过众筹平台筹集到前期用于产品研发和生产所需的充足资金,但也仅仅限于前期,对于后续加大研发力度、扩大生产规模等所需的资金难以得到保障。因为那些支持者面临众多的选择,很有可能又把兴趣转到其他新奇的众筹项目中去了。

(二)众筹项目审查还不到位

众筹平台的门槛很低,技术难度不大,一个平台的运营模式很容易被别的平台复制过去,这就使得众筹平台的数量不断增加,但好的创意和想法却不像雨后春笋一样,结果就会造成了"僧多粥少"的尴尬局面。

为了平台的运营,众筹平台就会主动降低对众筹项目的审查,以此来增加众筹项目的数量,从而出现了不少浑水摸鱼的项目,甚至不少培训的项目都能出现在众筹平台上,更有不少商家把众筹平台当作营销工具。当质量差的众筹项目充斥着众筹平台,就会出现"劣币驱除良币"的现象,久而久之在众筹平台很难找到优质的众筹项目。失去高质量的众筹项目支持,众筹平台也就失去了它应有的意义。

此外,多数众筹平台并不监督众筹项目筹集资金的后续使用,加之依靠众筹融资的实体主要是中小企业,他们的会计信息并不公开披露,就会存在众筹资金缺乏有效管理,对投资者缺乏保护的情况。正是由于投资者难以监督所投项目的运营状况,在信息不对称的情况下,众筹资金很可能被滥用,从而对投资者造成无法挽回的资金损失。

(三) 众筹知识产权保护不足

在这个开放的互联网金融时代,知识产权成为了众筹的生命线。众筹项目发起人通过众筹平台发布众筹项目相关信息,吸引投资者关注并支持,以获得资金的支持。无论是创意类、设计类还是其他个性化项目,都是项目发起人的智慧结晶,都属于知识产权的范畴。根据融资的需要,项目发起人需要将创意方案、商业计划书等放在众筹平台上,由于众筹网站的公开性和面向对象的不确定性,众筹网站上展示的项目创意被他人剽窃的可能性非常大。当看到项目发起者的创意方案后,有的人会剽窃后放在其他众筹平台上进行众筹,有的人会因资金充足且方案可行就直接按照众筹平台上的项目方案着手实施。如此一来,项目发起人就可能筹资失败或面临知识产权纠纷,投资者也会遭受资金损失。

投资者缺乏安全感,发起人也同样缺乏。国内知识产权保护的匮乏让发起人面临巨大的危机,稍不留神自己的创意就会被他人窃取。虽然发起人竭力想通过与众筹平台签订保密协议等方式保护知识产权,但收效往往并不理想。既要保证创意不被投资者剽窃,又要能使投资者充分了解创意进而作出投资决策,这是摆在发起人面前两难的抉择。

面对这种尴尬的局面,如何加大知识产权保护力度,惩处侵犯他人知识产权的违法行为,树立尊重他人知识产权的法律意识至关重要。众筹知识产权保护,任重而道远。

(四) 众筹常规认识存在偏差

好事不出门,坏事传千里。P2P 网络借贷平台倒闭、跑路此起彼伏,还有一些集资诈骗新闻报道,使得人们对众筹这个新生事物存在着诸多误解,一听到众筹立刻联想起非法集资问题,甚至认为众筹就是非法集资。另外,众筹是在建立在人与人之间基本信任基础之上的,而我国的信任机制尚未建立;没有信任,众筹就无从谈起。

在诸多因素的制约下,众筹投资者收益仅限于实物产品,缺少资金回报;众筹咖啡馆入不敷出,陷入过剩危机;债权式众筹(尤其是 P2P)愈发膨胀,股权式众筹谨小慎微,步履蹒跚,这些都渐渐成了时下众筹行业的写照。更有人认为,众筹已渐渐偏离了其本质,逐渐成为广告投放的平台。

第三节 众筹发展的机遇和挑战

一、众筹发展迎来新机遇

互联网的飞速发展给我们的生活带来了极大的便利,使人们的日常生活发生了翻天覆地的变化。互联网不断地创新发展,创造出了许多新的经济模式。如今足不出户就可以通过网上商店买到自己想要的东西,甚至以前必须出门办理的存款、理财、缴费等金融业务也可以在网上完成。微信抢红包、微商城和人人公益捐赠,更使大家体会到众筹离自己的生活并不遥远。随着互联网走进千家万户,人们对互联网的依赖程度也不断提高。在互联网金融领域,继第三方支付、P2P 网贷之后,当下最热络的词汇莫过于"众筹"。随着"两会"提出"开展股权众筹融资试点"方案,股权众筹正式被国务院写入了《政府工作报告》,众筹行业受到前所未有的关注。

众筹,顾名思义,聚众人之力筹集资金去做一件事情。俗话说,积沙成塔、集腋成裘就是这个意思。众筹这种新的融资模式的出现意味着巨大的机遇。在过去的 2014 年,众筹犹如雨后春笋,纷纷破土而出,众筹出书、创业、买房,涵盖科技、农业、动漫、设计、影视、音乐等多个领域,从商品到股权,从名不见经传到家喻户晓,这个发端于美国的概念迅速升温,大有祖国处处遍地开花的趋势。

2011年7月,国内第一家众筹网站"点名时间"上线,先后完成了《十万个冷笑话》《大鱼·海棠》等国内原创动漫作品的众筹项目,引起了社会广泛关注,这也标志着中国众筹行业的起步。2011年9月,国内第一家具有公益性质的众筹平台追梦网上线,同年11月第一家股权众筹平台"天使汇"上线。在随后的两年时间里,数十家模式各异的众筹网站纷纷上线。据统计数据显示,2014年,众筹异军突起,成为互联网金融在中国的主升浪,众筹行业发展高度集中,平台数量急剧攀升,众筹项目和融资金额高速增长。我国众筹募资总金额累计突破4.5亿元,京东众筹、众筹网、淘宝众筹、点名时间和追梦网这五家平台融资规模总额达到2.7亿元,占比达到60.8%。国内奖励类和股权类众筹平台总数已达116家,一年新增平台78家,平台数量的增长率超过200%。其中股权类众筹平台增势最为迅猛,由1月份的5家增至年底的27家;而奖励类众筹平台也由28家增至69家,平台数量是股权类众筹平台的2.5倍。

2014年11月19日,国务院总理李克强主持召开国务院常务会议。会议首次提出,"要建立资本市场小额再融资快速机制,开展股权众筹融资试点"的观点,决定进一步采取有力措施缓解企业融资成本高的问题。总理的认可,意味着高层对众筹行业的认可,从国家格局、政策层面、行业发展等角度,都让众筹的未来显得更加光明。

我国中央银行发布的《中国人民银行年报2013》指出:随着互联网技术对金融领域的不断渗透,互联网与金融的深入融合是大势所趋。全球较权威的艾瑞统计,通过模型预测核算,预计在2016年全球众筹交易额能达到1989.6亿元,这也说明了众筹产业拥有巨大的发展空间。众筹确实改变了金融行业诸多的游戏规则。以云计算、大数据、物联网为依托,资金监管、资金融通、支付清算已变得越来越容易,众筹快速、便捷、涉众、混同的特征越来越明显,毫无疑问,它有着打破金融垄断,实现消费者福利的趋势,众筹正在加速来到我们身边。

(一)众筹发展前景广阔

随着人们金融意识的不断增强和互联网技术的不断发展,众筹逐步进入大众的视野,越来越多的行业、群体以及个人都开始加入众筹的队伍中来。众筹已经燃起了中国投资人的热情,再加上众筹投资门槛低、投资渠道广泛,使得投资不再是一件高不可攀的事情,人人皆可参与。在众筹的刺激下,互联网金融又迎来了一波热潮。互联网巨头们纷纷摩拳擦掌,2014年3月,阿里巴巴推出"娱乐宝",通过众筹方式筹拍电影,预期年化收益率7%;4月28日,百度金融推出了"众筹"频道,同样切入影视作品众筹领域;百度、阿里、腾讯等巨头积极投身众筹行业,无非都想在众筹领域分得一杯羹,这也从侧面证明了众筹的市场潜力巨大,未来发展势不可挡。巨头们的加入必将带动行业的前进,利用自身优势与众筹行业相结合,能够真正打开众筹市场,迎来众筹发展的春天。

众筹大火,归根结底,是因为它适应了社会生产力的发展,代表一种新的生产方式,冲击了传统的募资方式,开创了一种新型的融资方式,提高了融资效率。众筹在中国有着天然的发展优势,众筹融资的支持者数量庞大,一旦众筹发展成熟,将会打造出越来越多规模巨大的众筹项目。众筹融资不但能与时俱进地服务于越来越多的中小企业和创业者,而且能凭借其巨大的业务需求,给民间资金提供了一个可以释放的途径,可以让大众手中沉睡的闲钱苏醒并产生价值。中国拥有众筹发展的两个重要因素:人多和钱多。中国人多,即便很少人拿钱,也是一个不小的市场。更何况庞大的资金缺口以及中国海量的投资用户足够让中国众筹拥有巨大的发展空间和强劲的发展力量。因此,众筹在个人存款较高的中国不仅有发展机遇,而且还是巨大的发展机遇。

人以类聚,物以群分。互联网拉近了人与人之间的距离,创造了一个相对公平的环境,即使是远在天边的人也能因为互联网而"聚"在一起,让每一个人都可以参与产品或项目的设计、制作、策划、咨询、管理与运营。众筹的出现让小众产品的出现成为可能。对于个人来说,你想要一件特别的东西,但整个市场中只有一小部分人和你有一样的需求,制造商拒绝风险,追逐利润而选择把时间和精力投放到满足大多数人的需求上来,那么这一小部分人的需求被忽视了,而且这一小部分人也只能选择被动地接受。众筹可以使得这一小部分人完全按照自己的意愿,设计、制造并拥有自己喜欢的产品,而不是每次只能被动接受市场上大同小异的产品。对于中国这个拥有庞大人口基数的国家来说,有时候"小市场"其实也蕴含着无限商机。

中国式众筹从高台走向普通人,众筹融资也让普通人获得了投资的权利,投资额可以从几元、几十元到数万元间自由选择,分享与企业共同成长的红利,让许多人的创业梦不再遥远,使得小钱可以办大事,人人可以做老板。同时,众筹融资也让越来越多的民间资本转化为投资,参与企业创业创新,为国家整体经济的发展注入活力。

(二) 众筹发展政策支持

进入2014年,政策层面的春风吹动了众筹的发展。2014年3月28日,证监会新闻发言人张晓军表示,股权众筹模式有积极意义,证监会正对股权众筹模式进行调研,并适时出台指导意见。11月19日,李克强总理在国务院常务会议上首次提出,要建立资本市场小额再融资快速机制,开展股权众筹融资试点。12月18日,中国证券业协会公布了《私募股权众筹融资管理办法(试行)(征求意见稿)》,明确了股权众筹的合法地位和重要意义。2015年1月9日,首批中国证券业协会会员的八家股权众筹平台名单出炉,"股权众筹"进入正规化;1月中国证券业协会对《私募股权众筹融资管理办法(试行)》进行了最新修改,降低投资者准入门槛;1月28日国务院总理李克强在主持召开国务院常务会议时表示,要完善创业投融资机制,培育发展天使投资。3月11日国务院办公厅印发的《关于发展众创空间推进大众创新创业的指导意见》中明确,开展互联网股权众筹融资试点,增强众筹对大众创新创业的服务能力;3月"两会"期间,国务院在《政府工作报告》第三部分"围绕服务实体经济推进金融改革"一段,首次增加"开展股权众筹融资试点"。6月16日,国务院支持大众创业的举措出台,《国务院关于大力推进大众创业万众创新若干政策措施的意见》中,对创业从营业执照到知识产权以及上市都有相关政策支持;鼓励银行针对中小企业创新,支持发展众筹融资平台。7月18日,中国人民银行、工业和信息化部、公安部等十部门联合发布了《关于促进互联网金融健康发展的指导意见》。

政策层面逐步宽松形成的推动力,使得众筹举众人之力,集众人之智,聚众人之财,共筑梦想的魅力更加强劲,众筹迎风起舞。同时,也从侧面证明了众筹商业模式有着传统投资无法比拟的巨大优势,更容易被普通人所接受,符合"大众创业、万众创新"的趋势。众多寡头借着政策的东风纷纷入局,依托自身优势,抓住这个新的业务领域,为市场提供创新的金融产品和服务。中国平安集团大举加速布局互联网金融,斥资1亿元成立了股权众筹平台"深圳前海普惠众筹交易股份有限公司"。目前"前海众筹"的业务重点是创新股权众筹、房地产众筹及其他众筹等。京东股权众筹终于上线,作为京东权益类众筹在情怀上的延伸,京东通过布局股权众筹,提升创业企业融资能力,同时为投资人带来更多优质项目,让投资人分享风投的丰厚收益。随着各路资本的有力助推,众筹为处于资本市场最末端的初创小微企业和项目方打开了投融资服务的大门。政府的导向作用与民间资本的及时跟进,共同促成了当下众筹产业的大发展,随着政策层面的继续明朗,这样迅猛发展的势头还会继续下去。

和之前 P2P 行业不同的是,国家在众筹全面繁荣之前就曾表示非常支持众筹的发展。尽管目前众筹平台的盈利模式比较单一或者说尚未清晰,但是随着行业的发展,未来众筹将会在推动创业、产业集群方面发挥更大的作用,其自身的商业模式也会不断地完善并迎来巨大的发展。

行业政策及监管细则的制定与出台,必将有效约束众筹行业的增长,指引其朝着规范化的方向良性发展,无论是对筹资方、投资者还是众筹平台来说,都是难得的发展机遇。各方牵手,携政策的东风,必将共同推进行业的健康稳定发展。

(三) 众筹发展与时俱进

众筹是新世纪互联网时代最具发展前景的金融创新形式。具备大众、小额、高效、方便、开放、低成本等优势的众筹,因互联网时代的到来而大放异彩。人们对互联网的高频使用以及对网上金融业务的逐步信任,为众筹的发展提供了必备的市场环境。不可否认,众筹事业在中国拥有得天独厚的基础。中国有五六亿的网络用户,庞大的用户群足以为众筹事业撑起一片蓝天,因此众筹在中国拥有无限的商机。借助互联网的优势,众筹使各方参与者可以高效地进行信息交换,有效地建立信任机制,以低廉的成本获得融资,创造性地解决中小企业融资问题,拓展居民的投资渠道,进而推动普惠金融的发展进程。

互联网在融入人们生活的同时,与之伴生的互联网金融服务也取得了长足的发展,二者都在逐渐改变着人们的生活。在 P2P 网络借贷、网络理财等互联网金融热潮激发大众的投资热情后,人们逐渐消除了使用互联网进行金融投资的疑虑,风险意识与风险承受能力也在稳步增强。相比较其他投资理财而言,众筹更加贴近人们的日常生活,可以获得投资于实物的双重满足。值得注意的是,如今的众筹正成为席卷互联网的一股新潮流,从最初的艺术领域不断扩展到影视、音乐、出版、漫画、微电影等各个领域,更是创造出了众筹"买房"、众筹"买地"等项目。伴随着众筹模式外延的不断扩展,其背后孕育的市场商机正在悄然来袭。

众筹,在世界经济大格局下蓬勃发展,在中国经济新常态下获得生机。众筹正在以势不可挡的步伐向我们走来,未来必将极大地影响着我们的生活,无论是在线上还是线下。在波涛汹涌的互联网大潮面前,万物皆变,哪怕是最古老的人类活动。微信已经改变了我们沟通交流的方式,众筹将改变我们成就事业的必经之路。社交网络的发展把人们带入自由沟通的世界,而众筹模式的诞生也必将会引发新一轮自由融资的大变革。众筹的全球性机遇,也让中国众筹也充满了信心。

二、众筹发展面临大挑战

众筹经历了三年多的发展,发展势头火爆,成功地运作了许多众筹项目,融资规模也有了新的突破;但中国的商业环境和社会形态都不同于国外,市场机制、风险意识、信任机制等问题都对其发展造成了阻碍,众筹面临着重重考验。尽管如此,依然有更多的新平台层出不穷。然而,在行业狂飙突进的同时,也不可避免地遭遇了瓶颈问题,证监会曾一度接连释放严格监管信号,更让整个行业蒙上一层不确定的阴影。

对于大多众筹平台来说,生存颇为不易。一边是如火如荼的众筹热情,一边又是尚未培育完整的众筹市场,众筹不得不在"虚火"倒下逼寻求转型。无论是沦为营销平台,还是众筹增值服务的现实压力以及"险中求胜"的股权众筹,中国众筹仍将在挑战中接受市场的考验。

众筹成为时代的新宠,获得了蓬勃的发展。众筹模式颠覆了由传统天使投资或风险主导的投资市场,用更自由的互联网方式做集资,因此迅猛发展。但任何外来的模式都逃不过落地的难题,缺少本土化特色,输赢仅有一步之遥。在中国,众筹不能完全复制国外的模式,如果原封不动地照搬过来,就会踩到法律雷区,招来意想不到的祸患。中国模式在中国的政策趋势、发展格局如何?众筹平台如何操作?诸如此类的挑战,众筹时刻面临着。

(一)众筹项目发展不平衡

众筹,简单来说,就是筹钱,把分散到各个投资人手中的钱筹集起来。在众筹野蛮生长的过去,一些项目打着众筹的幌子,把筹钱作为唯一目标,只要项目筹到钱,不管后期项目死活,更不对投资人负责。还有投资人盲目跟风,觉得众筹新奇好玩,一股脑地投身众筹浪潮之中,根本不仔细考虑投资收益问题。殊不知,众筹行业准入门槛低、渠道广泛等特点,使得众筹行业的浪潮里鱼龙混杂,众筹项目良莠不齐,有些项目更是掺杂了太多的水分。很多的众筹平台都是通过互联网建起,往往都缺乏资质,其担保体系以及风险控制体系也不够完善，倘若出现平台倒闭或跑路现象，将会给投资者造成严重的损失。

谈及众筹平台，国内最早实行众筹模式的网站是点名时间。而如今点名时间、大家投、乐童音乐、追梦网、淘梦网、点火网……大大小小的众筹网站，让人眼花缭乱，应接不暇。尽管某些网站宣称专注某领域的众筹，但实际上却是似是而非，甚至不知所云，根本没有形成自己独特的网站体验。这也就直接造成创新、创业者的困惑，不知道选择哪家平台，投资人也无所适从，在纷杂的项目中无从投起。随着众筹的发展，众筹这一概念开始在媒体和行业中滥用，有很多人利用众筹的概念进行恶俗的自我营销，如：以众筹之名，行团购、公开集资之实的"伪众筹"，无疑对真正需要用众筹来推动的项目造成很大的伤害。高达80%的项目失败率，多地众筹项目倒闭以及资金被骗事件，无不警示着众筹绝不是全民掘金地。值得一提的是，国内互联网创业者的复制能力强，短时间内就会有很多同质化的平台来争抢优质项目，行业即有可能出现供大于求的状况。随着众筹行业发展的逐步规范，很多同质化平台也将淘汰出局，这中间的风险不言而喻。

众筹项目的发起人以个体和小微企业为主，违约成本较低，且存在设备、人才、项目管理经验缺乏等初始资源禀赋不足的特点，这些因素都可能造成众筹项目最终成果转化和回报的不确定性，这在一定程度上使得众筹项目的失败率又比较高，尽管失败后，众筹会返还投资者以资金，但还是存在一定的风险。加之国内的抄袭现象颇多，对于众筹项目需要仔细甄别，一不小心就可能被华丽的项目介绍表象吸引，进而被忽悠。项目发起人往往对项目前景夸大吹嘘或盲目乐观，并没有真实进行地项目可行性分析，加上多重因素的催化作用，投资者在羊群效应的带动下容易做出非理性的决定。

目前中国以众筹起家的创业项目普遍面临着关门倒闭的困境。租金太高，股东太忙，经营效率较低，盈利能力又差，并不存在可持续性，往往在项目发起的前几年就不得不宣告破产，普遍缺少盈利能力强、更具有可持续性的众筹项目。这也极大地削弱了资金供给方的投资热情，市场风险颇大，限制了众筹行业的健康发展。再深层次地分析一下，众筹项目的失败往往有着权力分散、运营管理混乱、欠缺领军人物、没有发展理念、缺少有效规章制度等特点。发起者空有激情，却无相应的综合素质和各项能力。

（二）众筹诚信机制不健全

古人云：人无信不立，国无信则衰。意思是说，人没有诚信，就不能立足；国家没有诚信，早晚会衰亡。对于企业来说，亦是如此。而众筹的发展也要立足于诚信，但由于众筹在国内发展的时间不长，还缺乏成型的规范，缺乏有效的监督。通过众筹方式融资只是项目的启动，而项目能否最终完成，完成后可否向投资者兑现承诺？这些还都是未知数，如果不能完成或者不能兑现承诺，或者未能有效地反馈给投资人，诸如此类的问题又该如何解决。众筹项目跑路、卷款逃逸等事件频繁发生，造成了社会公众对众筹的怀疑，也导致了很多可能孵化成功的项目一起承担这些风险。在目前缺乏监督机制的情况下，众筹最大的问题就是诚信问题。如今的众筹主要通过陌生平台或者弱关系开展，筹资人的信任机制是否足以让人相信，而且持久相信，是一个关乎众筹平台发展的关键问题。

国内的众筹平台点名时间曾在其网站宣称"只要你年满18周岁（18周岁以下可有监护人代理），不论你从事什么职业、不论你的梦想大小，我们都欢迎你来发起项目！"不难看出，信用问题在其中是多么得重要。如果筹资者发起虚假项目，或者筹资者取得筹资后变更资金的用途甚至挪用资金导致项目无法预期完成，都将给投资者带来直接的利益损失，也给众筹平台带来信用风险，其潜在的影响难以估量。

众筹与央行的征信系统脱节，也很难纳入征信系统之中。众筹平台要搭建发起人与支持者之间的诚信，就需要自己来建设征信数据库以排除发起人恶意违约的风险。可是，众筹平台无法打通身份识别、个人信息查询、相关司法状态信息等难题，也无权调用央行的征信数据。没有个人征信的在线大数据支持，众筹平台只能依靠有限的人力、有限的方式去调查发起人的信用度，这样所获得的信用数据的真实性将会大打折扣，因此依然存在很高的被骗风险。

由于国内个人征信体系不够完善，人与人之间的信用机制不够健全，第三方众筹平台的审核严格等因素，造成很多人想发起众筹项目时，因个人基础资料不完善，而被第三方平台拒之门外。对于成功发起众筹项目的人，面向广大陌生用户募集资金时，如果他的项目不能深深打动用户，用户是不会把自己辛苦挣来的血汗钱，拱手送给一个毫不相干的陌生人的。项目的发起人一旦没有诚信，就会用虚假的项目信息圈钱，领头人也可能是其同伙。一旦遇到这样的项目，支持者的钱就打水漂了。面对这些缺乏信任的问题，众筹平台需要不断健全筹资人的信任机制、分配机制、退出机制,才能使发起人与支持者之间的信任与日俱增。所以说,众筹事业在中国发展受限,导致项目筹资总额难以突破,单笔投资额度一直在低位徘徊不前。

2015年1月5日,央行印发《关于做好个人征信业务准备工作的通知》,要求包括蚂蚁金服旗下的芝麻信用在内的8家机构做好个人征信业务的准备工作,准备时间为6个月,此举意味着国内个人征信市场化的闸门正式开启,这对于包括众筹在内的很多行业来说都是一个利好的信号。另一方面,目前有一些众筹平台已经在建立自己的征信体制了,比如众筹网和人人投。尤其是做专业股权众筹的机构,对风险的管控更多地在于对项目的严格定调,因为这种行为近似于风险投资行为,需要做很多详细的工作,包括股东的结构、背景以及项目的详细介绍。股权众筹平台一般都有三套风控体系:一个是平台自身的定调,第二个是第三方推荐机制,第三个是投资人自己的评估体系。

中国式的众筹还存在知识版权被盗、认识不足的问题。众筹,要解决法律、盈利、诚信、产权、认识等问题,未来的路可谓是任重而道远。众筹事业需要平台运营方加大投资宣传众筹的知识,不断建设众筹的信用体系,打造众筹的信任基础;需要项目发起者精心准备项目,珍惜众筹机会,确保众筹融资成功,认真完成项目后续工作,百分之百兑现回报,为自己的信用不断加分。众筹有了赖以生存的信任基础,才能激发大众的投资热情,才能让大众深入了解众筹,积极加入众筹创业的浪潮之中。只有互联网的信任环境营造起来,互联网金融市场的信息披露才能更加透明,众筹平台和优质众筹项目才能真正脱颖而出,届时众筹事业才会获得突飞猛进的发展。

(三)众筹法律规章不配套

众筹兴起依托于技术和网络,新兴事物势必会对传统模式进行突破,而在突破的时候,难免步子迈大走入法律禁区。中国众筹面临最大的问题是法律问题,最难逾越的障碍也是法律障碍。可以说,法律是中国众筹一直以来发展缓慢的主要阻力。作为对过去经验的总结,法律总是陈旧的;要用陈旧的法律去指导互联网金融这个新鲜的玩意,总显得力不从心。如果极其严格地在法律框架内进行创新,难免力度有限,此时部分法律严重的滞后性和僵硬性便凸显出来。除此之外往往存在监管漏洞,法律不健全而形成法律真空,加之众筹的参与主体多元化,一旦利益受损很难通过法律来维护自己应有的利益和权利。

众筹是互联网金融的产物，本质上是一种金融活动，涉及资金问题，是一种风险较大的行业。由于众筹为了融资而生，而且是向大众筹集资金，一些对众筹认识不透彻的人，就会把众筹和非法集资画上等号，这显然是错误的。众筹在中国遇到许多法律风险，而且都是法律的雷区，处理不好就会遭遇轻者流血骨折、重者粉身碎骨的灾难。所以无论是项目发起者还是支持者，了解众筹在中国面临的法律风险，可以避免无知而造成违法行为、犯罪行为。如果筹资人不遵守法律，编造虚假项目进行非法集资，就会触及刑法的底线害人害己。

目前中国众筹行业面临的监管现状是仅有相关部委的规范性文件和一些行业自律性文件，国家尚未制定出效力层级更高的法律或行政法规作出明确规定并加以规范。而且众筹模式的法律法规尚未成熟，许多众筹创新模式与现行法律存在着冲突。法律法规风险是中国式众筹面临的最大问题，一些项目发起者、支持者对此还是心存畏惧，唯恐触到法律雷区。中国的股权众筹遇到这样的法律法规:《公司法》规定有限责任公司股东不可以超过50人，股份有限责任公司股东人数为2人到200人。《证券法》要求，公开发行证券，需要得到证券监督管理机构的核准。众所周知，众筹是向大众筹集资金，人数达到一定规模有利于实现众筹。可见，众筹的这一特征与现实的相关法律法规有冲突。于是许多股权众筹的业务需要在线下来完成，从而降低了众筹的融资效率。

受法律环境的限制，我国众筹网站上的所有项目不能以股权或是资金作为回报，项目发起人更不能向支持者许诺任何资金上的收益，而必须是以实物、服务或者媒体内容等作为回报。而国外，美国JOBS法案的出台，让众筹获得合法生存的法律环境，让股权众筹告别遮遮掩掩的尴尬处境。国外的众筹合法化，而国内的众筹依然绞尽脑汁地想出各种招数来避开法律的雷池。尤其是股权众筹平台和股权众筹项目的发展一直处于战战兢兢的状态，唯恐被扣上"非法集资"的罪名。中国股权众筹平台不能按照国外股权众筹的模式来运行，为数不多的中国股权众筹平台都以创新的方式运作股权众筹项目。

已经推出股权众筹的平台，犹如在刀锋上行走，一不小心就会跌入非法集资和非法发行股票的阵营，根据我国相关法律，向不特定对象发行证券累计超过200人，必须通过证监会或者国务院授权部门核准。如果违规，就会背负"非法集资"的罪名。尽管股权众筹看上去很美，然而它却是很多业内人士跃跃欲试又犹豫不决的雷区。2013年初，美微传媒创办者朱江通过淘宝账户叫卖原始股票，单位凭证1.2元，最低认购100单位，总共吸引了1000多人参与。但随后便被证监会约谈，产品也被迫下架。所以在中国，平台运营方、创业者、投资者想采用众筹模式，就必须警惕法律风险，并采取相应的措施规避法律风险，才有可能躲开法律红线。众筹，特别是股权众筹在中国目前的法律环境中，应严格遵守法律红线，以免走火入魔、玩火自焚。而且，中国众筹的相关法律法规亟待落地，否则众筹的发展必将大受限制。

（四）众筹模式创新不到位

众筹市场是中国完善多层次资本市场的重要一环，目前已经进入了快速发展阶段，未来将是一个千亿级的市场。但相对于国外成熟的众筹市场，仍非常青涩。国外很多众筹平台上的项目创新度高，项目的发起人往往有很好的创造性想法，并且有完整的执行方案或者已经有工程版产品，只是缺乏资金。但融资金额高的往往就是这些创新项目，融资规模都达到了百万。而国内的众筹而国内的创业者在思维灵活性和创造力上还没有得到完全地释放，很多项目和产品看上去只是追随和模仿国外，网站的项目创新程度低，大多数都低于百万，即使达到百万也屈指可数。发起者想要获得更多的资金，就需要想法设法地来创新项目，给支持者创造极致的产品、超值的产品。与之相关的创新产业还不够成熟，投资人对创新的支持理念需要培育。

整体来看，虽然2015年中国众筹行业获得了爆发性发展，但很多小平台主要是出于风口的考虑来进入这个行业。除了部分巨头是从生态的角度来进行战略布局，大部分平台并没有找到自己的盈利模式，更没有形成完整的商业闭环。没有足够资金、资源和实力的平台，未来将很快感受到行业的寒意，很快面临着项目不足、流量不够、盈利欠缺、运营方式单一的尴尬局面。海外众筹平台可以凭借"简单粗暴的佣金"发展，其他服务由生态系统的其他环节提供；而中国的消费习惯使得中国的众筹平台需要进行创新尝试——探索未来佣金免费、通过增值服务盈利的模式。

此外，中美在文化上也存在较大的差异。在国外，众筹最起初是对创意创业表示欣赏和支持，出资人不以金融回报为主，更多追求的是精神意义和广交益友的价值。而我国民众普遍处在收入水平相对较低的阶段，更多地倾向于"逐利"而非"投资"，对于众筹这种以支持创业为主要目的、不能保本保收益的投资模式认知度还不高、缺乏天然的兴趣，这就使得众筹网站很难让创业者和投资方产生良性的互助。更需要值得关注的是，投资者所投金额虽然不多,但并不意味着其风险承受能力就很强。所以众筹的健康发展,还离不开对投资人的培养。加大对投资者的教育和保护,引导投资者把投向房地产市场、股市等投机市场的钱转投到创新创业中来,以此来带动中国投资结构的转型升级。

金融创新更多是要依靠市场来自发推动,过多的监管会遏制其成长。应当兼顾审慎性和包容性,遵守适度监管原则,既要有效防范系统性风险,又要避免过于严格的监管阻碍其发展。在明确监管红线的同时更要注意市场的培育,借鉴美国、英国、加拿大等国家的立法思路,结合我国行情现状,不断加强制度规章建设,既要构筑融资模式的安全港,又要完善针对众筹融资的投资者保护制度,进一步细化项目的信息披露、平台的合规和风险控制制度等,促使众筹融资能够在健康的轨道上合法安全地发展。

总之,国外的众筹模式并不一定非常适合国内市场,生搬硬套只会让自己步履维艰,中国众筹的发展需要行业参与者和监管者合作互动,共同探索行业发展的本土化道路,在中国互联网环境下找到中国式众筹的合适位置。

第四节　众筹发展的未来展望

众筹作为互联网金融表现的重要形式,在将来必定会不断地发展和完善,并逐渐成长为我国金融市场一种重要的、行之有效的、形式多样的新型融资方式。众筹正在以其时尚新颖的方式走入人们的生活,成为生活中最常见的元素。

行业的发展离不开政策的导向,建立适度宽松的管理规则,鼓励更多的人参与其中,引导众筹市场规范化发展。量体裁衣,众筹也需要个性化定制。根据投资者收入水平、财富净值、投资经验、兴趣偏好等实行差异化管理;详细记录投资人和筹资人的众筹履约情况,并纳入信用体系。以法律为准绳,规范众筹平台行为,鼓励众筹平台创新,进行自我的优胜劣汰,逐步建立完善的监督管理体系。

尽管众筹行业目前还处于初级阶段,但是从目前众筹在中国的发展来看,监管机构对这种创新的金融模式还是持比较开放的态度。若能建立和完善相关立法、管理和监督机制,引导众筹良性发展,众筹必将以其创新、开放、透明的特点,吸引更多群体的关注和支持。结合国内外众筹发展前景分析来看,未来全球众筹行业必将继续快速发展,成为全球经济发展最重要的助推器。

众筹在中国未来的挑战与机遇需要全民去把握,其未来的发展呈现国际化、两极化、移动化和服务化的态势。

一、众筹发展国际化

众筹作为一种创新的投融资方式,正在不断打破时间空间界限,在全球化浪潮下逐渐使国界变得越来越模糊,进而融为一体,即国际化、全球化。一方面体现在众筹平台的国际化。首先,众筹平台自身市场范围的国际化。目前国外实力较强的众筹网站都在布局国际化战略,把触角延伸到国外,寻求更广的市场空间。例如美国最大的国际众筹融资平台IndieGoGo,自成立以来已经为全世界224个国家的19万多个项目提供了融资。Kickstarter在2012年登陆英国之后,2013年积极拓展国外市场,又在澳大利亚和新西兰发起项目。又如澳大利亚的众筹平台Pozible,除中国外,还在新西兰、美国、新加坡和马来西亚等地设立了分支机构,开展全球性业务。其次,体现在众筹平台合作的国际化。2014年4月,全球首个专门致力于医疗救治的众筹平台Watsi与腾讯合作,共同参与到全球范围内的公益慈善事业;中国网信金融战略入资全球最大公益众筹平台Fundly,Fundly的投资项目在网信金融旗下的众筹平台"原始会"上向投资者开放,共同利用投资人的资源。另一方面体现在众筹项目的国际化。为获得更加理想的众筹效果,项目方会将项目放到其他国家的众筹平台进行众筹。例如,IndieGoGo虽然总部在美国,但其平台来自其他国家的众筹项目比例达到30%,实现了资金的跨国自由流通。

国内众筹平台顺应国际化趋势,通过学习、借鉴国外众筹平台的运作,能更好地完善平台运作,平台的项目也获得更多关注并融得资源;而另一方面,国际化导致竞争力薄弱的众筹平台和项目更难获得投资者的认可,从而形成"优胜劣汰"的良性循环,提升整体众筹行业的水平。

二、众筹发展两极化

从互联网的发展来看,除了一些综合类的网站以外,更多的是面向某一领域的专业网站,比如:影视网、游戏网、出版物网等。众筹的发展也是如此，经过几年的发展，其类型更加多样化。各众筹平台在总结经验的基础上，逐渐分化成两种发展趋势，即两极化：一极是综合化，另一极是垂直化。

就综合化来讲，曾经的综合性众筹平台还在不断扩展其平台的众筹项目类别。京东众筹 2014 年强势进入产品领域，2015 年已然布局股权众筹，并在众筹板块下面直接开辟了一块股权众筹；众筹网，曾经一直专注产品众筹，也悄悄地在平台开辟了一块股权众筹空间给兄弟公司原始会，并将平台用户的选择范围扩大到股权众筹；海鳌众筹也将平台定位为以股权众筹为核心、兼顾产品众筹和债权众筹的综合众筹平台，为创业项目提供从股权众筹、债权众筹的全方位服务。然而，众筹平台在发展初期基本上都是综合类型的，既运作艺术类项目，又运作科技类项目。随着项目的增加，综合性众筹平台分身乏术，不能为所有的项目提供贴心的服务。为了给项目提供更专业的指导，促进项目众筹融资的成功，众筹平台向垂直专业化发展迫在眉睫。

就垂直化来讲，一些特定行业人员的大量会集将会更多地促使新的垂直化的众筹平台产生，也有综合性众筹平台转型而来的垂直化众筹平台，这些平台都专注于某个领域，且这些领域在不断扩展。垂直众筹平台专注于某一行业，为小众用户提供服务和产品，为玩家提供个性化的需求，因为价值观相同，它将会聚拢更多专业背景类似的人，发起人和投资者也更能形成感情上的共鸣。而对于投资者来讲，在垂直类众筹平台寻找自己想要的项目，也比在综合类众筹平台大浪淘沙要容易得多。乐童音乐玩的是音乐产业，是国内最大最专业的专注于音乐行业的众筹平台。在审核上，乐童音乐主要面向经过社交媒体认证，且具有一定名气的音乐人。乐童音乐目前已经成功运作了 200 多个项目，筹集到 200 多万元的资金，它采用灵活的筹资模式，项目发起人可以采用预售模式和达标模式的自定义选择，以此来激励发起人设定合理的筹资目标。

众所周知，众筹就是一块甜美的蛋糕，一旦众筹利润增加，巨头企业就会进来争夺，就会对整个行业整顿，做综合性的众筹平台。现在的任何一个平台，都无法与之抗衡，就无法避免被收购的命运。众筹平台如果不想被收购，而想在众筹行业获得更好的发展、获得更强的竞争力，就需要早做谋划，想办法提高自己的竞争力，想办法提高众筹的门槛。如果你不能把门槛提高，迟早会被强大的竞争对手夺走饭碗。为此众筹平台需要朝着垂直化、纵深化的方向发展，需要在在艺术、影视、文化、科技、硬件等众多领域中，选择某个领域深耕细作、做专做精。如众筹网在艺术众筹领域，就已经开始建立门槛,其运作的艺术类众筹项目《爱上邓丽君》大型舞台剧十分成功,是其他众筹平台无法复制的。再如中国最早的众筹平台点名时间,也向纵深化发展,专攻硬件领域,获得了巨大成功。

俗话说,物以类聚,人以群分。垂直众筹平台更容易汇聚出小圈子,更容易圈定种子用户,而一个圈子里的种子用户对于一个领域的投资是有惯性的。垂直众筹平台尽管在项目数量和筹资规模上要比综合性的众筹平台小很多,但其在专业性上更强,比较容易得到优质的产品和客户,未来在专业性及平台的核心竞争力上将会有所突破。相较于专门的垂直众筹平台,那些综合类众筹平台也慢慢在侧重于行业细分,并逐渐向某固定行业倾斜,比如点名时间转型到科技和艺术领域,众筹网进军农业,京东专注于智能硬件等。

在这样一个众创的时代,任何一个细分领域都能寻找到适合自己的发展模式,从而完善自己的产品链。整个众筹产业已经起飞,相信在不久的将来面向艺术、文创、房地产、饮食等领域的垂直众筹平台也会逐渐涌现。

三、众筹发展移动化

随着移动互联网的不断发展,智能手机的不断普及,社交媒体的流行,电子商务的飞速增长,电脑端的用户成群结队地转移到了移动端。手机技术的不断改进使各种移动应用层出不穷,方便快捷到可以让人随时随地浏览各种信息。试想每天对着电脑工作一天的用户,谁还会回到家去用电脑上网。未来第三方支付将越来越多地通过手机支付的方式进行,手机这一移动平台也将逐渐成为众筹平台争相发展的重要领域。对于商业来说,没有人就没有商机,有人便有商机;对于互联网众筹平台来说,没有用户,再好的项目也筹集不到资金。用户在手机上浏览众筹项目,那些好的项目就会得到更多的支持。手机具有即时性、便捷性、传播速度快等优势,安装上相关APP应用,就可以借助手机等移动平台快速浏览众筹项目,极大地方便了用户参与众筹活动。用户看好项目,就会在分秒之内完成"投票",实现项目融资。投资人也可以随时查看借款、募股项目和理财产品信息,随时了解项目收益情况与信息披露。互联网金融平台以虚拟账户为基础,通过移动端用户个性化需求识别,与用户进行精确互动,从而为用户提供定制的一站式众筹项目服务,更加有效地满足客户需求。众筹平台的移动化,将会让众筹平台获得更多的用户,从而吸引到更好的众筹项目、更有潜质的投资者,这也成为众筹行业发展的一种必然趋势。

　　基于互联网金融的快速发展和政策的逐步放宽,众筹平台将会得到快速发展。伴随着众筹平台的规范发展,未来参与众筹服务的互联网企业、第三方机构也将会逐步得到市场的认可。市场刚需决定众筹平台绝对不仅仅是一个众筹项目的展示平台,而是一个给创业者提供整合服务的一体化服务平台,这也就表明了众筹平台服务化的发展趋势。在众筹活动的催生下,帮助项目进行营销和管理的第三方公司将大量出现。未来第三方公司将提供资金托管、法律审查、合同拟定、交易协商、征信查询与管理、风险管理、身份管理等全套的标准化服务,众筹项目可根据需要选择服务内容。与此同时,不需要互联网来实现的现场众筹,因其容易吸引媒体注意、项目的排他性和个性化展示等特征,也将在未来的众筹市场中占有一席之地。

　　此外,现在微信已经深入到人们的生活之中,微信用户高达6亿,还有越来越多的企业和商户加入微信,加上微信打通了支付环节,微信众筹也许会迎来一个前所未有的高潮。微信众筹已经出现,黄太吉创始人郝畅曾在微信圈发表题为《就用互联网思维大闹中欧》的文章,随后马佳佳、熊俊、张洋、孟醒等先锋创业者们纷纷加入,利用微信发起了中欧创业营的集资募款,其中有米传媒的陈第仅用短短3小时就募得了11.8万元,成为微信众筹最成功的案例。位于扬州广陵产业园的江苏众筹网络科技有限公司开发微信"众筹空间"公众账号,让用户在朋友圈玩众筹,推出仅一周,就已有2万多全国各地微信用户关注,并有近100条众筹项目发布。还有不少网友在此发布自己的愿望,转发到朋友圈里请大家一起凑份子"抬石头"帮忙完成,俨然一个"梦想基地"。

　　总而言之,未来金融的发展离不开大数据分析和移动终端,服务手段的移动化是互联网扩大服务的边界,以及提升服务效率与用户体验的必然方向,众筹未来的发展也必将如此。对于中国式众筹而言,积极拥抱"移动化"趋势,尽可能发挥"移动化"带给众筹的种种便利,将成为其完善用户体验,拓宽发展空间的重要手段。

四、众筹发展服务化

　　众筹才刚刚起步,很多地方仍需要探索。目前来看,众筹平台的任务就是帮忙把钱筹到,众筹活动即宣告完成。其实,创业项目筹到资金,只是第一步。众所周知,众筹平台上很多项目众筹融资失败了,即使众筹融资成功项目的创业者,有的并未创业成功。众筹平台上的发起者大多是初次创业者,他们不仅仅需要融资,还需要更多的创业服务。众筹平台是创业者的天堂,有义务为创业者提供更好、更专业的创业服务,如果能够为创业者提供一站式的创业服务,无疑能提高创业者的成功率。所以众筹平台不能满足于只做一个项目展示平台,而应该去为创业者做一体化服务平台。有的国内众筹平台看到这一发展趋势,已经推出众筹大学,来为创业者提供更好的指导和服务。

众筹平台想要获得更好的发展,就要把握中国众筹发展的趋势,从而避免走弯路,才能越走越远。胜在差异化竞争,未来不会是一家或几家独享的状态,中小平台将带来更多的创新与活力,而且众筹平台之间比拼也将越来越看重资源和服务。随着监管政策的不断完善和细化,市场会逐步进入有序发展阶段,未来竞争也将进一步加剧。平台越大,资源越广,服务能力越强,就越能在众筹行业中脱颖而出。

众筹平台发展至今,已不仅仅在做信息对接,更主要的是创业系列服务,汇聚工业设计、品牌营销、代工资源、软件云服务、销售渠道、媒体公关、团队人才等各类资源,在未来的发展将带有自身核心价值属性的服务嫁接于众筹业务中,以提升平台的竞争力。众筹平台是对接创业者与投资人的媒介,其服务按照流程可以划分为投前、投中、投后。投前阶段,平台在搜集到合适的创业项目后,需要开展大量产品化的工作,包括尽职调查、融资方案设计、项目产品发布等,将这些项目从普通的商业方案转变成对接资本市场的产品;投中阶段,在创业项目与资本市场的对接过程中,众筹平台需要在投资人明确内容、优化战略、输入资金、获取权益的同时,并提供及时的保障服务;投后阶段,众筹平台通过开通专项通道提供面向于投资人的风险控制、资源交换等服务,为创业项目的持续经营提供动力,为投资人的投资增值提供保障。依托于这些创业服务,最大程度上为创业者提供资金、人脉、资源上的补充及战略、发展上的建议,创业者才有可能获得更多的支持与帮助,才能发展得更好、走得更远。

众筹平台凭借优质的服务,吸引更多优质的项目汇集到平台,成为平台最重要、最宝贵的资源,这些优质的资源将延伸出更多的平台生意链和丰富平台的盈利模式。这又反过来促进平台的发展,促使平台不断加强自身服务能力建设,形成良性的循环机制,为用户提供一项又一项增值服务,既可以单项选择,又可以套餐化定制,走符合中国国情的众筹发展之路。

淘宝在2015年2月6日到3月12日期间发起创新的情感众筹,由网友自发来认购"全球爱情地标",众筹金额很快超过了 300 万元的目标,支持者更是达到了 27 万人之多。在 3 月 14 日白色情人节这天,淘宝网联合众商家,以爱之名众筹的全球首座刻有情侣姓名的爱情地标落户三亚玫瑰岛。实际上,玫瑰岛众筹项目的推动同时是旅游业向互联网的升级,对未来旅游产品开发、目的地营销、新型商业模式等多方面都将产生重大的影响,这也是未来的发展大趋势。未来的众筹行业将更理性、更本真,越来越趋于服务化。

本 章 小 结

【重点回顾】

1. 众筹,这种近年来兴起的融资方式,顺应"互联网+"时代大融合、大变革趋势,借助互联网应用创新的综合优势,正在大众创业、万众创新的大道上积极地实践着,充分激发广大人民群众和市场主体的创新创业活力。

2. 众筹属于舶来品,在本土化的过程中,其优势和劣势都日益凸显。在这个风起云涌的互联网时代,众筹面临着前所未有的机遇和挑战。

3. 众筹作为互联网金融表现的重要形式,在将来必定会不断地发展和完善,并逐渐成长为我国金融市场一种重要的、行之有效的、形式多样的新型融资方式。众筹在中国未来的发展呈现国际化、两极化、移动化和服务化的态势。

【复习思考】

1. 怎么理解众筹与企业融资、大众创业、万众创新之间的关系?
2. 众筹在中国未来会有怎样的发展?
3. 有人说,我国众筹有反超发达国家的可能,你赞同吗?为什么?
4. 有人说,众筹会成为未来互联网金融的夺宝奇兵,你是怎么理解?

【延伸阅读】

1. 胡吉祥.众筹的本土化发展探索[J].证券市场导报,2014(9).
2. 殷明波.众筹模式在中国的发展研究[J].时代金融,2015(3).
3. 王阿娜.基于 SWOT-PEST 模型分析的众筹融资模式研究[J].齐齐哈尔大学学报:哲学社会科学版,2014(6).

参 考 文 献

[1] 刘文献.解放众筹[M].北京:中国财政经济出版社,2015.

[2] 盛佳,柯斌,杨倩.众筹:传统融资模式颠覆与创新[M].北京:机械工业出版社,2014.

[3] 魏来,郑清.玩转众筹[M].北京:机械工业出版社,2014

[4] 斯蒂芬·德森纳.众筹:互联网融资权威指南[M].北京:中国人民大学出版社,2015.

[5] 杨东,黄超达,刘思宇.赢在众筹:实战·技巧·风险[M].北京:中国经济出版社,2015.

[6] 零壹财经,零壹数据.众筹服务行业白皮书(2014)[M].北京:中国经济出版社,2014.

[7] 郭勤.股权众筹:创业融资模式颠覆与重构[M].北京:机械工业出版社,2015.

[8] 黄琳,马庆泉,刘钊.股权众筹实务指南[M].北京:中国金融出版社,2015.

[9] 舍伍德·奈斯等.众筹投资:从入门到精通实战指南[M].北京:人民邮电出版社,2015.

[10] 舒元,郑贵辉,耿雪辉,徐容.众筹之路[M].广州:中山大学出版社,2015.

[11] 郭勤贵.股权众筹:创业融资模式颠覆与重构[M].北京:机械工业出版社,2015.

[12] 刘柯.众筹创业实战应用大全[M].北京:中国铁道出版社,2015.

[13] 胡一夫,谭小芳.众筹时代[M].北京:北京理工大学出版社,2015.

[14] 宋磊,姚光敏,涂涛.众筹可以这样玩[M].重庆:重庆出版社,2015.

[15] 谢平.中国P2P网络借贷:市场、机构与模式[M].北京:中国金融出版社,2015.

[16] 零壹财经,零壹数据.中国P2P借贷服务行业白皮书2014[M].北京:

中国经济出版社,2014.

[17] 项飞.战争债券与美国的战争筹资[J].军事历史研究,2010(4).

[18] 肖本华.美国众筹融资模式的发展及对我国的启示[J].南方金融,2013(1).

[19] 于延磊,潘旭华.国内外众筹发展的对比分析[J].电子商务,2015(1).

[20] 司马钱.中国众筹模式及发展潜力分析报告[R/OL].[2014-6-30].http://www.docin.com/p-850000734.html.

[21] 清科集团及众筹网.2015年中国大陆市场互联网众筹行业分析报告[R/OL].[2015-9-25].http://www.docin.com/p-1300156627.html.

[22] 清科集团,众筹网.2015年众筹行业半年报[R/OL].[2015-6-30].http://wenku.baidu.com/link?url=bKN-WXuIX8aFf5yinyt8QPYtu8AXfFBeTDY1oNa5oZSOXPc14HH5BB3vRcmR-Le9SyFGxSUaudmfBtZ0SpEfObvoyN3G47EponZOWT5g41K.

[23] 于延磊,潘旭华.国内外众筹发展的对比分析[J].电子商务,2015(1).

[24] 钱添良.奖励式众筹模式在中国的现状及前景分析[J].经济期刊,2015(4).

[25] 胡振,李娜.美国奖预售型众筹发展及启示:以Kickstarter和Indiegogo为例[J].青海金融,2015(3).

[26] 程瑞.Kickstarter:让文化预消费成为现实[N].中国文化报,2014-04-12.

[27] 李文娟,严丹荔,郭迎雪,付方方.中美众筹网络融资模式比较研究:以Kickstarter和点名时间网站为例[J].国际商务财会,2014(8).

[28] 练琴.盛佳的节日思索:众筹网未来如何更丰收[J].中国经济时报,2014(2).

[29] 陈莉莉.众筹网:与各个行业发生"化学反应"[J].中外管理,2014(8).

[30] 李骏.众筹网:插上梦想的翅膀起飞[J].传媒评论,2015(5).

[31] 周明祥.互联网众筹的风险分析与应对措施[J].时代金融,2014(35).

[32] 张万军,邢珺,林汉川.我国众筹融资的风险分析与政策建议[J].现代管理科学,2015(5).

[33] 陈秀梅,程晗.众筹融资信用风险分析及管理体系构建[J].财经问题研究,2014(5).

[34] 高新宇,陆范佳.众筹融资运营模式下风险分析与防范策略研究[J].上海金融学院学报,2015(5).

[35] 吴志国,宋鹏程.资本市场监管:平衡的艺术——美国对众筹融资监管思路的启示[J].征信,2014,32(3).

[36] 汪莹,王光岐.我国众筹融资的运作模式及风险研究[J].资本观察,2014(4).

[37] 吴凤君,郭放.众筹融资的法律风险及其防范[J].西南金融,2014(9).

[38] 王阿娜.众筹融资运营模式及风险分析[J].财经理论研究,2014(3).

[39] 徐韶华,何日贵,兰王胜,等.众筹网络融资风险与监管研究[J].浙江金融,2014(10).

[40] 史亚坤.P2P网络借贷平台创新发展模式研究[D].开封:河南大学,2014.

[41] 杨光荣.我国P2P网络借贷信用风险研究:以人人贷顾问有限公司为例[D].广州:暨南大学,2014.

[42] 王茜.中国公益众筹发展研究[D].长春:吉林大学,2015.

[43] 李湛威.股权:权众筹平台运营模式比较与风控机制探讨[J].当代经济,2015(5).

[44] 李雪静.众筹融资模式的发展探析[J].上海金融学院学报,2013(6).

[45] 孙永祥,何梦薇,孔子君,等.我国股权众筹发展的思考与建议:从中美比较的角度[J].浙江社会科学,2014(8).

[46] 邱勋,陈月波.股权众筹:融资模式、价值与风险监管[J].新金融,2014(9).

[47] 胡吉祥,吴颖萌.众筹融资的发展及监管[J].证券市场导报,2013(12).

[48] 黄玲,周勤.创意众筹的异质性融资激励与自反馈机制设计研究:以"点名时间"为例[J].中国工业经济,2014(7).

[49] 刘明.美国《众筹法案》中集资门户法律制度的构建及其启示[J].现代法学,2015(1).

[50] 肖本华.美国众筹融资模式的发展及其对我国的启示[J].南方金融,2013(1).

[51] 张新钰."大家投"网众筹融资模式分析[D].沈阳:辽宁大学,2014.

[52] 龚映清,蓝海平.美国SEC众筹新规及其监管启示[J].证券市场导报,2014(9).

[53] 何欣奕.股权众筹监管制度的本土化法律思考:以股权众筹平台为中心的观察[J].法律适用,2015(3).

[54] 刘志坚,吴珂.众筹融资起源、发展与前瞻[J].海南金融,2014(6).

[55] 方永丽. 我国众筹融资模式的发展现状及监管[J]. 郑州轻工业学院学报：社会科学版，2015(1).

[56] 曾攀. 众筹融资模式的风险及防控[J]. 西南金融，2015(3).

[57] 殷华，周明勇. 美国 JOBS 法案内容解析及对中国众筹融资法制的影响探析[J]. 现代管理科学，2014(10).

[58] 覃瑞昱. 国内众筹网站的运营模式研究[J]. 新闻研究导刊，2015(4).

[59] 珞浠. 探索中国式众筹之路. [J]证券市场导报，2014(9).

[60] 牛禄青. 股权众筹：大众创业催化剂[J]. 新经济导刊，2015(5).

[61] 蒋英燕. 众筹融资与青年创业的耦合性探析[J]. 海南金融，2015(7).

[62] 赵艳秋. 中国式众筹[J]. IT 经理世界，2015(14).

[63] 李雪静. 众筹融资模式的发展探析[J]. 上海金融学院学报，2013(6).

[64] 吴凤君，郭放. 众筹融资的法律风险及其防范[J]. 西南金融，2014(9).

[65] 熊斌. 互联网众筹模式的现状与分析[J]. 新经济，2014(Z2).

[66] David M, Freedman, Matthew R. Equity Crowdfunding for Investors: A Guide to Risks, Returns, Regulations, Funding Portals, Due Diligence, and Deal Terms[M]. Hardcover: Wiley Sons Ltd, 2015.

[67] Douglas J, Cumming, GaëlLeboeuf, Armin Schwienbacher. Crowdfunding Models: Keep-it-All vs. All-or-Nothing[J]. Social Science Research Network, 2014.

[68] Ordanini A, Miceli L, Pizzetti M, Parasuraman A. Crowd-funding: Transforming customers into investors through innovative service platforms[J]. Journal of Service Management, 2011, 22(4).

[69] Christina Warren. A Guide to Kickstarter& Crowd Funding[EB/OL]. [2013-12-13]. http://mashable.com.

[70] Stuart Dredge. Kickstarter's biggest hits: why crowdfunding now sets the trends[N]. The Guardian, 2014-4-29.

[72] Simon Brown. Follow the Crowd [J]. Intellectual Property Magazine, 2011(7).

[73] Jenna Wortham. Success of Crowdfunding Puts Pressure on Entrepreneurs[N]. The New York Times, 2012-9-18.

后 记

2013年是众筹发展的里程碑。这年秋天,美国国会批准了JOBS法案,使得在奖励式众筹和捐赠式众筹之后,股权式众筹自由合法化的梦想成为现实。同年,在中国,余额宝、其他几大互联网公司推出的"宝宝"类产品以及P2P网络借贷的迅速发展,更奠定了2013年为互联网金融元年的基础。

互联网金融产业日益呈现出扁平化、去中介化等特点,不仅有效地降低了金融交易成本,还进一步加速了互联网金融的纵深式发展,众筹是实现这一发展的重要催化剂,是金融脱媒的重要方式。众筹融资模式的诞生,必将打破禁锢了普通人千百年的资金枷锁,缔造出一个自由融资的全新世界。自2014年以来,众筹在中国呈现出爆发式的增长,大到上市公司的投资项目,小到几个合伙人共同发起的创业项目,都在尝试用众筹的方式来募集资金。目前,通过众筹平台募集资金规模超过1000万元的项目就有大家熟知的罗振宇的《罗辑思维》,联合光伏(00686)、"三个爸爸儿童专用净化器""大可乐3手机"等。最新数据显示,2015年上半年各大众筹平台已经实现46.66亿元的募集资金额,远远超过2014年同期数值。可以说一个属于众筹的时代正向我们不断迈进。

2015年9月16日,国务院总理李克强主持召开的国务院常务会议上就提出推动大众创业、万众创新,需要打造支撑平台,要利用"互联网+",积极发展众创、众包、众扶、众筹等新模式,促进生产与需求对接、传统产业与新兴产业融合,有效汇聚资源推进分享经济成长,助推"中国制造2025",形成创新驱动发展新格局。证监会陆续发布了《关于对通过互联网开展股权融资活动的机构进行专项检查的通知》和《私募股权众筹融资管理办法(试行)》,都是对众筹模式的高度认可,并积极引导和规范众筹行业的发展。

随着我国众筹行业规范化、市场化、国际化的不断发展与完善,社会对众筹行业人才的需求量逐渐增加,众筹知识已成为全社会关注的热点。如何培养众筹行业从业后备人才、提升众筹行业从业人员业务水平以及提高广大投资者自身素质,是一个十分重要而且紧迫的问题。《众筹学概论》的编写正是为了适应这一需求。本书虽然编撰完成,但我们深知对众筹的研究才刚刚开始……

本书共由8章组成:绪论(众筹的基本内涵;众筹学的学科定位、研究对象与研究方法;众筹的组成要素及运作原理)、众筹的发展历程(众筹的起源与发展;欧美国家众筹的发展;中国众筹的发展)、股权式众筹(股权式众筹概述;国内外股权式众筹的经典平台)、奖励式众筹(奖励式众筹概述;国内外奖励式众筹的经典模式)、债权式众筹(债权式众筹概述;国内外债权式众筹的经典模式)、捐赠式众筹(捐赠式众筹概述;国内外捐赠式众筹的经典模式)、众筹的风险及防控(众筹风险的识别及防控概述;信用风险的识别及防控;法律风险的识别及防控)、众筹在中国的机遇与挑战(众筹推进大众创业、万众创新;众筹发展的优势和劣势;众筹发展的机遇和挑战;众筹发展的未来展望)。

本书在具体的撰写过程中,力求体现以下几个特点:(1)全面性。全书对众筹这一炙手可热的社会经济现象进行了全方位、多角度的分析和解读。(2)系统性。全书系统介绍了各种众筹模式的类型、运作原理及相关法律法规知识。(3)普及性。全书内容翔实、深入浅出,行文生动形象,可读性强。(4)实战性。全书对当下不同类型众筹平台及众筹案例的深入分析,为指导创业者有效运作众筹项目,对投资人正确选择合适的众筹品种进行投资提供了具有建设性的建议。

本书期望读者能从中获得三个收获:一是全面系统化地了解和掌握众筹基础知识,包括它的含义、模式、运作方案和相关风险等。二是顺应"大众创业,万众创新"的时代潮流,进一步引导小微企业主和有志于创业的社会大众通过众筹来实现自己的理想。三是通过本书编写,丰富金融学科课程体系的建设,让当代大学生更好地熟知身边事物的发展路径和发展前景,培养互联网金融的后备人才。

本书是合肥工业大学经济学院金融与证券研究所全体师生集体智慧的结晶。在撰写过程中,得到了中国科学技术大学出版社和徽商发展研究院相关领导的认可及大力支持,得到了合肥工业大学教务部和经济学院的支持与帮助,安徽省政府参事、程必定研究员对教材编写提出了很多宝贵建议。全书由张本照教授制订编写计划,张本照、郑岚、王海涛最终统稿。本教材各章的编撰人员分工是:第一章(王海涛、王春);第二章(那明、戴振亚);第三章(王海涛、董鹏飞);第四章(张本照、马瑞雪);第五章(张本照、盛倩文);第六章(郑岚、盛倩文);第七章(郑岚、马璇璇);第八章(郑岚、王威振)。杜燕君、石岳等研究生进行了文字校对工作。在此,编者对以上相关支持者表示衷心的感谢。

本教材在撰写过程中,参阅了国内外大量的相关文献,除了在书中注明外,还在书后列出了主要参考文献,在此对这些作者和网站资料收集者与提供者表示衷心感谢。若有遗漏,万望见谅。我们真切地感受到,撰写本教材的过程是辛苦和漫长的过程,也是一个学习的过程。

由于编者水平有限,编写时间仓促,难免有很多不成熟的观点和粗糙之处,敬请业内同仁和广大读者雅正并提出宝贵意见,以便于进一步修订。

编 者
2016 年 2 月于翡翠湖畔